"十三五"普通高等教育本科规划教材

热工基础习题详解

张晓东　李　季　合编
王修彦　主审

中国电力出版社
CHINA ELECTRIC POWER PRESS

内 容 提 要

本书是普通高等教育"十二五"规划教材《热工基础(第二版)》的配套思考题与习题解答。本书共十二章,章节安排与《热工基础(第二版)》一一对应,每章按照思考题参考答案和习题参考答案两部分编排,针对每章后的思考题和习题进行了详尽的解答,部分思考题和习题附有图表,便于读者理解和掌握。

本书可作为使用《热工基础》教材的教学参考书,也可作为非能源动力类专业本科 48~64 学时热工基础课程或工程热力学与传热学课程的教学参考书,也可供参加热工基础考试的同学以及相关工程技术人员参考。

图书在版编目(CIP)数据

热工基础习题详解/张晓东,李季编. —北京:中国电力出版社,2016.8

"十三五"普通高等教育本科规划教材

ISBN 978-7-5123-9513-8

Ⅰ. ①热… Ⅱ. ①张… ②李… Ⅲ. ①热工学-高等学校-题解 Ⅳ. ①TK122-44

中国版本图书馆 CIP 数据核字(2016)第 149378 号

中国电力出版社出版、发行

(北京市东城区北京站西街 19 号 100005 http://www.cepp.sgcc.com.cn)

航远印刷有限公司印刷

各地新华书店经售

*

2016 年 8 月第一版 2016 年 8 月北京第一次印刷

787 毫米×1092 毫米 16 开本 10.25 印张 246 千字

定价 25.00 元

前　言

  本书是普通高等教育"十二五"规划教材《热工基础（第二版）》（由王修彦、张晓东编，中国电力出版社 2013 年 5 月出版）的配套习题解答，书中提到的主教材均指该书。

  完成一定量的课后习题是"热工基础"课程学习的必要环节，对于理解课堂讲授的基本概念、基本原理和方法具有十分重要的作用，同时也是利用基本理论解决实际问题的一个训练过程。我们在教学中发现，很多同学完成课后习题之后，特别是对于把握不准或做错的习题，需要比较详细的讲解和指导，而课堂和批改作业的容量有限，因此迫切需要一本习题详解，帮助读者答疑解惑，提高学习效果。教材与习题解答相结合，也是同学在复习备考时的有利工具。当然，一本习题解答也可能变成"抄作业"的工具，这种做法是我们不愿意看到的。希望读者在自己思考的基础上，利用本书进一步提高解决问题的能力。此外，很多热力学和传热学的问题可能有多种思考方法和求解途径，本书对于思考题和习题给出的解答只是参考答案，而不是标准答案。非常欢迎您将不同的解题方法发送给我们，邮箱为 zzxd@yeah. net。

  本书可作为使用《热工基础》教材的教学参考书，也可作为其他非能源动力类专业大学本科 48～64 学时热工基础课程或工程热力学与传热学课程的教学参考书，也可供参加热工基础考试的读者以及相关工程技术人员参考。

  本书由华北电力大学张晓东副教授和李季副教授合编。张晓东编写了约 80％的内容，李季编写了约 20％的内容。华北电力大学王修彦副教授对本书的内容进行了审阅。

  由于编者水平所限，难免有疏漏和不妥之处，敬请广大读者批评指正。

编　者

2016 年 7 月

目　录

第一章 基本概念

思考题参考答案

1-1 什么是热力学系统？闭口系统和开口系统的区别在什么地方？

答： 热力学系统是工程热力学作为研究对象所选取的特定的物质或空间，也称为系统、热力系或热力系统。热力学系统通过其边界与"外界"相区别。闭口系是封闭的"控制质量系统"，与外界没有质量交换，其边界、体积、形状都可能随时间变化，但质量不变，与外界可以有能量的交换；开口系是开放的"控制容积系统"，其边界、体积、形状不随时间变化，与外界可以有质量和能量的交换。

1-2 表压力（或真空度）与绝对压力有何区别与联系？为什么表压力和真空度不能作为状态参数？

答： 表压力（或真空度）是压力表（或真空表）的读数，是绝对压力与大气压的差值。表压力和真空度都不是工质的实际压力，而是绝对压力与参照系的压差，因此不能作为状态参数。

1-3 状态参数具有哪些特性？

答： 状态参数描述热力系统物理状态的宏观物理量。状态参数的数学特征如下：

（1）它的环量为 0，即如果 ϕ 为状态参数，则 $\oint \mathrm{d}\phi = 0$。

（2）$\int_{1-a-2} \mathrm{d}\phi = \int_{1-b-2} \mathrm{d}\phi$，也就是从状态 1 到状态 2，状态参数的变化量只与这两个状态点有关，而与热力系统或工质如何从状态 1 变化到状态 2 的路径无关。

（3）如果 ϕ 是状态参数，则 $\mathrm{d}\phi$ 是全微分；如果 ϕ 是状态参数 x 和 y 的函数，则 $\frac{\partial}{\partial y}\left(\frac{\partial \phi}{\partial x}\right) = \frac{\partial}{\partial x}\left(\frac{\partial \phi}{\partial y}\right)$。

例如，对于理想气体，$p = \rho R_{\mathrm{g}} T$，则有 $\frac{\partial}{\partial T}\left(\frac{\partial p}{\partial \rho}\right) = \frac{\partial}{\partial \rho}\left(\frac{\partial p}{\partial T}\right) = R_{\mathrm{g}}$；如果热力系统从一个状态变化到另一个状态，那么状态参数的变化量只与这两个状态有关，而与变化的过程无关。

想一想

常用的状态参数是温度、压力、比体积或密度、热力学能、焓和熵，这些状态参数的单位是什么？

1-4　平衡和稳定有什么关系？平衡和均匀有什么关系？

答：平衡状态是一种稳定状态，但稳定状态不一定是平衡状态。平衡状态是指在不受外界影响的条件下，系统的宏观性质不随时间变化，所以是不受外界影响条件下的稳定状态。而在外界影响条件下的稳定状态，比如考虑重力作用的空气，具有垂直方向的压力梯度，或者电饭煲里处于保温状态下的粥，底部被加热，周边散热，理想条件下可以处于稳定状态，但却不是平衡状态。

平衡状态是在不受外界影响的条件下，系统状态不随时间变化。均匀则是系统内参数的分布不随空间变化。平衡未必均匀，如汽水混合物，密度不均匀，但可以处于平衡状态；均匀也未必平衡，当处于平衡状态的汽水混合物被加热，液态水会转化为蒸汽，此时液态水和蒸汽分别处于均匀状态，但液态水不断吸热汽化，不是平衡状态。

1-5　工质经历一不可逆过程后，能否恢复至初始状态？

答：工质经历任何过程都是可以恢复至初始状态的。如果经历的是可逆过程，则不仅工质可以恢复至初始状态，外界环境也可以恢复至初始状态。如果工质经历的是不可逆过程，则工质可恢复至初始状态，但外界环境不能恢复至初始状态。

1-6　使系统实现可逆过程的条件是什么？

答：（1）过程中工质内部保持平衡，即准静态过程。

（2）过程中工质与外界无耗散效应，耗散效应包括工质和壁面的摩擦，以及工质内部的湍流耗散（内部摩擦）。

1-7　实际上可逆过程是不存在的，但为什么还要研究可逆过程呢？

答：（1）可逆过程是一种科学抽象，利用可逆过程，便于抓住问题的主要矛盾，用来揭示热功转换的本质规律。

（2）实际发生的热力过程都是不可逆的，研究可逆过程的目的在于：可逆过程建立了理想化的标杆，实际过程与可逆过程的接近程度可以作为评价实际过程优劣的指标；对可逆过程的结果进行修正，可以得到实际过程的结果。

1-8　为什么说 Δs 的正负可以表示可逆过程中工质的吸热和放热？温度的变化 ΔT 不行吗？

答：对于可逆过程，根据熵的定义式，$ds = \dfrac{\delta q_R}{T}$，有 $\delta q_P = T ds$，其中热力学温度 $T > 0$，可见，可逆过程中工质的比熵增加或减少只与工质吸热或者放热有关。日常生活中，工质和外界往往没有功的交换，一般的物体经常表现为吸热温度升高，放热温度降低，但是当有功的输入或输出时，则不一定这样。如果理想气体工质吸热的同时对外做功，当做功量等于吸热量的时候，工质的温度不变；如果对外做功多于工质吸收的热量，则温度会降低。

1-9　气体膨胀一定对外做功吗？为什么？

答：不一定。气体向真空膨胀，则不对外做功。气体可逆膨胀一定对外做膨胀功。

1-10 "工质吸热温度升高，放热温度降低"，这种说法对吗？

答：不对。参考思考题 1-8 的答案。

1-11 经过一个不可逆循环后，工质又恢复到起始状态，那么，它的不可逆性表现在什么地方？

答：不可逆性表现为外界环境不能恢复到原来的状态。与可逆循环相比，对于正向循环，从高温热源吸收同样的热量时，不可逆循环对外做功减少；对于逆向循环，从低温热源提取相同的热量时，不可逆循环耗功更多。

比如工质从环境吸收一定的热量，环境温度比工质温度高 10℃，工质若沿着原来的路径恢复到原来的状态，需要把热量释放给环境，但要把热量传递到温度更高的环境，需要额外做功，最后总的效果是，环境中有一部分功变成了热量。

习 题 参 考 答 案

1-1 为了环保，燃煤电厂锅炉通常采用负压运行方式。现采用图 1-1 所示的斜管式微压计来测量炉膛内烟气的真空度，已知斜管倾角 $\alpha = 30°$，微压计中使用密度 $\rho = 1000 \text{kg/m}^3$ 的水，斜管中液柱的长度 $l = 220 \text{mm}$，若当地大气压力 $p_b = 98.85 \text{kPa}$，则烟气的绝对压力为多少？

解：斜管式微压计测量得到的是两个液面之间的压力差，锅炉炉膛内的压力低于外界环境大气压。列出已知参数：

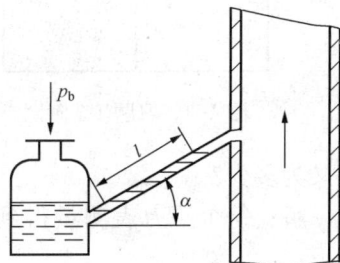

图 1-1 习题 1-1 附图

$$p_b = 98.85 \text{kPa}, \quad \rho = 1000 \text{kg/m}^3$$

$$\alpha = \frac{30}{360} \times 2 \times \pi = 0.523 \text{rad}$$

$$l = 0.22 \text{m}$$

两个液面的压力差为 gh，其中 $h = l\sin\alpha$，为此需要给出重力加速度 g。

$$g = 9.81 \text{N/kg}$$

$$h = l\sin\alpha = 0.22 \times \sin 0.523 = 0.11 \text{m}$$

锅炉炉膛内的真空度为

$$p_v = \rho g h = 1000 \times 9.81 \times 0.22 = 1079 \text{Pa}$$

绝对压力为

$$p = p_b - p_v = 9.777 \times 10^4 \text{Pa}$$

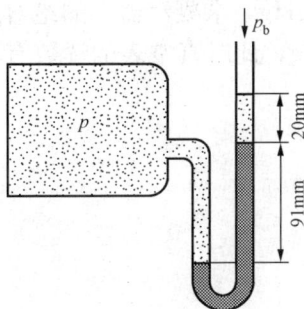

图 1-2 习题 1-2 附图

1-2 利用水银压力计测量容器中气体的压力时，为了避免水银蒸发，有时需在水银柱上加一段水，如图 1-2 所示。现测得水银柱高 91mm，水柱高 20mm，已知当地大气压力 $p_b = 0.1 \text{MPa}$。问容器内的绝对压力为多少？

解： 由于气体的密度较小，气柱产生的压力差可以忽略不计，容器内的气体的表压力为左侧水银液面和右侧水面之间的压力差。在没有给定当地重力加速度的条件下，使用标准重力加速度进行计算。

$$p_{Hg}=91\times133.3=121\ 303Pa$$
$$p_{H_2O}=20\times9.81=196.2Pa$$

容器内气体的表压力为

$$p_g=p_{Hg}+p_{H_2O}=1.233\times10^4Pa$$

当地大气压力为

$$p_b=0.1\times10^6Pa$$

容器内的绝对压力为

$$p=p_b+p_g=1.123\times10^5Pa=0.112\ 3MPa$$

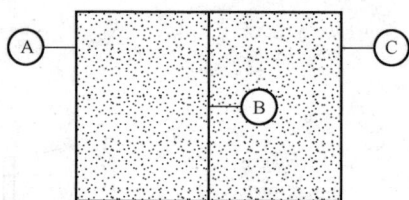

图 1-3　习题 1-3 附图

1-3　某容器被一刚性隔板分为两部分，在容器的不同部位安装有压力计，其中压力表 B 放在右侧环境中用来测量左侧气体的压力，如图 1-3 所示。已知压力表 B 的读数为 80kPa，压力表 A 的读数 0.12MPa，且用气压表测得当地的大气压力为 99kPa，试确定表 C 的读数及容器内两部分气体的绝对压力（以 kPa 表示）。如果 B 为真空表，且读数仍为 80kPa，表 C 的读数又为多少？

解： 每个压力表测量得到的都是被测容器内与压力表所在环境的压力差。已知参数如下：

环境大气压力　$p_b=99kPa$

压力表 B　$p_B=80kPa$

压力表 A　$p_A=120kPa$

压力表 B 测量的是压力表 A 与 C 的差值，即

$$p_C=p_A-p_B=4.0\times10^4Pa=40kPa$$

如果 B 是真空表，则右侧的压力高于左侧的压力，$p_C-p_A=p_B$，则

$$p_C=p_A+p_B=2.0\times10^5Pa=200kPa$$

1-4　凝汽器的真空度为 710mmHg，气压计的读数为 750mmHg，求凝汽器内的绝对压力为多少？若凝汽器内的绝对压力不变，大气压力变为 760mmHg，此时真空表的读数有变化吗？若有，变为多少？

解：

大气压力为　$p_b=750\times133.3Pa$

凝汽器的真空度　$p_v=710\times133.3Pa$

凝汽器内的绝对压力　$p=p_b-p_v=5332Pa=5.332kPa$

若大气压变为　$p_b=760\times133.3Pa$

则凝汽器的真空度变为　$p_v=p_b-p=9.598\times10^4Pa=\dfrac{9.598\times10^4}{133.3}mmHg=720.0mmHg$

1-5 有些国家和地区的人们习惯于用华氏温度（°F）表示气温和体温。某人测得自己的体温为 100°F，那么该人的体温为多少℃？

解：
$$t_F = 100°F$$
$$t = \frac{(t_F - 32) \times 5}{9} = 37.78℃$$

1-6 气体初始状态为 $p_1 = 0.4\text{MPa}$，$V_1 = 1.5\text{m}^3$，气体经过可逆定压过程膨胀到 $V_2 = 5\text{m}^3$，求气体膨胀所做的功。

解：可逆过程的膨胀功可以通过压力与体积进行计算得出。

状态点 1 的压力 $p_1 = 0.4 \times 10^6 \text{Pa}$

容积 $V_1 = 1.5\text{m}^3$

状态点 2 的压力 $p_2 = p_1 = 4.0 \times 10^5 \text{Pa}$

容积 $V_2 = 5\text{m}^3$

膨胀功 $W = \int_1^2 p\,dV = p_1(V_2 - V_1) = 1.4 \times 10^6 \text{J} = 1400\text{kJ}$

1-7 气体从 $p_1 = 0.1\text{MPa}$，$V_1 = 0.3\text{m}^3$ 压缩到 $p_2 = 0.4\text{MPa}$。压缩过程中维持下列关系：$p = aV + b$，其中 $a = -1.5\text{MPa/m}^3$。试计算过程中所需的功，并将过程表示在 p-V 图上。

解：若未特别指明，按可逆过程计算。

已知 $V = 0.3\text{m}^3$，$p_1 = 0.1 \times 10^6 \text{Pa}$，$p_2 = 0.4 \times 10^6 \text{Pa}$

参数 $a = -1.5 \times 10^6 \text{Pa/m}^3$

则有 $b = p_1 - a \times V_1 = 5.5 \times 10^5 \text{Pa}$，$V_2 = \dfrac{p_2 - b}{a} = 0.1\text{m}^3$

过程功 $W = \int_{V_1}^{V_2} p\,dV = \int_{V_1}^{V_2}(aV + b)\,dV$

得出 $W = \frac{1}{2}a(V_2^2 - V_1^2) + b(V_2 - V_1) = -5.0 \times 10^4$ J，即外界耗功 50kJ。

过程的 p-V 图如图 1-4 所示。

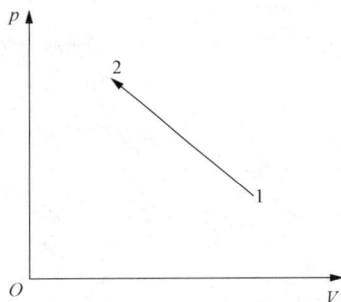

图 1-4   习题 1-7 附图

1-8 两个直角三角形循环的 T-s 图如图 1-5 所示，其中 $T_1 = 600\text{K}$，$T_2 = T_3 = 300\text{K}$，$T_4 = T_5 = 300\text{K}$，$T_6 = 260\text{K}$。

求：（1）循环 1—2—3—1 的热效率；（2）循环 4—5—6—4 的制冷系数。

解：（1）求可逆循环的热量效率。T-s 图中，曲线下面的面积表示过程的热量，循环 1—2—3—1 中，3—1 过程系统熵增加，为吸热过程，吸热量 q_1 等于面积 $31ba3$；过程 1—2 熵不变，为绝热过程；过程 2—3 系统熵减小，为放热过程，放热量 q_2 等于面积 $23ab2$，则

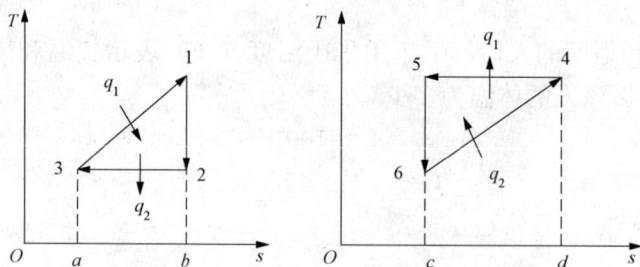

图 1-5 习题 1-8 附图

$$\eta_t = 1 - \frac{q_2}{q_1} = 1 - \frac{T_2 \Delta s}{\frac{1}{2}(T_3 + T_1)\Delta s} = 1 - \frac{300}{\frac{1}{2}(300 + 600)} = 0.333\ 3$$

（2）求制冷系数。4—5—6—4 为逆向循环，6—4 过程系统熵增大，为吸热过程，从低温热源吸收的热量等于面积 $64dc6$；4—5 过程系统熵减小，为放热过程，向高温热源放出的热量等于面积 $45cd4$；5—6 过程系统熵不变，为绝热过程，则

$$\varepsilon_c = \frac{q_2}{q_1 - q_2} = \frac{\frac{1}{2}(T_4 + T_6)\Delta s}{T_4 \Delta s - \frac{1}{2}(T_4 + T_6)\Delta s} = \frac{\dfrac{300 + 260}{2}}{300 - \dfrac{300 + 260}{2}} = 14.0$$

第二章　热力学基本定律

思考题参考答案

2-1　制冷系数或供热系数均可大于 1，这是否违反热力学第一定律？

答： 制冷系数或供暖系数大于 1，只说明逆向循环从低温热源吸收的热量或者向高温热源放出的热量大于循环净功，但均满足 $q_1=w+q_2$，并不违反热力学第一定律。

2-2　"热水里含有的热量多，冷水里含的热量少"，这种说法对吗？

答： 不对。热量是过程量，只能说工质放出或吸收多少热量，不能说工质含有多少热量。热力学能是状态量，在质量相同的条件下，可以说热水里含有的热力学能多，冰水里含有的热力学能少。

2-3　某绝热的静止气缸内装有无摩擦不可压缩流体。试问：

（1）气缸中的活塞能否对流体做功？

答： 由 $w=\int_1^2 p\mathrm{d}V$，流体不可压缩，体积 V 不变，活塞不能对气缸中的流体做膨胀功（压缩功）。

（2）流体的压力会改变吗？

答： 流体的压力可以改变。

（3）假定使流体压力从 0.2MPa 提高到 4MPa，那么流体的热力学能和焓有无变化？

答： 由热力学第一定律，$q=\Delta u+w$，$\Delta u=q-w=0$，流体的热力学能不变；由焓的定义式，$h=u+pv$，热力学能不变，比体积不变，压力增大，因此焓增大。

2-4　某一工质在相同的初态 1 和终态 2 之间分别经历两个热力过程，一为可逆过程，另一为不可逆过程。试比较这两个过程中相应外界的熵的变化量哪一个大？为什么？

答： 工质经历不可逆过程时，外界的熵变化量大。取工质和外界一起作为孤立系统，若工质经历可逆过程，孤立系的熵不变，若工质经历不可逆过程，孤立系的熵增大。

2-5　微分形式的热力学第一定律解析式和焓的定义式为 $\delta q=\mathrm{d}u+p\mathrm{d}v$，$\mathrm{d}h=\mathrm{d}u+\mathrm{d}(pv)$。二者形式非常相似，为什么 q 是过程量，而 h 却是状态量？

答： 如图 2-1 所示。

（1）$\delta q=\mathrm{d}u+p\mathrm{d}v$，经过循环，系统和外界的热量交换为

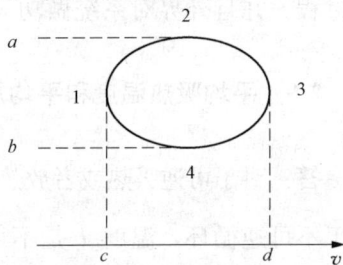

图 2-1　思考题 2-5 附图

$$\oint \delta q = \oint \mathrm{d}u + \oint p \mathrm{d}v = 0 + \int_{1-2-3} p \mathrm{d}v + \int_{3-4-1} p \mathrm{d}v$$

$$=(\text{面积 } 123dc1)-(\text{面积 } 341cd3)$$

$$=\text{面积 } 12341 \neq 0$$

即热量的环量积分与过程有关。

（2） $\mathrm{d}h = \mathrm{d}u + \mathrm{d}(pv) = \mathrm{d}u + p\mathrm{d}v + v\mathrm{d}p$，经过循环，焓的变化量为

$$\oint \mathrm{d}h = \oint \mathrm{d}u + \oint p\mathrm{d}v + \oint v\mathrm{d}p = 0 + \int_{1-2-3} p\mathrm{d}v + \int_{3-4-1} p\mathrm{d}v + \int_{2-3-4} v\mathrm{d}p + \int_{4-1-2} v\mathrm{d}p$$

$$=(\text{面积 } 12341)-(\text{面积 } 12341)=0$$

即焓的环量积分总是等于 0，因此状态坐标图上任意一点的焓值只与状态参数 p、v 有关，焓是状态参数。

2-6 地球上水的含量非常丰富，通过电解水可以获得大量的氢气和氧气，利用氢气和氧气可以进行热力发电，或者可以利用氢-氧燃料电池发电。因此有人认为人类不会有能源危机。这种想法对吗？为什么？

答：这种想法是不正确的。按照热力学第一定律，用电电解水制氢和氧后再利用氢和氧发电，发电量最多也只能达到消耗的电量。按照热力学第二定律，实际发电量将少于所消耗的电量。

2-7 孤立系熵增原理是否可以表述为"过程进行总的结果是孤立系统内各部分熵都增加"？

答：孤立系内经历不可逆过程，孤立系内的熵增加，但不一定是各部分的熵都增加。例如，孤立系内经历一个不可逆的传热过程，热量从高温热源传递到低温热源，高温热源的熵减少，低温热源的熵增加，但是低温热源熵增加量大于高温热源的熵减少量。

2-8 闭口系进行一放热过程，其熵是否一定减少，为什么？闭口系进行一放热过程，其做功能力是否一定减少，为什么？

答：闭口系进行一个可逆的放热过程，其熵一定减少。但如果闭口系进行的是不可逆的放热过程，则闭口系因为放热引起的熵减少量，有可能低于不可逆熵增（熵产），也就是闭口系放热后熵也有可能增加。

闭口系进行一个放热过程，其做功能力不一定减少。例如，如果闭口系经历一个压缩放热过程，并且外界对系统做功大于系统对外放热量，则闭口系的做功能力也可能增加。

2-9 平均吸热温度和平均放热温度的计算可以用在不可逆循环中吗？为什么？

答：对于可逆吸热或者放热过程，有 $q = \int_1^2 T\mathrm{d}s$，可以定义过程平均温度为 $\overline{T} = \dfrac{\int_1^2 T\mathrm{d}s}{\Delta s}$，对于不可逆循环，温度 T 是不可用单一数值描述的，则没有该关系式，因此不能使用平均吸热温度和平均放热温度的概念。

2-10 正向循环热效率的两个计算式为 $\eta = 1 - \dfrac{q_2}{q_1}$ 和 $\eta = 1 - \dfrac{T_2}{T_1}$，这两个公式有何区别？各适用于什么场合？

答：$\eta = 1 - \dfrac{q_2}{q_1}$ 对于任何正向循环都适用，是循环热效率的定义式。

$\eta = 1 - \dfrac{T_2}{T_1}$ 只适用于温度分别为 T_1 和 T_2 的两个热源之间的可逆循环。

2-11 下列说法是否正确，为什么？
(1) 熵增大的过程必为不可逆过程。
答：不正确。孤立系熵增大的过程一定是不可逆过程。
(2) 熵增大的过程必为吸热过程。

答：不正确。依据克劳修斯不等式，$ds \geqslant \dfrac{\delta q}{T}$，不吸热的不可逆过程也可能使系统的熵增加。

(3) 不可逆过程的熵差 Δs 无法计算。
答：不正确。熵是状态参数，只要过程的起始状态和终了状态确定了，熵差也就确定了，与过程是否可逆无关。
(4) 系统的熵只能增大，不能减小。
答：不正确。孤立系的熵只能增加或者不变，不能减少。
(5) 若从某一初态经可逆与不可逆两条途径到达同一终态，则不可逆途径的熵变 Δs 必大于可逆途径的熵变 Δs。
答：不正确。初终态相同，熵变也相同，与过程是否可逆无关。
(6) 工质经不可逆循环，$\Delta s > 0$。
答：不正确。工质经历任何循环，均有 $\Delta s = 0$。
(7) 工质经过不可逆循环，由于 $\oint \dfrac{\delta Q}{T} < 0$，所以 $\oint dS < 0$。

答：不正确。$\oint dS = 0$。

(8) 可逆绝热过程为定熵过程，定熵过程就是可逆绝热过程。
答：正确。可逆绝热过程就是定熵过程，定熵过程也是可逆绝热过程。对于不可逆过程，其中间状态无法用确切的参数来描述（对于非平衡状态的系统，需要用"场"来描述其具体状态），当然也谈不上"定熵"，因此"定熵"过程首先是可逆过程，加之熵不变，因此一定是绝热过程。

2-12 举例说明热力学第二定律比热力学第一定律能更加科学地指引节能的方向。
答：例1，绝热节流。绝热节流是典型的不可逆过程，但从热力学第一定律来看，节流前后焓不变，过程绝热，从数量上看没有能量损失；从热力学第二定律来看，节流过程系统产生不可逆熵增，工质的做功能力下降了，可用能减少了。因此设法减少节流过程或降低绝热节流过程的不可逆熵增，可以降低工质的做功能力损失，实现节能。

例 2，理想气体绝热自由膨胀也是典型的不可逆过程。理想气体绝热自由膨胀后，系统的热力学能、焓、温度不变，对外做功为 0，从热力学第一定律来看，系统没有能量损失。但实际上理想气体绝热自由膨胀后，对外做功的能力下降了；从热力学第二定律来看，其损失的做功能力可用过程产生的不可逆熵增与环境温度的乘积来描述。

例 3，换热器传热温差。从热力学第一定律来看，换热器的传热温差增大不会带来能量的损失，因此对节能没有影响；从热力学第二定律来看，换热器传热温差增大，则过程的孤立系熵增增大，会带来热量的做功能力损失，从而科学地指明，减小换热器的传热温差可以实现节能。

例 4，火电厂的热力循环。从热力学第一定律来看，燃煤燃烧产生的热量中，没有转变成轴功的部分是凝汽器的散热量 q_2，因此提高循环热效率应该设法降低凝汽器散热量；从热力学第二定律来看，火电厂热力循环中能量做功能力损失最大的环节在于锅炉内的传热温差，传热温差越大，过程的不可逆熵增就越大，热量的做功能力损失也越大，因此要想提高火电厂的热效率，采用提高工质的吸热平均温度、减小锅炉传热温差等方法才是关键。

2-13　某报纸刊登了一则标题为"涡流技术真奇妙，冷水变热不用烧"的广告，其主要内容是："公司引进国外发明专利技术生产的液体动力加热器，是一种全新概念的供热设备，无须任何加热元件，依靠电机带动水泵使高速运动的液体经过热能发生器形成空化现象，利用产生微颗粒气泡破裂释能机理，实现高效热能转化。产品的特点如下：对加热水质无特殊要求，不结垢，不需要任何水处理及化验设备；彻底实现水电隔离，产品安全可靠；环境无污染，自动控制，无须专人操作，一经设定即可长期安全使用；热效率达 94% 以上，长期使用，热效率不衰减。"

请利用所学的热力学知识，从能量转化的角度，对这个广告进行评价。

答：这种加热器既不违反热力学第一定律，也不违反热力学第二定律，是可以实现的。但是，从能量转化的角度看，电能转化为热能是可以自发进行、100% 转化的，通过把电能转化为流体的运动动能再经过空化、破碎等机制进一步转化为热能，徒增了中间环节，不会带来能量的增加。因此这种发明是将简单的问题复杂化，意义不大。从热力学的角度看，将高品质的电能直接用于供暖或加热液体是不经济的，如果采用供暖循环（热泵）供热，则单位电力消耗往往可以实现数倍的供热量，可以实现节能的效果。

2-14　某学术期刊上有一篇名为"论 DZF 循环是又一个第二类永动机"的学术论文，请通过互联网上找到这篇文章，研读后发表自己的观点。

答：第二类永动机是不可制造的。

习 题 参 考 答 案

2-1　定量工质，经历了表 2-1 所列的 4 个过程组成的循环，根据热力学第一定律和状态参数的特性填充表中空缺的数据。

解：

过　程	Q (kJ)	W (kJ)	ΔU (kJ)

表 2-1　　　　　　　　　　　　　　　　　　　循环过程参数

过　程	Q (kJ)	W (kJ)	ΔU (kJ)
1—2	0	100	−100
2—3	−110	80	−190
3—4	300	90	210
4—1	20	−60	80

分析：

过程 1—2

$$Q_1=0\text{J}, \quad W_1=100\times10^3\text{J}, \quad \Delta U_1=Q_1-W_1=-1.0\times10^5\text{J}=-100\text{kJ}$$

过程 2—3

$$\Delta U_2=-190\times10^3\text{J}, \quad W_2=80\times10^3\text{J}, \quad Q_2=\Delta U_2+W_2=-1.1\times10^5\text{J}=-110\text{kJ}$$

过程 4—1

$$\Delta U_4=80\times10^3\text{J}, \quad Q_4=20\times10^3\text{J}, \quad W_4=Q_4-\Delta U_4=-6.0\times10^4\text{J}=-60\text{kJ}$$

过程 3—4

由于过程是循环，最终恢复到原来的状态，热力学能的总的变化量为 0，则有

$$\Delta U_3=0-\Delta U_1-\Delta U_2-\Delta U_4=2.1\times10^5\text{J}=210\text{kJ}$$

$$Q_3=300\times10^3\text{J}, \quad W_3=Q_3-\Delta U_3=9.0\times10^4\text{J}=90\text{kJ}$$

2-2　一闭口系统从状态 1 沿过程 1—2—3 到状态 3，对外放出 47.5kJ 的热量，对外做功为 30kJ，如图 2-2 所示。

（1）若沿途径 1—4—3 变化时，系统对外做功为 6kJ，求过程中系统与外界交换的热量；

（2）若系统由状态 3 沿 3—5—1 途径到达状态 1，外界对系统做功为 15kJ，求该过程与外界交换的热量；

（3）若 $U_2=175\text{kJ}$，$U_3=87.5\text{kJ}$，求过程 23 传递的热量及状态 1 的热力学能 U_1。

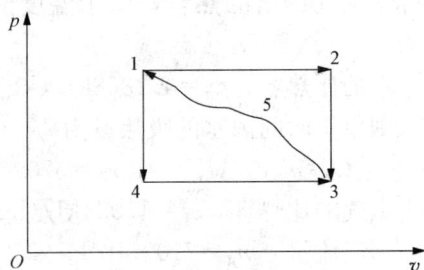

图 2-2　习题 2-2 附图

解：

对于过程 1—2—3，有 $Q_{123}=-47.5\text{kJ}$，$W_{123}=30\text{kJ}$

由 $Q=\Delta U+W$，状态点 3 与状态点 1 的热力学能差为：$\Delta U_{13}=Q_{123}-W_{123}=-77.5\text{kJ}$，即热力学能减少 77.5kJ。

（1）过程 1—4—3，若 $W_{143}=6\times10^3\text{J}$，则 $Q_{143}=\Delta U_{13}+W_{143}=-71.5\text{kJ}$，即系统对外放热 71.5kJ。

（2）过程 3—5—1，此时热力学能变化量为 $\Delta U_{31}=-\Delta U_{13}=77.5\text{kJ}$，即热力学能增加 77.5kJ，同时对外做功 $W_{351}=-15\times10^3\text{J}$，则 $Q_{351}=\text{d}U_{31}+W_{351}=62.5\text{kJ}$，即外界对系统加热 62.5kJ。

（3）过程 2—3 为定容过程，$\text{d}V=0$，所以膨胀功 $W_{23}=0\text{J}$。

热力学能 $U_2=175\text{kJ}$，$U_3=87.5\text{kJ}$。

热力学能增量为 $\Delta U_{23}=U_3-U_2=-87.5\text{kJ}$，$Q_{23}=\text{d}U_{23}=-87.5\text{kJ}$，即系统对外放热

$87.5kJ$，$\Delta U_{31}=U_1-U_3$，得　$U_1=U_3+\Delta U_{31}=165kJ$

2-3　某电厂锅炉省煤器（见图 2-3）每小时把 670t 水从 230℃ 加热到 330℃，每小时流过省煤器的烟气量为 710t，烟气流经省煤器后的温度为 310℃，已知水的比热容为 4.1868kJ/(kg·K)，烟气的比热容为 1.034kJ/(kg·K)，求烟气流经省煤器前的温度。

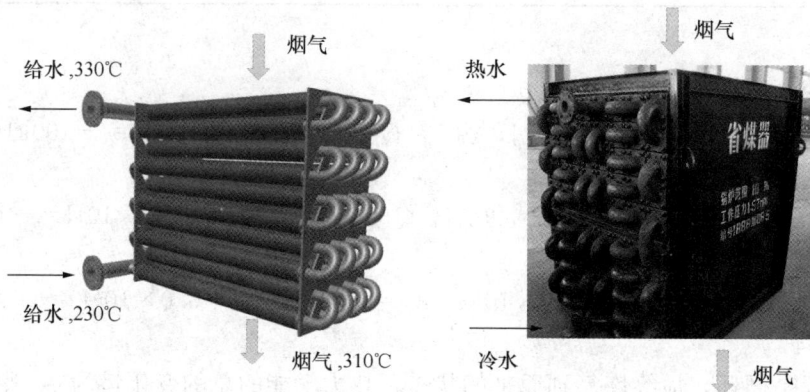

图 2-3　习题 2-3 附图

解：电站锅炉省煤器是烟气与锅炉给水之间的表面式换热器，单位时间内，水吸收的热量等于烟气放出的热量，由于温度的变化是相对值，这里采用摄氏度或热力学温度是等价的。

水的比热容，$c_w=4.1868kJ/(kg·K)$，水的流量 $m_w=670\times10^3kg/s$

则单位时间内水的吸热量为

$$Q=m_w c_w(t_{w2}-t_{w1})=670\times10^3\times4.1868\times(330-230)=2.805\times10^8kW$$

烟气的比热容　$c_g=1.034kJ/(kg·K)$

烟气流量　$m_g=710\times10^3kg/s$

假设烟气放出的热量全部用于加热给水，即 $Q=m_w c_w(t_{w2}-t_{w1})=m_g c_g(t_{g1}-t_{g2})$，则进入省煤器之前烟气的温度为

$$t_{g1}=\frac{Q}{m_g c_g}+t_{g2}=692℃$$

进一步说明：按稳定流动能量方程，烟气的放热量等于烟气流经省煤器时的焓降，给水的吸热量等于给水流经省煤器的焓升。

2-4　一台锅炉给水泵，将凝结水由 $p_1=6kPa$，升至 $p_2=2MPa$，假定凝结水流量为 200t/h，水的密度$=1000kg/m^3$，水泵的效率为 88%，问带动此水泵至少需要多大功率的电动机？

解：水流经水泵时，可以将水视为不可压缩流体，密度和比体积为常数。对于稳定流动的开口系统，水泵耗功为技术功。如果是理想的可逆过程，1kg 水流经给水泵所需的技术功为

$$w_t=-\int_1^2 vdp=v(p_2-p_1)=-0.001\times(2\times10^{-6}-6\times10^3)=-1994J/kg$$

负号表示水泵对工质做功。水泵实际消耗的功率为

$$P = \frac{\dot{m} \mid w_t \mid}{\eta_p} = \frac{200 \times 10^3 \times 1994}{3600 \times 0.88} = 1.258\ 8 \times 10^5 W = 125.88 kW$$

以上是给水增压所需的水泵功率，考虑到电动机效率以及必要的安全裕量，选用的电动机的功率要高于这个数值。

2-5　制造某化合物时，要把一定质量的液体在大桶中搅拌，为了不致因搅拌而引起温度上升，该桶外装有冷却水套利用水进行冷却。已知冷却水每小时带走的热量为 29 140kJ，化合物在合成时每小时放出 20 950kJ 的热量。求该搅拌机消耗的功率。

解：不计散热，冷却水带走的热量等于化合物合成放出的热量和搅拌生成的热量，搅拌机消耗的机械能全部转变为热能，即

$$P_{stir} = 29\ 140 kJ/h - 20\ 950 kJ/h = \frac{8190 kJ/h}{3600 s/h} = 2.275 kW$$

2-6　发电机的额定输出功率为 100MW，发电机的效率为 98.4%，发电机的损失基本上转化成热能，为了维持发电机正常运行，需要对发电机冷却，将产生的热量传到外界。假设全部用氢气冷却，氢气进入发电机的温度为 22℃，离开时的温度不能超过 65℃，求氢气的质量流量至少为多少？已知氢气的平均比定压热容为 $c_p = 14.3 kJ/(kg \cdot K)$。

解：换热器中流体的流动过程压降很小，可以视为定压过程，采用比定压热容计算热量。

发电机输出功率为　$P_g = 100 \times 10^6 W$，效率 $\eta_g = 0.984$

发电机所需的输入功率为　$P_i = \frac{P_g}{\eta_g} = \frac{100 \times 10^6}{0.984} = 101.626 \times 10^6 W$

则发电机的发热量为　$Q = P_i \times (1 - \eta_g) = 1.626 \times 10^6 W = 1626 kW$

氢气的比定压热容　$c_p = 14.3 kJ/(kg \cdot K)$

则质量流量为

$$m = \frac{Q}{c_p(t_2 - t_1)} = \frac{1626}{14.2 \times (65 - 22)} = 2.644 kg/s$$

2-7　某实验室用如图 2-4 所示的电加热装置来测量空气的质量流量。已知加热前后空气的温度分别为 $t_1 = 20℃$，$t_2 = 25.5℃$，电加热器的功率为 800W。假设空气的平均比定压热容为 $c_{p,air} = 1.005 kJ/(kg \cdot K)$，试求每分钟空气的质量流量。

解：假定实验管段对环境是绝热的，电加热器加入的热量全部被空气吸收。

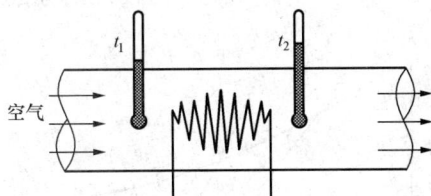

图 2-4　习题 2-7 附图

已知　$Q = 800W$，$t_1 = 20℃$，$t_2 = 25.5℃$，$c_{p,air} = 1005 J/(kg \cdot ℃)$

由　$Q = m_{air} c_{p,air}(t_2 - t_1)$，可得空气质量流量为

$$m_{air} = \frac{Q}{c_{p,air}(t_2 - t_1)} \times 60 = \frac{800 \times 60}{1005 \times (25.5 - 20)} = 8.68 kg/s$$

2-8 某蒸汽动力厂中，锅炉以 40t/h 的蒸汽量供给汽轮机。汽轮机进口处的压力表读数为 9MPa，蒸汽的焓为 3440kJ/kg，汽轮机出口处真空表读数为 95kPa，当时当地大气压力为 0.1MPa，出口蒸汽焓为 2245kJ/kg，汽轮机对环境换热率为 6.36×10^5 kJ/h。求：（1）进口和出口处蒸汽的绝对压力分别是多少？（2）若不计进、出口宏观动能和重力势能的差值，汽轮机输出功是多少？（3）如进口处蒸汽流速为 70m/s，出口处速度为 140m/s，对汽轮机功率有多大影响？

解： 取汽轮机内部流通空间为控制容积，入口截面为 1，出口截面为 2。

蒸汽流量 $\dot{m} = \dfrac{40 \times 10^3}{3600} = 11.111$ kg/s

当地大气压力 $p_b = 0.1 \times 10^6$ Pa

入口表压力 $p_{g1} = 9$MPa，焓 $h_1 = 3440$kJ/kg

出口真空度 $p_{v2} = 95$kPa，焓 $h_2 = 2245$kJ/kg

汽轮机散热量 $Q = -6.36 \times 10^8$ J/h $= -176.7$ kW

（1）进口绝对压力 $p_1 = p_b + p_{g1} = 9.1$MPa

出口绝对压力 $p_2 = p_b - p_{v2} = 5$kPa

（2）不计宏观动能差和势能差，汽轮机输出功率为

$P_1 = Q + \dot{m}(h_1 - h_2) = -176.7 + 11.111 \times (3440 - 2245) = 1.31 \times 10^4$ kW $= 13.1$MW

（3）计及动能差时入口、出口蒸汽流速 $v_1 = 70$m/s，$v_2 = 140$m/s

单位质量蒸汽动能差 $P_k = \dfrac{1}{2}(v_1^2 - v_2^2) = -7350$J/kg $= -7.35$kJ/kg

$$P_2 = Q + \dot{m}(h_1 - h_2 + P_k) = 1.302 \times 10^4 \text{kW} = 13.02 \text{MW}$$

不计动能差的偏差为 $I = \dfrac{P_1 - P_2}{P_1} = 0.006\,1 = 0.61\%$

2-9 在一台水冷式空气压缩机的试验中，测出带动压缩机所需的功为 176.3kJ/kg，空气离开压缩机的焓增为 96.37kJ/kg。求压缩每千克空气从压缩机传给大气的热量。

解： 取压缩机为开口系，处于稳定工作状态，忽略空气流过压缩机时的动能变化和势能变化。单位质量工质流过压缩机时，有

$$w_t = -176.3 \text{kJ/kg （技术功，负号表示外界对系统做功）}$$

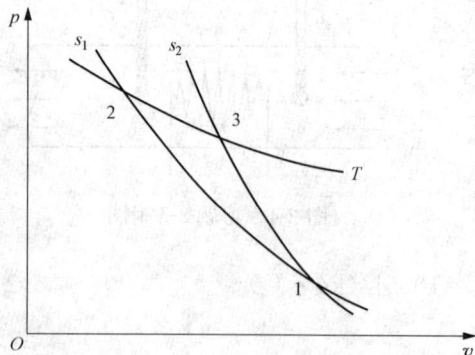

$\Delta h = 96.37$kJ/kg （焓增）

由稳定流动能量方程，可得空气与外界的换热量为

$q = \Delta h + w_t = 96.37 - 176.3 = -79.93$kJ/kg

图 2-5 习题 2-10 附图

2-10 试用 p-v 图证明：两条可逆绝热线不能相交（如果相交则违反热力学第二定律）。

证明：用反证法，若两条绝热线相交，就可以构造出从单一热源吸热，并且把吸收的热量全部转换成功的第二类永动机，违反热力学第二定律。

如图 2-5 所示假设有 s_1 和 s_2 两条绝热线，相交于 1 点，做定温线 T，与两条绝热线分别相交于 2 点和 3 点，则对于循环 1—2—3—1，1—2 为绝热压缩过程，2—3 为定温吸热、膨胀过程，3—1 为绝热膨胀过程，循环的总效果，是从温度为 T 的单一热源吸收热量，对外做净功（面积 1231），这是不可能实现的。因此在 $p\text{-}v$ 图上，两条绝热线不可能相交。

2-11　有一卡诺机工作于 500℃ 和 30℃ 的两个恒温热源之间，该卡诺热机每分钟从高温热源吸收 1000kJ，求：（1）卡诺机的热效率；（2）卡诺机的功率。

解：高温和低温热源的温度分别为

$$T_1 = 500 + 273.15 = 773.15\text{K}, \quad T_2 = 30 + 273.15 = 303.15\text{K}$$

从高温热源吸热的功率为　　$Q_1 = \dfrac{1000 \times 10^3}{60} = 1.667 \times 10^4 \text{W}$

（1）热效率　　$\eta_c = 1 - \dfrac{T_2}{T_1} = 0.607\,9$

（2）功率　　$P = Q_1 \eta_c = 1.013 \times 10^4 \text{W} = 10.13\text{kW}$

2-12　利用一逆向卡诺机作热泵来给房间供暖，室外温度（即低温热源）为 −5℃，为使室内经常保持 20℃（即高温热源），每小时需供给 30 000kJ 热量，试求：（1）逆向卡诺机的供热系数；（2）逆向卡诺机每小时消耗的功；（3）若直接用电炉取暖，每小时需耗电多少。

解：逆向卡诺循环（热泵循环），如图 2-6 所示。

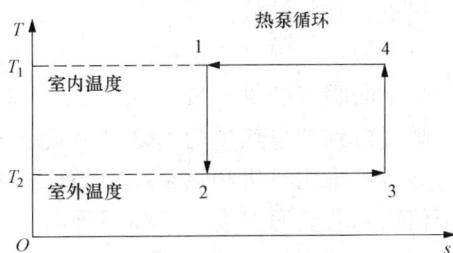

图 2-6　习题 2-12 附图

低温热源、高温热源温度分别为：$T_2 = -5 + 273.15 = 268.15\text{K}$，$T_1 = 20 + 273.15 = 293.15\text{K}$

房间所需供热量即为工质向高温热源的放热量，$Q_1 = 3 \times 10^4 \text{kJ/h} = 8.333\text{kJ/s}$

（1）热泵系数　　　　$\varepsilon_c' = \dfrac{T_1}{T_1 - T_2} = \dfrac{293.15}{293.15 - 268.15} = 11.726$

（2）热泵每小时的功耗，$W = \dfrac{Q_1}{\varepsilon_c'} = \dfrac{3 \times 10^4}{11.726} = 2558\text{kJ/h}$，即每小时耗功 2558kJ。

$\dfrac{2558}{3600} = 0.710\,6\text{kWh}$，即每小时耗电 0.710\,6kWh。

（3）直接用电炉取暖，可认为加热效率 100%，电炉功耗 $W_{\text{direct}} = \dfrac{3 \times 10^4}{3600} = 8.333\text{kWh}$，即每小时耗电 8.333kWh。

分析：提供相同的热量，使用热泵耗电 0.710\,6kWh，而直接用电炉（或电暖器）加热耗电 8.333kWh，可见使用热泵供暖是很节能的。一般有条件的地区，热泵的低温热源可以置于地下，与地下水换热，由于冬季地下水的温度高于地表和空气温度，可以实现更好的节能效果。

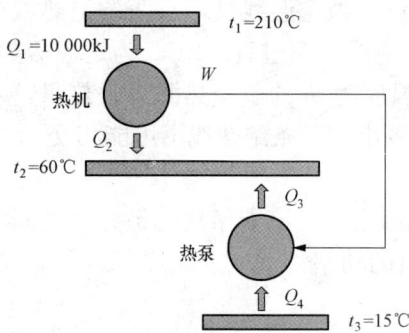

图 2-7　习题 2-13 附图

2-13　由一热机和一热泵联合组成一供热系统，热机带动热泵，热泵从环境吸热向暖气放热，同时热机所排废气也供给暖气。若热源温度为 210℃，环境温度为 15℃，暖气温度为 60℃，热机与热泵都是卡诺循环，当热源向热机提供 10 000kJ 热量时，暖气得到的热量是多少？

解：采用图 2-7 中所示符号。

热源温度分别为　$T_1 = 210 + 273.15 = 483.15\text{K}$

$T_2 = 60 + 273.15 = 333.15\text{K}$

$T_3 = 15 + 273.15 = 288.15\text{K}$

热源向热机供热量　$Q_1 = 1 \times 10^4 \text{kJ} = 10\text{MJ}$

热机的热效率（卡诺循环）$\eta_c = 1 - \dfrac{T_2}{T_1} = 1 - \dfrac{333.15}{483.15} = 0.310\,5$，即热量转化为功的比例。

热泵的供暖系数（卡诺循环）$\varepsilon_c' = \dfrac{T_2}{T_2 - T_3} = 7.403$，即供暖量和耗功的比例。

热机向暖气的放热量　$Q_2 = Q_1(1 - \eta_c) = 1 \times 10^4 \times (1 - 0.310\,5) = 6895\text{kJ} = 6.895\text{MJ}$

热机做功　$W = Q_1 \eta_c = 1 \times 10^4 \times 0.310\,5 = 3105\text{kJ} = 3.105\text{MJ}$

热泵向暖气的供热量　$Q_3 = W\varepsilon_c' = 3.105 \times 7.403 = 22.98\text{MJ}$

暖气得到的总热量为　$Q_{\text{heater}} = Q_2 + Q_3 = 22.98 + 6.895 = 29.875\text{MJ}$

分析：采用热机和热泵联合循环的方式供暖，实现的供暖量大约是直接供暖量的 3 倍。这个倍数随着热源温度的升高而升高，当然也随着热源温度的降低而降低。实际的热机循环和热泵循环都不是卡诺循环，热机循环的热效率和热泵循环的供暖系数都低于卡诺循环的数值。同时，采用热机和热泵联合循环的方式供暖，需要的投入设备（资金）也较多，因此这个方法没有普遍使用。目前在居民供暖方面大量直接使用较高温度的热源，造成了极大的浪费，这个习题说明了供暖节能的潜力和方向。

2-14　有人声称设计出了一热机，工作于 $T_1 = 400\text{K}$ 和 $T_2 = 250\text{K}$ 之间，当工质从高温热源吸收了 104 750kJ 热量，对外做功 20kWh，这种热机可能吗？

解：工作于两个恒温热源之间的热机的最大热效率是卡诺循环的热效率。

卡诺循环的热效率为　$\eta_c = 1 - \dfrac{T_2}{T_1} = 1 - \dfrac{250}{400} = 0.375$

对外做功的最大值为　$W_{\max} = Q_1 \eta_c = 104\,750 \times 0.375 = 39\,281\text{kJ}$

$\dfrac{39\,281}{3600} = 10.91\text{kWh}$，因此对外做功 20kWh 是不可能实现的。

2-15　有一台换热器，热水由 200℃ 降温到 120℃，流量 15kg/s；冷水进口温度 35℃，流量 25kg/s。求该过程的熵增和做功能力损失。水的比热容为 4.186 8kJ/(kg·K)，环境温度为 15℃。

解：已知参数：

热水入口温度 $t_{h1} = 200℃$，热水出口温度 $t_{h2} = 120℃$，热水流量 $\dot{m}_h = 15\text{kg/s}$

冷水入口温度 35℃，冷水流量 $\dot{m}_c=25\text{kg/s}$，水的比热容 $c_p=4186.8\text{J/(kg·K)}$

取换热器为热力系统，换热器与外界没有热量交换，热流体的放热量等于冷流体的吸热量，且系统内的总熵增为不可逆熵增。设冷流体出口温度为 t_{c2}，有

$$\dot{m}_h c_p(t_{h1}-t_{h2})=\dot{m}_c c_p(t_{c2}-t_{c1})$$

可得

$$t_{c2}=t_{c1}+\frac{\dot{m}_h}{\dot{m}_c}(t_{h1}-t_{h2})=35+\frac{15}{25}(200-120)=83℃$$

根据液体熵变的计算公式 $\Delta S=mc_p\ln\dfrac{T_2}{T_1}$，可得

冷水定压加热后的熵增 $\Delta S_c=m_c c_p\ln\dfrac{T_{c2}}{T_{c1}}=25\times4.1868\times\ln\dfrac{83+273.15}{35+273.15}=15.15\text{kW/K}$

热水定压放热的熵减为 $\Delta S_h=m_h c_p\ln\dfrac{T_{h2}}{T_{h1}}=15\times4.1868\times\ln\dfrac{120+273.15}{200+273.15}=-11.63\text{kW/K}$

换热器绝热，换热器中的不可逆熵增（孤立系熵增）为

$$\Delta S_{iso}=\Delta S_c+\Delta S_h=15.15-11.63=3.52\text{kW/K}$$

环境温度 $T_0=15+273.15\text{K}$

由于不可逆换热，换热器内单位时间内热量的做功能力损失为

$$I=\Delta S_{iso}T_0=3.52\times(15+273.15)=1014\text{kW}$$

2-16 如图 2-8 所示，为一烟气余热回收方案。设烟气的比热容 $c_p=1400\text{J/(kg·K)}$，$c_V=1000\text{J/(kg·K)}$。

试求：（1）烟气流经换热器时传给热机工质的热量 Q_1；（2）热机放给大气的最小热量 Q_2；（3）热机输出的最大功 W_0。

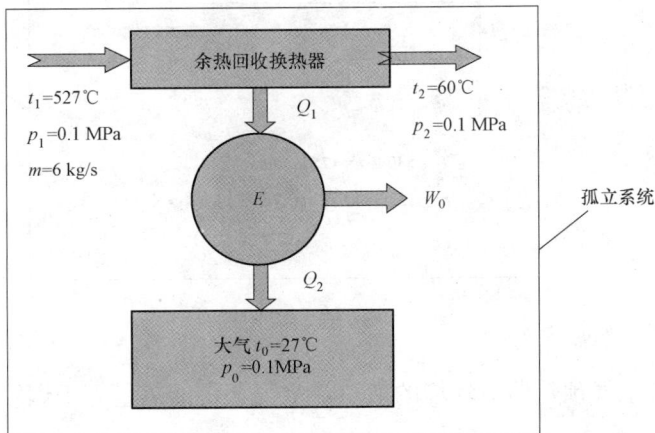

图 2-8　习题 2-16 附图

解：（1）烟气流经换热器时是定压过程，$\dot{m}=6\text{kg/s}$，$c_p=1.4\text{kJ/(kg·K)}$，烟气放出的热量即为烟气流经换热器时传给热机工质的热量，可利用比定压热容计算

$$Q_1=\dot{m}c_p(t_1-t_2)=6\times1.4\times(527-60)=3923\text{kW}$$

（2）热机放给大气的最小热量是可逆过程发生的热量。取如图 2-8 所示的孤立系统，过程可逆时，孤立系统的熵增为 0。烟气参数为

$$T_1 = 527 + 273.15 = 800.15 \text{K}$$
$$T_2 = 60 + 273.15 = 333.15 \text{K}$$

烟气的熵变为　$\Delta S_{\text{gas}} = \dot{m}c_p \ln \dfrac{T_2}{T_1} = 6 \times 1.4 \times \ln \dfrac{333.15}{800.15} = -7.36 \text{kW/K}$

热机中的工质经历循环，熵不变。

大气环境的熵增应等于烟气放热的熵减　$\Delta S_{\text{air}} = -\Delta S_{\text{gas}} = 7.36 \text{kW/K}$

大气温度　$T_0 = 27 + 273.15 = 300.15 \text{K}$

可逆过程时，大气定温吸热，吸热量为　$Q_2 = \Delta S_{\text{air}} T_0 = 7.36 \times 300.15 = 2209 \text{kW}$

（3）热机的最大功　$W_{\max} = Q_1 - Q_2 = 3923 - 2209 = 1714 \text{kW}$

2-17　空气预热器利用锅炉出来的废气预热进入锅炉的空气。如图 2-9 所示，压力为 100kPa，温度为 780K，焓为 800.03kJ/kg，熵为 7.690 0kJ/(kg·K) 的废气以 75kg/min 的流量进入空气预热器，废气离开时的温度为 530K，焓为 533.98kJ/kg，熵为 7.272 5kJ/(kg·K)。进入空气预热器的空气压力为 101kPa，温度为 290K，质量流量为 70kg/min，假定空气预热器的散热损失及气流阻力都忽略不计，试计算：（1）空气在预热器中获得的热量；（2）空气的出口温度；（3）若环境温度 $T_0 = 290$K，试计算该预热器的不可逆损失（做功能力损失）。

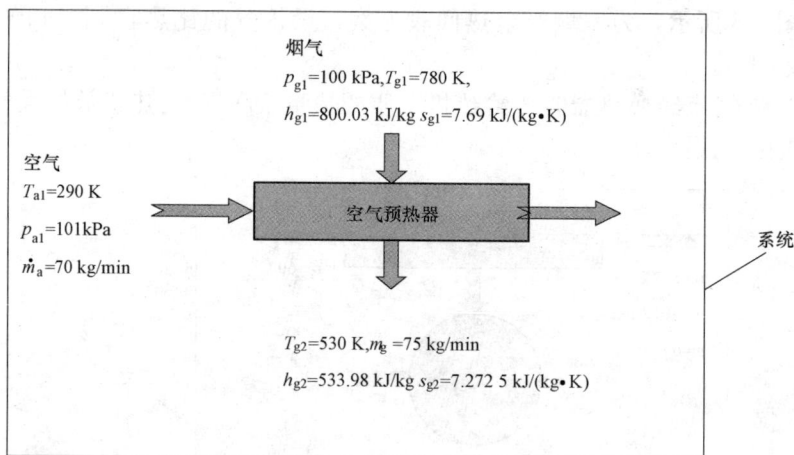

图 2-9　习题 2-17 附图

解：（1）不考虑空气预热器对环境的散热，空气获得的热量等于烟气放出的热量。

烟气流量　$\dot{m}_g = \dfrac{75}{60} = 1.25 \text{kg/s}$

烟气放热量等于其焓降

$$Q = \dot{m}_g (h_{g1} - h_{g2}) = 1.25 \times (800.03 - 533.98) = 332.6 \text{kW}$$

（2）取空气的比定压热容为　$c_{p,\text{air}} = \dfrac{\kappa R_g}{\kappa - 1} = \dfrac{1.4 \times 287}{1.4 - 1} = 1005 \text{J/(kg·K)} = 1.005 \text{kJ/(kg·K)}$

空气流量 $$\dot{m}_{air}=\frac{70}{60}=1.167\mathrm{kg/s}$$

空气入口温度 $$T_{a1}=290\mathrm{K}$$

空气的吸热量等于烟气的放热量，即 $Q=\dot{m}_{air}c_{p,air}(T_{a2}-T_{a1})$ 可得空气出口温度

$$T_{a2}=T_{a1}+\frac{Q}{\dot{m}_{air}c_{p,air}}=290+\frac{332.6}{1.167\times1.005}=573.8\mathrm{K}$$

（3）空气的熵增为 $$\Delta S_{air}=\dot{m}_{air}c_{p,air}\ln\left(\frac{T_{a2}}{T_{a1}}\right)=1.167\times1.005\times\ln\left(\frac{573.8}{290}\right)=0.8\mathrm{kW/K}$$

烟气的熵变为 $\Delta S_{gas}=m_g(s_{g2}-s_{g1})=1.25\times(7.2725-7.69)=-0.5219\mathrm{kW/K}$

不可逆熵增为 $\Delta S_{iso}=\Delta S_{air}+\Delta S_{gas}=0.8-0.5219=0.278\mathrm{kW/K}$

换热器的不可逆损失为

$$I=T_0\Delta S_{iso}=290\times0.278=80.65\mathrm{kW}$$

2-18 有 100kg 温度为 0℃ 的冰，在 20℃ 的大气环境中融化成 0℃ 的水，这时热量的做功能力损失了，如果在大气与冰块之间放一可逆机，求冰块完全融化时可逆热机能做出的功。已知冰的融化热为 334.7kJ/kg。

解： 冰块融化所需的热量为

$$Q_1=100\times334.7=33\,470\mathrm{kJ}$$

大气和冰块可分别视为恒温热源，其间的可逆热机为卡诺循环，高温热源和低温热源的温度分别为

$$T_1=20+273.15=293.15\mathrm{K}$$
$$T_2=0+273.15=273.15\mathrm{K}$$

卡诺循环的热效率为

$$\eta_c=1-\frac{T_2}{T_1}=1-\frac{273.15}{293.15}=0.068\,22=6.82\%$$

可逆机做功为

$$W=Q_1\eta_c=33\,470\times0.068\,22=2283\mathrm{kJ}$$

实际可实现的循环热效率会低得多，因此这样的温差目前还很难用于发电。

2-19 有 100kg 温度为 0℃ 的水，在 20℃ 的大气环境中吸热变成 20℃ 的水，如果在大气和这水之间加一个可逆热机，求水温度升高到 20℃ 时可逆机能做出的功。

解法一：

高温热源（空气）的温度 $T_1=20+273.15=293.15\mathrm{K}$

低温热源（水）的温度变化范围 $T_{21}=0+273.15=273.15\mathrm{K}$，$T_{22}=20+273.15=293.15\mathrm{K}$

采用定值比热，水的平均温度为 $\bar{t}=\frac{0+20}{2}=10℃$，查水的平均比热容为 $c_p=4.1914\mathrm{kJ/(kg\cdot K)}$，质量 $m=100\mathrm{kg}$。

大气是恒温的高温热源，而水是变温的低温热源。考虑一个低温热源温度为 T_2 时刻的微元循环，工质向冷水放热量为 $\delta Q_2=mc_p\mathrm{d}T_2$，由可逆循环热效率 $1-\frac{\delta Q_2}{\delta Q_1}=1-\frac{T_2}{T_1}$，即 $\frac{\delta Q_1}{T_1}$

$=\dfrac{\delta Q_2}{T_2}$，可得该微元循环从大气的吸热量为

$$\delta Q_1 = \frac{T_1}{T_2}\delta Q_2 = \frac{T_1}{T_2}mc_p\mathrm{d}T_2$$

该微元循环对外做功为

$$\delta W = \delta Q_1\left(1-\frac{T_2}{T_1}\right) = \frac{T_1}{T_2}mc_p\mathrm{d}T_2\left(1-\frac{T_2}{T_1}\right) = mc_p\left(\frac{T_1}{T_2}-1\right)\mathrm{d}T_2$$

全部过程的总功为

$$W = \int_{273.15}^{293.15} mc_p\left(\frac{T_1}{T_2}-1\right)\mathrm{d}T_2$$

$$= mc_p\left[T_1\ln\frac{T_{22}}{T_{21}} - (T_{22}-T_{21})\right]$$

$$= 100\times4.191\,4\times\left[293.15\ln\frac{293.15}{273.15} - (293.15-273.15)\right] = 299.67\mathrm{kJ}$$

水的吸热量为

$$Q_2 = 100\times4.191\,4\times(20-0) = 8383\mathrm{kJ}$$

综合热效率　$\eta_c = \dfrac{W}{Q_1} = \dfrac{W}{Q_2+W} = \dfrac{299.67}{8383+299.67}\times100\% = 3.45\%$

解法二，采用黑箱法。取水和大气为孤立系统，对于可逆循环，整个系统的熵变为 0。设大气和水的熵变分别为 ΔS_1 和 ΔS_2，水的熵增为

$$\Delta S_2 = mc_p\ln\frac{T_{22}}{T_{21}} = 100\times4.191\,4\times\ln\frac{293.15}{273.15} = 29.618\mathrm{kJ/K}$$

由 $\Delta S_1 + \Delta S_2 = 0$，可得大气的熵变为

$$\Delta S_1 = -\Delta S_2 = -29.618\mathrm{kJ/K}$$

$\Delta S_1 = \dfrac{-Q_1}{T_0}$，大气放出的热量为

$$Q_1 = -T_0\Delta S_1 = 29.618\times273.15\mathrm{kJ} = 8682.5\mathrm{kJ}$$

水吸收的热量　$Q_2 = 100\times4.191\,4\times(20-0)\mathrm{kJ} = 8383\mathrm{kJ}$

循环做功量　$W = Q_1 - Q_2 = 8682.5 - 8383 = 299.5\mathrm{kJ}$

2-20　在高温热源 $T_1 = 2000\mathrm{K}$ 及低温热源 $T_0 = 600\mathrm{K}$ 之间进行一个不可逆卡诺循环，若在定温吸热及定温放热过程中工质与高温热源、低温热源均存在 60K 温差，其余两个绝热过程均为可逆过程，试求：(1) 循环热效率；(2) 若热源供给 1000kJ 的热量，求做功能力损失。

解：(1) 热源温度　$T_1 = 2000\mathrm{K}$，$T_0 = 600\mathrm{K}$

实际循环时工质吸热、放热温度为

$$T_{1r} = T_1 - 60 = 1940\mathrm{K}, \quad T_{0r} = T_0 + 60 = 660\mathrm{K}$$

实际循环热效率

$$\eta_r = 1 - \frac{T_{0r}}{T_{1r}} = 0.659\,8\times100\% = 65.98\%$$

(2) 吸热量 $Q_1 = 1000\mathrm{kJ}$

若吸热和放热过程均不存在温差，可逆循环热效率

$$\eta_c = 1 - \frac{T_0}{T_1} = 0.7 \times 100\% = 70\%$$

传热温差造成的做功能力损失

$$I = Q_1(\eta_c - \eta_r) = 1000 \times (0.7 - 0.659\ 8) = 40.21\text{kJ}$$

2-21　如图 2-10 所示，A、B、C 都是可逆热机，图（b）中两个 Q_3 是相等的。求证：$W_A = W_B$。

解： 可逆机 A 对外做功为

$$W_A = Q_1\left(1 - \frac{T_0}{T_1}\right) = 100 \times \left(1 - \frac{300}{800}\right) = 62.50\text{kJ}$$

可逆机 B 输出总功为

$$W_{B,all} = Q_1\left(1 - \frac{T_2}{T_1}\right) = 100 \times \left(1 - \frac{250}{800}\right) = 68.75\text{kJ}$$

可逆机 B 对低温热源放热

$$Q_3 = Q_1 - W_{B,all} = 100 - 68.75 = 31.25\text{kJ}$$

可逆机 C 把热量 Q_3 传递到热源 T_0，其制冷系数为

$$\varepsilon_c = \frac{Q_3}{W_C} = \frac{T_2}{T_0 - T_2} = \frac{250}{300 - 250} = 5$$

可逆机 C 消耗的功为

$$W_C = \frac{Q_3}{\varepsilon_c} = \frac{31.25}{5} = 6.25\text{kJ}$$

可得

$$W_B = W_{B,all} - W_C = 68.75 - 6.25 = 62.5\text{kJ} = W_A$$

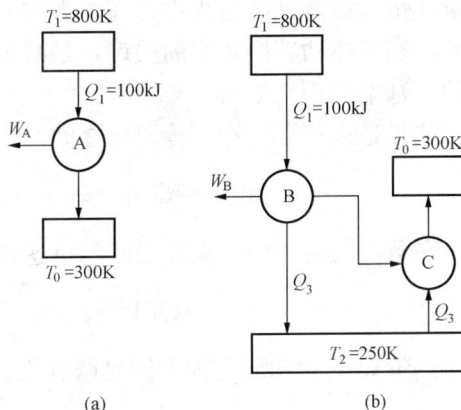

图 2-10　习题 2-21 附图

分析： 在图（b）中试图人为地将循环的低温热源温度 T_2 降到比环境温度 T_0 更低，以提高循环热效率。但是这种人为低温环境的获取是需要付出代价的，整个系统增加了一套制冷设备，总体上并不能实现对外多做功。题目中分析的是可逆的极限情况，如果是实际的不可逆过程，增加系统的复杂性还会增加不可逆损失，热量转化为功的数量反而会减少。同时，这个题目也说明，在热力学第二定律分析中，环境是一个很重要的概念，热量的做功能力，总是基于环境温度的。

2-22　设炉膛中火焰的温度恒为 $t_1 = 1500℃$，锅炉内蒸汽的温度恒为 $t_s = 500℃$，环境温度为 $t_0 = 25℃$，求火焰每传出 1000kJ 热量引起的熵产和做功能力损失。

解： 有温差的传热会造成孤立系熵增（熵产）和热量做功能力损失。

火焰（也就是高温烟气）温度　$T_1 = 1500 + 273.15 = 1773.15\text{K}$

蒸汽温度　$T_s = 500 + 273.15 = 773.15\text{K}$

环境温度　$T_0 = 25 + 273.15 = 298.15\text{K}$

传热量　$Q = 1000\text{kJ}$

蒸汽吸热熵增，烟气放热熵减，传热引起的熵产为

$$\Delta S_{iso} = \frac{Q}{T_s} - \frac{Q}{T_1} = \frac{1000}{773.15} - \frac{1000}{1773.15} = 0.729\ 4\text{kJ/K}$$

热量 Q 的做功能力损失

$$W_{loss} = T_0 \Delta S_{iso} = 298.15 \times 0.729\ 4 = 217.5\text{kJ}$$

分析：如果从热力学第一定律的角度分析，1000kJ 的热量从火焰传递到蒸汽，似乎没有能量的"损失"。实际锅炉有一定的散热，锅炉排烟也会带走一部分热量，锅炉内燃料燃烧释放的热量大约有 90% 以上传递给蒸汽，因此按照热力学第一定律的数量分析，电站锅炉的热效率可以达到 90% 以上。但是从热力学第二定律的角度看，锅炉内燃料燃烧产生的热量在传递给蒸汽的过程中存在很大的不可逆性，由此引起热量做功能力损失是很大的。火电厂提高热功转换效率的关键，是减少过程的不可逆性，热力学第二定律则是指导技术改进的最基本的理论工具。

如果是火焰温度和环境温度之间的可逆循环，热量 Q 可以转化的最大功为

$$W_{max} = Q\left(1 - \frac{T_0}{T_1}\right) = 1000 \times \left(1 - \frac{298.15}{1773.15}\right) = 831.85\text{kJ}$$

在蒸汽温度和环境温度之间的可逆循环，热量 Q 可以转化的功为

$$W = Q\left(1 - \frac{T_0}{T_s}\right) = 1000 \times \left(1 - \frac{298.15}{773.15}\right) = 614.37\text{kJ}$$

热量 Q 的做功能力损失即是两者之差。

2-23 有一根质量为 9kg 的铜棒，温度为 500K，$c_p = 0.383\text{kJ/(kg·K)}$，如果环境温度为 27℃，试问铜棒的做功能力是多少？如果将铜棒与具有环境温度的水〔质量为 5kg，$c_p = 4.186\ 8\text{kJ/(kg·K)}$〕相接触，它们的平衡温度是多少？平衡后铜棒和水的做功能力为多少？这个不可逆传热引起做功能力的损失是多少？

解： 铜棒的做功能力是在铜棒与环境之间实现可逆循环，铜棒放热，温度逐渐降低到环境温度时，可逆循环对外所做的功，这一过程中铜棒温度 T 是变化的。取一个微元过程，铜棒温度为 T，放热量 $\delta q_1 = -m_c c_p \mathrm{d}T$，负号是因为 $\mathrm{d}T < 0$，其中铜棒质量 $m_c = 9\text{kg}$，初始温度 $T_c = 500\text{K}$，比热容 $c_p = 0.383\text{kJ/(kg·K)}$，环境温度和铜棒终态温度为 $T_0 = 27 + 273.15 = 300.15\text{K}$，微元循环的热效率为 $1 - \dfrac{T_0}{T}$，微元循环做功为

$$\delta W = \delta q_1 \left(1 - \frac{T_0}{T}\right) = -m_c c_p \left(1 - \frac{T_0}{T}\right)\mathrm{d}T$$

则铜棒的做功能力为

$$
\begin{aligned}
W_{max} &= -\int_{T_c}^{T_0} m_c c_p \left(1 - \frac{T_0}{T}\right)\mathrm{d}T = -m_c c_p\left[(T_0 - T_c) - T_0 \ln \frac{T_0}{T_c}\right] \\
&= m_c c_p\left[(T_c - T_0) - T_0 \ln \frac{T_c}{T_0}\right] \\
&= 9 \times 0.383 \times \left[(500 - 300.15) - 300.15 \times \ln \frac{500}{300.15}\right] = 160.9\text{kJ}
\end{aligned}
$$

水的质量 $m_w = 5\text{kg}$，比热容 $c_{p,w} = 4.186\ 8\text{kJ/(kg·K)}$。设铜棒与水接触后的平衡温度为 T_b，则铜棒放出的热量等于水吸收的热量

$$m_c c_p (T_c - T_b) = m_w c_{p,w}(T_b - T_0)$$

解得铜棒和水的平衡温度为

$$T_b = \frac{m_c c_p T_c + m_w c_{p,w} T_0}{m_c c_p + m_w c_{p,w}} = \frac{9 \times 0.383 \times 500 + 5 \times 4.186\ 8 \times 300.15}{9 \times 0.383 + 5 \times 4.186\ 8} = 328.4 \text{K}$$

此时，铜棒和水分别具有的做功能力为

$$W_c = m_c c_p \left[(T_b - T_0) - T_0 \ln \frac{T_b}{T_0} \right]$$

$$= 9 \times 0.383 \times \left[(328.4 - 300.15) - 200.15 \times \ln \frac{328.4}{300.15} \right] = 4.315 \text{kJ}$$

$$W_w = m_w c_{p,w} \left[(T_b - T_0) - T_0 \ln \frac{T_b}{T_0} \right] = 2.621 \times 10^4$$

$$= 5 \times 4.186\ 8 \times \left[(328.4 - 300.15) - 200.15 \times \ln \frac{328.4}{300.15} \right] = 26.21 \text{kJ}$$

不可逆传热引起做功能力的损失为

$$W_{loss} = W_{max} - (W_c + W_w) = 130.4 \text{kJ}$$

第三章 理想气体的性质和热力过程

思考题参考答案

3-1 理想气体的热力学能和焓是温度的单值函数，理想气体的熵也是温度的单值函数吗？

答：由理想气体的熵变公式 $\Delta s = c_V \ln \dfrac{T_2}{T_1} + R_g \ln \dfrac{v_2}{v_1}$ 或 $\Delta s = c_p \ln \dfrac{T_2}{T_1} - R_g \ln \dfrac{p_2}{p_1}$ 可知，理想气体的熵不是温度的单值函数。

3-2 气体的比热容 c_p、c_V 是过程量还是状态量？

答：气体的比定压热容 c_p 和比定容热容 c_V 是压力、温度的函数，因此是状态参数。理想气体的 c_p 和 c_V 是温度的单值函数，也是状态参数。

3-3 绝热过程是否一定是定熵过程？定熵过程都是可逆绝热过程吗？

答：可逆的绝热过程才是定熵过程，不可逆的绝热过程，系统的熵增大。不可逆过程的熵无法用热力学的方法描述。定熵过程一定是可逆过程，也一定是绝热过程，因此定熵过程是可逆绝热过程。

3-4 理想气体熵变化 ΔS 公式有三个，它们都是从可逆过程的前提推导出来的，那么，在不可逆过程中，这些公式也可以用吗？

答：可以用。熵是状态参数，ΔS 取决于初、终状态，而与过程无关。

3-5 热力学第一定律的数学表达式可写成

$$q = \Delta u + w \text{ 或 } q = c_V \Delta T + \int_1^2 p \mathrm{d}v$$

两者有何不同？

答：前者对于单位质量的工质（闭口系）是普遍适用的，后者只适用于理想气体可逆过程。

3-6 根据热力学第一定律 $q = \Delta u + w$，以及理想气体的热力学能是温度的单值函数的特性，当理想气体发生一个定温过程后，$q = w$，这表明加入的热量全部变成功，这是否违反热力学第二定律？

答：不违反热力学第二定律。这一过程中，热变成功不是唯一的效果，还有工质状态的变化，若要使工质回复到初始状态，则外界必须对工质做功。

3-7　理想气体的 c_p 和 c_V 之差及 c_p 和 c_V 之比值是否在任何温度下都等于一个常数？

答： 理想气体的 c_p 和 c_V 之差在任何温度下都等于气体常数，理想气体的 c_p 和 c_V 的比值 κ 则是温度的函数，不是常数。

3-8　理想气体的热力学能和焓为零的起点是以它的压力值、温度值还是压力和温度一起来规定的？

答： 理想气体的热力学能和焓是温度的单值函数，所以只需要用温度来规定其零点。

3-9　理想气体混合物的热力学能是否是温度的单值函数？其 c_p-c_V 是否仍遵守迈耶公式？

答： 理想气体混合物的热力学能仍然是温度的单值函数？其 c_p-c_V 仍遵守迈耶公式。

3-10　"理想气体在绝热过程中的技术功，无论可逆与否均可由 $w_t=\dfrac{\kappa}{\kappa-1}R_g\left(T_1-T_2\right)$ 计算"对吗？为什么？

答： 正确。根据热力学第一定律，对于绝热过程，无论过程是否可逆，技术功都等于工质的焓降，即 $w_t=h_1-h_2$，而对于理想气体，$\Delta h=c_p\Delta T=\dfrac{\kappa R_g}{\kappa-1}\Delta T$。

3-11　试根据 $p-v$ 图上四种基本热力过程的过程曲线的位置，画出自点 1 出发的下述过程的过程曲线，并指出其变化范围。

（1）热力学能增大及热力学能减小的过程。

答： 理想气体的热力学能是温度的单值函数，所以热力学能增大或减小的过程也是温度升高或降低的过程。画出经过 1 点的定温线，热力学能增大的过程曲线在定温线以上，热力学能减小的过程曲线在定温线以下。

（2）吸热过程及放热过程。

答： 可逆吸热过程熵增大，可逆放热过程熵减小。画出经过 1 点的定熵线，吸热过程的过程曲线在定熵线以右，放热过程的过程曲线在定熵线以左。

3-12　试根据 $T\text{-}s$ 图上四种基本热力过程的过程曲线的位置，画出自点 1 出发的下述过程的过程曲线，并指出其变化范围。

（1）膨胀做功的过程及压缩耗功的过程。

答： 膨胀做功过程为比体积增大的过程，通过点 1 做定容线，膨胀做功过程曲线在定容线的右侧，压缩耗功的过程曲线在定容线的左侧。

（2）压力升高的过程及压力降低的过程。

答： 通过点 1 做定压线，则压力升高的过程在定压线上方，而压力减小的过程线在定压线下方。

3-13　多变过程的膨胀功、技术功、热量三个公式在 $n=1$ 时就失效了，怎么处理这个

问题?

答: $n=1$ 的多变过程是定温过程,此时的膨胀功、技术功和加热量均为

$$w = w_t = q = R_g T \ln \frac{v_2}{v_1} = R_g T \ln \frac{p_1}{p_2}$$

3-14 如果通过各种冷却方法而使压气机的压缩过程实现为定温过程,则采用多级压缩的意义是什么?

答: 降低每一级的增压比,提高每一级的容积效率。

3-15 (略)

习 题 参 考 答 案

3-1 有一容积 $V=10m^3$ 的刚性储气瓶,内盛氧气,开始时储气瓶压力表的读数为 $p_{g1}=4.5MPa$,温度为 $t_1=35℃$。使用了部分氧气后,压力表的读数变为 $p_{g2}=2.6MPa$,温度变为 $t_2=30℃$。在这个过程中当地大气压保持不变,为 $p_b=0.1MPa$。求使用了多少公斤氧气?

解: 使用理想气体状态方程。

钢瓶容积 $V=10m^3$

状态 1,表压力 $p_{g1}=4.5×10^6Pa$,热力学温度 $T_1=35+273.15=308.15K$

状态 2,表压力 $p_{g2}=2.6×10^6Pa$,热力学温度 $T_2=30+273.15=303.15K$

大气压力, $p_b=0.1×10^6Pa$

使用前后氧气瓶内的真实压力为

$$p_1 = p_{g1}+p_b = 4.6×10^6Pa, \quad p_2 = p_{g2}+p_b = 2.7×10^6Pa$$

氧气的气体常数为 $R_g = \dfrac{8314.3}{32} = 259.8J/(kg·K)$

使用前氧气质量 $m_1 = \dfrac{p_1 V}{R_g T_1} = 574.5kg$

使用后氧气质量 $m_2 = \dfrac{p_2 V}{R_g T_2} = 342.8kg$

用掉的氧气量为 $\Delta m = m_1 - m_2 = 231.7kg$

3-2 有 2.268kg 的某种理想气体,经可逆定容过程,其比热力学能的变化为 $\Delta u = 139.6kJ/kg$,求过程膨胀功、过程热量。

解: 气体质量 $m=2.268kg$,比热力学能(内能)增量 $\Delta u=139.6kJ/kg$

定容过程的膨胀功为 0,即 $W=mw=0$

依据热力学第一定律 $q=\Delta u+w$,过程热量等于系统热力学能的增量

$$Q = m\Delta u = 2.268×139.6 = 316.6kJ$$

3-3 某锅炉每小时烧煤 20t,估计每千克煤燃烧后可产生 $10m^3$(标准状态下,下同)

的烟气。测得烟囱出口处烟气的压力为 0.1MPa、温度为 150℃，烟气的流速为 $c=8m/s$，烟囱截面为圆形，试求烟囱出口处的内径。

解： 本题需要分析标准状态体积流量、实际状态体积流量、质量流量的关系。

燃煤耗量，$m_{coal}=20\times10^3kg/h=5.556kg/s$

烟气生成量（标准容积）　$\dot{V}_{gas}=m_{coal}\times10=55.56m^3/s$

标准状态的压力　$p_0=1.013\,25\times10^5Pa$

标准状态的温度　$T_0=273.15K$

烟囱出口烟气的状态　$p_{exit}=0.1\times10^6Pa$，$T_{exit}=150+273.15=423.15K$

由质量流量守恒

$$\frac{p_0\dot{V}_{gas}}{R_gT_0}=\frac{p_{exit}\dot{V}_{exit}}{R_gT_{exit}}$$

可得烟囱出口烟气的体积流量

$$\dot{V}_{exit}=\frac{p_0}{p_{exit}}\frac{T_{exit}}{T_0}\dot{V}_{gas}=55.56\times\frac{1.013\,25}{1.0}\times\frac{423.15}{273.15}=87.20m^3/s$$

烟气流速为 $c=8m/s$，烟囱出口截面的体积流量等于流速乘以流通截面积，即 $\dot{V}_{exit}=\frac{1}{4}\pi D^2c$，可得烟囱出口直径为

$$D=\sqrt{\frac{4\dot{V}_{exit}}{c\times\pi}}=\sqrt{\frac{4\times87.2}{8\times3.14}}=3.725m$$

3-4　一封闭的刚性容器内储有某种理想气体，开始时容器的真空度为 60mmHg，温度 $t_1=100℃$，问需将气体冷却到什么温度，才可能使其真空度变为 120mmHg？已知当地大气压保持为 $p_b=0.1MPa$。

解： 对于封闭的刚性容器，容器内气体的体积和质量保持不变。

状态 1

真空度 $p_{v1}=60\times133.3=7998Pa$，实际压力 $p_1=p_b-p_{v1}=92\,002Pa$

热力学温度 $T_1=100+273.15=373.15K$

状态 2

真空度 $p_{v2}=120\times133.3=15\,996Pa$，实际压力 $p_2=p_b-p_{v2}=84\,004Pa$

按照定容过程，温度比等于压力比 $\frac{T_2}{T_1}=\frac{p_2}{p_1}$，可得状态 2 的温度为

$$T_2=T_1\frac{p_2}{p_1}=373.15\times\frac{84\,004}{92\,002}=340.7K$$

即　$t_2 = 340.7 - 273.15 = 67.55℃$

3-5 锅炉烟气的容积成分为 $\varphi_{CO_2} = 0.14$、$\varphi_{H_2O} = 0.09$，其余为 N_2。当其进入一段受热面时温度为 $1200℃$，流出时温度为 $800℃$。烟气压力保持 $p = 0.1MPa$ 不变。求烟气对受热面的放热量（用平均比热容计算）。

解： 这里采用质量比热容进行计算。烟气的容积成分等于摩尔成分，由 $\varphi_{CO_2} = 0.14$、$\varphi_{H_2O} = 0.09$，可得 $\varphi_{N2} = 1 - \varphi_{CO_2} - \varphi_{H_2O} = 0.77$。

换算为质量成分

$$\omega_{CO_2} = \frac{\varphi_{CO_2} \times 44}{\varphi_{CO_2} \times 44 + \varphi_{H_2O} \times 18 + \varphi_{N_2} \times 28} = 0.21$$

$$\omega_{H_2O} = \frac{\varphi_{H_2O} \times 18}{\varphi_{CO_2} \times 44 + \varphi_{H_2O} \times 18 + \varphi_{N_2} \times 28} = 0.055\ 2$$

$$\omega_{N_2} = \frac{\varphi_{N_2} \times 28}{\varphi_{CO_2} \times 44 + \varphi_{H_2O} \times 18 + \varphi_{N_2} \times 28} = 0.734\ 8$$

烟气放热的过程是定压过程，过程热量采用比定压热容计算。查附表（注意，表中温度 t 所对应的比热容是该物质在 $0 \sim t$ 之间的平均比热容）。

$800℃$查到的各成分气体的比热容为

$$c_{p,N_2} \Big|_0^{800} = 1097 J/(kg \cdot K)$$

$$c_{p,CO_2} \Big|_0^{800} = 1085 J/(kg \cdot K)$$

$$c_{p,H_2O} \Big|_0^{800} = 2075 J/(kg \cdot K)$$

烟气的比热容为

$$c_p \Big|_0^{800} = \omega_{N_2} c_{p,N_2} \Big|_0^{800} + \omega_{CO_2} c_{p,CO_2} \Big|_0^{800} + \omega_{H_2O} c_{p,H_2O} \Big|_0^{800}$$

$$= 0.734\ 8 \times 1097 + 0.21 \times 1085 + 0.055\ 2 \times 2075$$

$$= 1148.5 J/(kg \cdot K)$$

$1200℃$各成分气体的比热容

$$c_{p,N_2} \Big|_0^{1200} = 1136 J/(kg \cdot K)$$

$$c_{p,CO_2} \Big|_0^{1200} = 1153 J/(kg \cdot K)$$

$$c_{p,H_2O} \Big|_0^{1200} = 2211 J/(kg \cdot K)$$

烟气的比热容为

$$c_p \Big|_0^{1200} = \omega_{N_2} c_{p,N_2} \Big|_0^{1200} + \omega_{CO_2} c_{p,CO_2} \Big|_0^{1200} + \omega_{H_2O} c_{p,H_2O} \Big|_0^{1200}$$

$$= 0.734\ 8 \times 1136 + 0.21 \times 1153 + 0.055\ 2 \times 2211$$

$$= 1198.9 J/(kg \cdot K)$$

每千克烟气的放热量

$$Q = c_p \Big|_0^{1200} \times 1200 - c_p \Big|_0^{800} \times 800$$

$$= 1198.9 \times 1200 - 1148.5 \times 800 = 519.88 \text{kJ/kg}$$

3-6　某理想气体在缸内进行可逆绝热膨胀，当比体积变为原来的 2 倍时，温度由 40℃降为 −36℃，同时气体对外做膨胀功 60kJ/kg。设比热容为定值，试求比定压热容 c_p 与比定容热容 c_V。

解：对于可逆绝热的膨胀过程，由热力学第一定律，$q = \Delta u + w = u_2 - u_1 + w = 0$，则工质对外做的膨胀功等于其热力学能的减少量，$w = u_1 - u_2 = c_V(t_1 - t_2)$，可得

$$c_V = \frac{w}{t_1 - t_2} = \frac{60}{40 + 36} = 0.789\ 5 \text{kJ/(kg·K)}$$

理想气体 $p_1 v_1 = R_g T_1$，$p_2 v_2 = R_g T_2$，绝热过程 $p_1 v_1^\kappa = p_2 v_2^\kappa$，可得温度比和比体积比的关系为 $\dfrac{T_2}{T_1} = \left(\dfrac{v_2}{v_1}\right)^{1-\kappa}$，由此计算比热容比 $\kappa = 1 - \ln\dfrac{\dfrac{T_2}{T_1}}{\dfrac{v_2}{v_1}}$，即

$$\kappa = 1 - \frac{\ln\dfrac{273.15 - 36}{273.15 + 40}}{\ln 2} = 1.401$$

比热容比是理想气体比定压热容与比定容热容的比值，即

$$c_p = \kappa c_V = 1.401 \times 0.789\ 5 = 1.106 \text{kJ/(kg·K)}$$

3-7　1kmol 理想气体，从状态 1 经过定压过程到状态 2，再经过定容过程到达状态 3，另一途径为从状态 1 直接到达状态 3，如图 3-1 所示，1—3 为直线。已知 $p_1 = 0.1\text{MPa}$，$T_1 = 300\text{K}$，$v_2 = 3v_1$，$p_3 = 2p_1$，试证明：

(1) $Q_{12} + Q_{23} \neq Q_{13}$；

(2) $\Delta S_{12} + \Delta S_{23} = \Delta S_{13}$。

解：整理一下各点的状态参数

状态 1，$p_1 = 0.1 \times 10^6 \text{Pa}$，$T_1 = 300\text{K}$，$v_1$

状态 2，$p_2 = p_1 = 1.0 \times 10^5 \text{Pa}$，$v_2 = 3v_1$

状态 3，$p_3 = 2 \times p_1 = 2.0 \times 10^5 \text{Pa}$，$v_3 = v_2 = 3v_1$

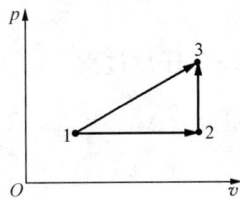

图 3-1　习题 3-7 附图

过程 1—2，定压吸热过程，温度比等于比体积比

$$T_2 = T_1 \frac{v_2}{v_1} = 900.0\text{K}$$

过程 2—3，定容增压、吸热过程，温度比等于压力比

$$T_3 = T_2 \frac{p_3}{p_2} = 1800\text{K}$$

(1) 证明一，通过分析计算各过程的功和热量来进行证明。

过程 1—3，压力随比体积线性增加，$\dfrac{p - p_1}{v - v_1} = \dfrac{p_3 - p_1}{v_3 - v_1}$，可得

$$p = \frac{p_3 - p_1}{v_3 - v_1}v - \frac{p_3 - p_1}{v_3 - v_1}v_1 + p_1 = \frac{p_1}{2v_1}v + \frac{p_1}{2}$$

由此计算过程 1—3 的膨胀功，

$$w = \int_1^3 p\mathrm{d}v = \frac{p_1}{2v_1} \times \frac{1}{2}(v_3^2 - v_1^2) + \frac{p_1}{2}(v_3 - v_1) = 3p_1 v_1$$

由热力学第一定律，过程 1—3 的热量为

$$Q_{13} = c_V(T_3 - T_1) + w = c_V(T_3 - T_1) + 3p_1 v_1$$

1—2 是定压过程，2—3 是定容过程，两个过程的热量分别为

$$Q_{12} = c_p(T_2 - T_1) = (c_V + R)(T_2 - T_1)$$
$$Q_{23} = c_V(T_3 - T_2)$$

过程 1—2—3 的总换热量为

$$Q_{12} + Q_{23} = c_V(T_3 - T_1) + R(T_2 - T_1) = c_V(T_3 - T_1) + p_2 v_2 - p_1 v_1$$
$$= c_V(T_3 - T_1) + 2p_1 v_1$$

由于 $p_1 v_1 > 0$，因此必有 $Q_{13} > Q_{12} + Q_{23}$

（2）证明二，利用状态坐标图来进行证明。

根据热力学第一定律，$Q = \Delta U + W$，可知

过程 1—2，$Q_{12} = U_2 - U_1 + W_{12}$

过程 2—3，$Q_{23} = U_3 - U_2 + W_{23} = U_3 - U_2$（定容过程膨胀功为 0）

因此，$Q_{12} + Q_{23} = U_3 - U_1 + W_{12}$

对于过程 1—3，$Q_{13} = U_3 - U_1 + W_{13}$

在 p-v 图上，曲线下面的面积表示膨胀功，$W_{13} = \frac{p_1 + p_3}{2}\Delta V$，$W_{12} = p_1 \Delta V$，由于

$p_3 > p_1$，必有 $Q_{13} > Q_{12} + Q_{23}$。

（3）利用理想气体熵变的关系式证明。

1—2 定压过程 $\Delta s_{12} = c_{p,m}\ln\frac{T_2}{T_1} = c_{p,m}\ln 3$，2—3 定容过程 $\Delta s_{23} = c_{v,m}\ln\frac{T_3}{T_2} = c_{v,m}\ln 2$

1—3 任意过程 $\Delta s_{13} = c_{p,m}\ln\frac{v_2}{v_1} + c_{v,m}\ln\frac{p_2}{p_1} = c_{p,m}\ln 3 + c_{v,m}\ln 2$

可知，$\Delta s_{13} = \Delta s_{12} + \Delta s_{23}$，对任意质量的气体，都有

$$\Delta S_{13} = \Delta S_{12} + \Delta S_{23}$$

3-8　今有满足状态方程 $pv = R_g T$ 的某气体稳定地流过一变截面绝热管道，其中 A 截面上压力 $p_A = 0.1\text{MPa}$，温度 $t_A = 27℃$，B 截面上压力 $p_B = 0.5\text{MPa}$，温度 $t_B = 177℃$。该气体的气体常数 $R_g = 0.287\text{kJ/(kg·K)}$，比定压热容 $c_p = 1.005\text{kJ/(kg·K)}$。试问此管道哪一截面为进口截面？

解：实际的管道内绝热流动是不可逆过程，沿流动方向熵增大，因此熵较大的截面是出口截面。

截面 A 参数

$$p_A = 0.1 \times 10^6 \text{Pa}, T_A = 27 + 273.15 = 300.15\text{K}$$

截面 B 参数

$$p_B = 0.5 \times 10^6 \text{Pa}, T_B = 177 + 273.15 = 450.15 \text{K}$$
$$R_g = 287 \text{J/(kg} \cdot \text{K)}, \quad c_p = 1005 \text{J/(kg} \cdot \text{K)}$$

截面 A-B 的熵差

$$\Delta s_{AB} = s_B - s_A = c_p \ln \frac{T_B}{T_A} - R_g \ln \frac{p_B}{p_A} = 1005 \times \ln \frac{450.15}{300.15} - 287 \times \ln \frac{0.5}{0.1} = -54.58 \text{J/(kg} \cdot \text{K)}$$

即截面 A 处气体的熵大于截面 B 处气体的熵，因此截面 B 是入口截面。

3-9　在图 3-2 所示的 T-s 图上给出两个热力循环：1—2—6—5—1 为卡诺循环，1—2—3—4—1 为不可逆循环，其中 2—3 为有摩擦的绝热膨胀过程，4—1 为有摩擦的绝热压缩过程，请分别求出两个热力循环的循环净功和热效率。

解： 不可逆循环中定温过程都是可逆过程，因此循环吸热量和放热量可以用温度乘以熵差计算。

可逆循环的热效率（卡诺循环）

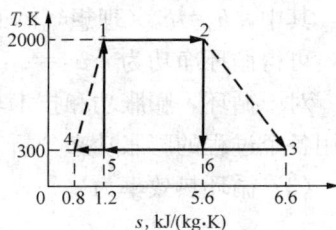

图 3-2　习题 3-9 附图

$$\eta = 1 - \frac{T_2}{T_1} = 1 - \frac{300}{2000} = 0.85 = 85\%$$

不可逆循环的热效率

$$\eta_{ir} = 1 - \frac{q_2}{q_1} = 1 - \frac{T_2(s_3 - s_4)}{T_1(s_2 - s_1)} = 1 - \frac{300 \times (6.6 - 0.8)}{2000 \times (5.6 - 1.2)} = 0.8023 = 80.23\%$$

注意：对于不可逆循环，面积 12341 不等于循环净功，不可逆过程 2—3 和 4—1 用虚线，只表示过程从一个状态点到达另外一个状态点，中间过程无法在状态坐标图上表示。实际上，循环 1—2—3—4—1 的净功小于面积 12651。

3-10　某理想气体动力循环由这样 4 个过程构成，如图 3-3 所示，先从状态 a 定温膨胀到状态 b，后绝热膨胀到状态 c，再定压放热到状态 d，最后绝热压缩回到状态 a，在 p-v 图、T-s 图上表示该循环。已知吸热量 q_1 和各点的焓，列出放热量、功和循环热效率的计算式。

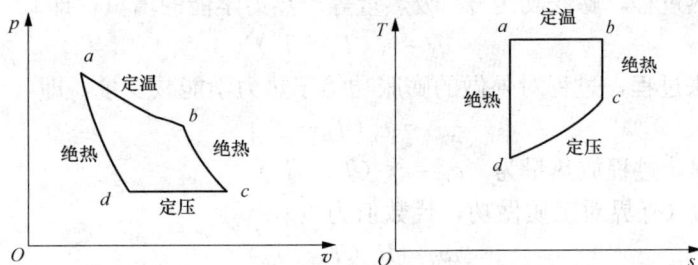

图 3-3　习题 3-10 附图

解： 分析推导题

（1）放热量：定压过程的热量等于焓降

$$q_2 = h_c - h_d$$

（2）循环功为

$$w_0 = q_1 - q_2 = q_1 - (h_c - h_d)$$

或者按照四个过程的技术功来分析：

a—b,定温过程,技术功等于加热量,　　$w_{ab} = q_1$

b—c,绝热过程,技术功等于焓降,　　$w_{bc} = (h_b - h_c)$

c—d,定压过程,技术功为 0,　　$w_{cd} = 0$

d—a,绝热过程,技术功等于焓降,　　$w_{da} = (h_d - h_a)$

其中,$h_a = h_b$（理想气体的焓是温度的单值函数）

可得循环净功为　　$w_0 = q_1 + (h_d - h_c) = q_1 - q_2$

对于循环,膨胀功和技术功是相同的,都是 $p-v$ 图上循环曲线所围的面积,因此也可以采用各个过程的膨胀功来分析。

（3）循环热效率为

$$\eta = \frac{w_0}{q_1}$$

3-11　定量理想气体经定熵、定压、定容过程组成一可逆循环,在图 3-4 所示的 $p-v$ 图上画出该循环,并导出循环热效率的表达式 [以 $\varepsilon = \dfrac{p_1}{p_2}$, $\kappa = \dfrac{c_p}{c_V}$ 表示,即 $\eta = \eta\,(\varepsilon,\ \kappa)$ 的具体形式]。

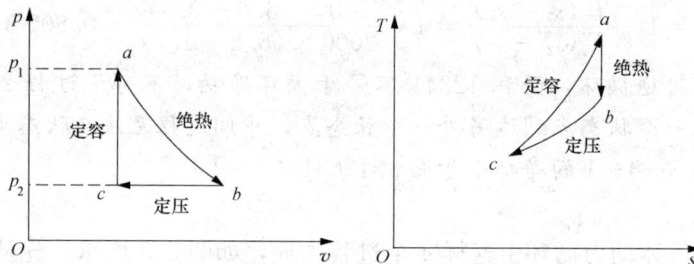

图 3-4　习题 3-11 附图

解：分析推导题。

c—a 定容吸热过程,膨胀功为 0,吸热量等于热力学能的增量,即

$$q_1 = c_V (T_a - T_c)$$

a—b 绝热膨胀过程,过程对外做的膨胀功等于热力学能减少量,即

$$w_{ab} = c_V (T_a - T_b)$$

b—c 定压过程,过程放热量为　　$q_2 = c_p\,(T_b - T_c)$

过程膨胀功为（外界对工质做功,代数值为负）

$$w_{bc} = R\,(T_c - T_b)$$

循环净功为

$$w_0 = q_1 - q_2 = c_V (T_a - T_c) - c_p (T_b - T_c)$$

或 $w_0 = c_V (T_a - T_b) + R(T_c - T_b)$,两者相同。

循环热效率为

$$\eta=\frac{w_0}{q_1}=1-\frac{q_2}{q_1}=1-\frac{c_p(T_b-T_c)}{c_V(T_a-T_c)}=1-\kappa\frac{\frac{T_b}{T_c}-1}{\frac{T_a}{T_c}-1}=1-\kappa\frac{\frac{v_b}{v_c}-1}{\frac{T_a}{T_c}-1}=1-\kappa\frac{\frac{v_b}{v_a}-1}{\frac{T_a}{T_c}-1}$$

$$=1-\kappa\frac{\left(\frac{p_1}{p_2}\right)^{\frac{1}{\kappa}}-1}{\frac{p_1}{p_2}-1}=1-\kappa\frac{\varepsilon^{\frac{1}{\kappa}}-1}{\varepsilon-1}$$

3-12　如图 3-5 所示，有若干空气在气缸中被压缩，空气的初态为：$p_1=0.2\mathrm{MPa}$、$t_1=$ 115℃、$V_1=0.14\mathrm{m^3}$，活塞缓慢移动将空气压缩到 $p_2=0.6\mathrm{MPa}$，已知压缩过程中空气体积变化按照如下规律：$V=0.16-0.1p$（V 的单位 $\mathrm{m^3}$，p 的单位 MPa），空气 $R_g=0.287\mathrm{kJ/}$ $(\mathrm{kg\cdot K})$，$c_V=0.707\mathrm{kJ/(kg\cdot K)}$，求（1）空气质量；（2）对空气做的功量；（3）压缩终了的温度；（4）过程吸热量。

解： 空气在气缸内的压缩过程缓慢，可视为可逆过程。

状态 1
$$p_1=0.2\times10^6\mathrm{Pa}$$
$$T_1=115+273.15=388.15\mathrm{K}$$
$$V_1=0.14\mathrm{m^3}$$

状态 2
$$p_2=0.6\times10^6\mathrm{Pa}$$
$$V_2=0.16-0.1\times\frac{p_2}{10^6}=0.1\mathrm{m^3}$$

空气参数
$$R_g=287\mathrm{J/(kg\cdot K)},\ c_V=717\mathrm{J/(kg\cdot K)}$$

（1）空气质量为
$$m=\frac{p_1V_1}{R_gT_1}=\frac{0.2\times10^6\times0.14}{287\times388.15}=0.251\,3\mathrm{kg}$$

（2）对空气做的功量-膨胀功（压缩功）。

由容积与压力的关系，可得压力与容积的函数关系，如图 3-5 所示。

按可逆过程膨胀功的定义式可得

$$W=\int_{V_1}^{V_2}pdV=10^6\times\int_{V_1}^{V_2}(-10V+1.6)dV$$
$$=10^6\times[1.6(V_2-V_1)-5(V_2^2-V_1^2)]$$
$$=10^6\times[1.6\times(0.1-0.14)-5\times(0.1^2-0.14^2)]$$
$$=-16\,000\mathrm{J}=-16\mathrm{kJ}$$

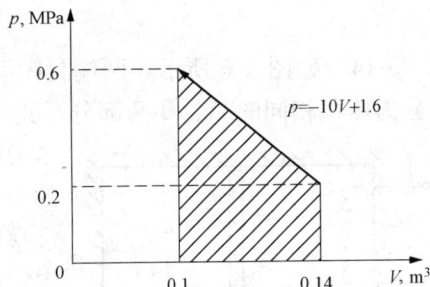

图 3-5　习题 3-12 附图

负号表示外界对气体做功。

也可以直接利用 $p-V$ 图，在 $p-V$ 图上，曲线下面的面积表示膨胀功，可得

$$W = \frac{1}{2}(0.2 \times 10^6 + 0.6 \times 10^6) \times (0.1 - 0.14) = -16\,000\text{J} = -16\text{kJ}$$

（3）压缩终了的温度

$$T_2 = \frac{p_2 V_2}{m R_g} = 831.7\text{K}, \quad t_2 = 831.7 - 273.15 = 558.6\text{℃}$$

（4）过程吸热量

$$Q = \Delta U + W = m c_V (T_2 - T_1) + W$$
$$= 0.2513 \times 0.717 \times (831.7 - 388.15) - 16 = 63.94\text{kJ}$$

3-13　空气的初参数为 $p_1 = 0.5\text{MPa}$ 和 $t_1 = 50\text{℃}$，此空气流经阀门发生绝热节流作用，并使空气容积增大到原来的两倍。求节流过程中空气的熵增，并求其最后的压力。若环境温度为 20℃，空气经节流后做功能力减少了多少？

解： 绝热节流前后焓相等，空气视为理想气体，焓是温度的单值函数，因此节流前后温度相等，即

$$T_2 = T_1 = 50 + 273.15 = 323.15\text{K}$$

空气参数为

气体常数 $R_g = 287\text{J/(kg·K)}$，比热容比 $\kappa = 1.4$

比定压热容 $c_p = \dfrac{\kappa R_g}{\kappa - 1} = 1005\text{J/(kg·K)}$，比定容热容 $c_V = \dfrac{R_g}{\kappa - 1} = 717.5\text{J/(kg·K)}$

节流过程中单位质量空气的熵增（绝热节流的熵增均为不可逆熵增）

$$\Delta s_{12} = c_V \ln \frac{T_2}{T_1} + R_g \ln \frac{v_2}{v_1} = R_g \ln \frac{v_2}{v_1}$$
$$= 287 \times \ln 2 = 198.9\text{J/(kg·K)}$$

由理想气体状态方程 $p_1 v_1 = R_g T_1$，$p_2 v_2 = R_g T_2$，可得 $p_2 v_2 = p_1 v_1$，则节流后的压力

$$p_2 = p_1 \frac{v_1}{v_2} = 0.5 \times 10^6 \times \frac{1}{2} = 2.5 \times 10^5 \text{Pa}$$

计算做功能力损失，环境温度 $T_0 = 20 + 273.15 = 293.15\text{K}$

$$\Delta W_{\text{loss}} = T_0 \times \Delta s_{12} = 293.15 \times 198.9 = 5.832 \times 10^4 \text{J/kg} = 58.32\text{kJ/kg}$$

3-14　如图 3-6 所示，两端封闭而且具有绝热壁的汽缸，被可移动、无摩擦、绝热的活塞分为体积相同的 A、B 两部分，其中各装有同种理想气体 1kg。开始时活塞两边的温度和

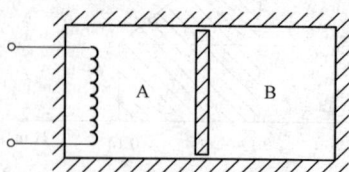

图 3-6　习题 3-14 附图一

压力都相同，分别为 0.2MPa、10℃。现通过 A 腔气体内的一个加热线圈，对 A 腔内气体缓慢加热，使活塞向右缓慢移动，直至 $p_{A2} = p_{B2} = 0.4\text{MPa}$ 时，试求：（1）A、B 腔内气体的终态容积各是多少？（2）A、B 腔内气体的终态温度各是多少？（3）过程中 A 腔内气体获得的热量是多少？（4）A、B 腔内气体的熵变各是多少？（5）整个系统的熵变是多少？（6）在 p-V 图和 T-s 图上表示出 A、B 腔气体经历的过程。已知该气体的比热容为定值，$c_p = 1.01\text{kJ/(kg·K)}$，$c_V = 0.72\text{kJ/(kg·K)}$。

解： 如图 3-7 所示，A 内经历的是可逆的加热熵增、膨胀、压力升高、温度升高的过

程，B内经历的是可逆绝热过程。

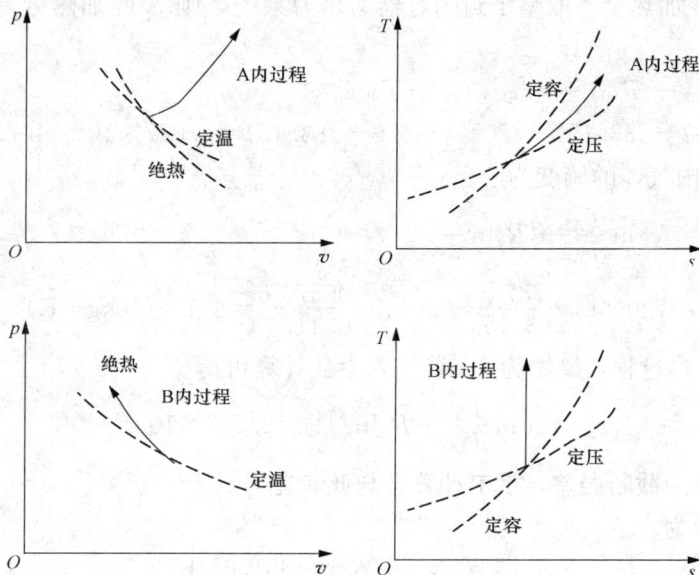

图 3-7　习题 3-14 附图二

已知参数 $m_A=1$kg，$m_B=1$kg，由 $c_p=1010$J/(kg·K)，$c_V=720$J/(kg·K)，可计算该气体的气体常数和比热容比为

$$R_g = c_p - c_V = 290 \text{J/(kg·K)}$$

$$\kappa = \frac{c_p}{c_V} = 1.403$$

系统的初始状态

$$p_{A1} = p_{B1} = 0.2 \times 10^6 \text{Pa}, T_{A1} = T_{B1} = 10 + 273.15 = 283.15 \text{K}$$

$$v_{A1} = v_{B1} = \frac{RT_{A1}}{p_{A1}} = 0.410\,6 \text{m}^3/\text{kg}$$

总容积　$v = v_{A1} + v_{B1} = 0.821\,1 \text{m}^3/\text{kg}$

终了状态

$$p_{A2} = p_{B2} = 0.4 \times 10^6 \text{Pa}$$

（1）计算终态容积。B内经历的是可逆绝热过程，过程方程 $pv^\kappa=$const，可得

$$v_{B2} = v_{B1}\left(\frac{p_{B1}}{p_{B2}}\right)^{\frac{1}{\kappa}} = 0.410\,6 \times \left(\frac{0.2}{0.4}\right)^{\frac{1}{\kappa}} = 0.250\,5 \text{m}^3/\text{kg}$$

$$v_{A2} = v - v_{B2} = 0.821\,1 - 0.250\,5 = 0.570\,6 \text{m}^3/\text{kg}$$

（2）计算终态温度。B内按可逆绝热过程，可得

$$T_{B2} = T_{B1}\left(\frac{p_{B2}}{p_{B1}}\right)^{\frac{\kappa-1}{\kappa}} = 283.15 \times \left(\frac{0.4}{0.2}\right)^{\frac{1.403-1}{1.403}} = 345.5 \text{K}$$

$$t_{B2} = 345.5 - 273.15 = 72.35 ℃$$

A内按理想气体状态方程，可得

$$T_{A2} = \frac{p_{A2}v_{A2}}{R_g} = \frac{0.4 \times 10^6 \times 0.570\,6}{290} = 787 \text{K}$$

$$t_{A2}=787-273.15=513.85℃$$

（3）计算 A 腔加热量。取整个封闭容器为热力系统，则 A 腔加热量等于系统热力学能增量，即

$$Q=m_A c_V(T_{A2}-T_{A1})+m_B c_V(T_{B2}-T_{B1})$$
$$=720×(787-283.15)+720×(345.5-283.15)=4.077×10^5=407.7kJ$$

（4）A、B 腔内气体的熵变为

$$\Delta s_A=c_V\ln\frac{T_{A2}}{T_{A1}}+R_g\ln\frac{v_{A2}}{v_{A1}}$$
$$=720×\ln\frac{787}{283.15}+290×\ln\frac{0.570\,6}{0.410\,6}=831.6J/(kg·K)$$

B 内是可逆绝热过程，熵增为 0。若代入参数计算可得

$$\Delta s_B=c_V\ln\frac{T_{B2}}{T_{B1}}+R_g\ln\frac{v_{B1}}{v_{B1}}=2.558×10^{-13}=0$$

此为电脑计算的截断误差，手工计算会与此有差异。

（5）系统熵增为

$$\Delta s=\Delta s_A+\Delta s_B=831.6J/K$$

3-15 一带回热的燃气轮机装置，用燃气轮机排出的乏气在回热器中对空气进行加热，然后将加热后的空气送到燃烧室燃烧。若空气在回热器中从 137℃定压加热到 357℃。试求每公斤空气在回热器中的吸热量。

（1）按定值比热容计算；（2）按空气热力性质表计算。

解：

（1）按定值比热容

$$c_p=\frac{\kappa R_g}{\kappa-1}=\frac{1.4×287}{1.4-1}=1005J/(kg·K)$$
$$Q=c_p(t_2-t_1)=1005×(357-137)=2.21×10^5 J/kg=221kJ/kg$$

（2）查表计算

$$c_{p,357}=1019+\frac{357-300}{400-300}×(1028-1019)=1024J/(kg·K)$$
$$c_{p,157}=1006+\frac{137-100}{200-100}×(1012-1006)=1008J/(kg·K)$$
$$Q=c_{p,357}×357-c_{p,137}×137=2.275×10^5 J/kg=227.5kJ/kg$$

注意：对于温度差，热力学温度 K 和摄氏度℃是等价的，1K＝1℃。

3-16 一具有级间冷却器的两级压缩机，吸入空气的温度是 27℃，压力是 0.1MPa，压气机将空气压缩到 $p_3=1.6MPa$。压气机的生产量为 360kg/min，两级压气机压缩过程均按 $n=1.3$ 进行。若两级压气机进气温度相同，且以压气机耗功最少为条件。试求：（1）空气在低压缸中被压缩所达到的压力 p_2；（2）压气机所耗总功率；（3）空气在级间冷却器所放出的热量。

解：（1）最佳中间压力 $p_2=\sqrt{p_1 p_3}=0.4MPa$

(2) $P_{C,n} = q_m w_{C,n} = q_m \frac{2n}{n-1} R_g T_1 \left[\left(\frac{p_2}{p_1} \right)^{\frac{n-1}{n}} - 1 \right]$

$P_{C,n} = \frac{6 \times 2 \times 1.3}{1.3-1} \times 287 \times 300.15 \times (4^{\frac{1.3-1}{1.3}} - 1) = 1\,688\,790.7W \approx 1688.8kW$

(3) $T_2 = T_1 \pi^{\frac{n-1}{n}} = 300.15 \times 4^{\frac{0.3}{1.3}} = 413.3K$

$q_m = 360kg/min = 6kg/s$

$\dot{Q} = q_m c_p (T_2 - T_3) = 6 \times 1.004 \times (413.31 - 300.15) = 681.68kW$

3-17 温度为800K、压力为5.5MPa的燃气进入燃气轮机内绝热膨胀，在燃气轮机出口测得两组数据，一组压力为1.0MPa、温度为485K，另一组压力为0.7MPa、温度为495K。试问这两组参数哪一组是正确的？此过程是否可逆？若不可逆，其做功能力损失是多少？并将做功能力损失表示在 T-s 图上。燃气的性质可看成空气处理，空气的比定压热容 $c_p = 1.004$ kJ/(kg·K)，气体常数 $R_g = 0.287$ kJ/(kg·K)，环境温度 $T_0 = 300K$。

解： 计算过程熵变 $\Delta s = c_p \ln \frac{T_2}{T_1} - R_g \ln \frac{p_2}{p_1}$

第一组数据：$\Delta s = 1.004 \ln \frac{485}{800} - 0.287 \ln \frac{1.0}{5.5} = -0.013\,2kJ/(kg·K)$

第二组数据：$\Delta s = 1.004 \ln \frac{495}{800} - 0.287 \ln \frac{0.7}{5.5} = 0.109\,7kJ/(kg·K)$

由于此过程是绝热过程，过程中熵变等于熵产，熵产不小于0，因此第二组数据正确。

此过程是不可逆过程，其做功能力损失 $I = T_0 \Delta s_g = T_0 \Delta s = 300 \times 0.109\,7 = 32.90kJ/kg$

图3-8所示为做功能力损失的 T-s 图。

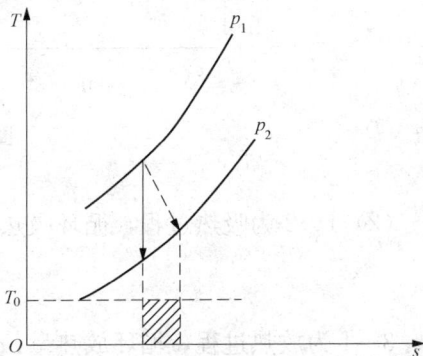

图 3-8 习题 3-17 附图
燃气轮机内的绝热过程

3-18 压气机入口空气温度为17℃，压力0.1MPa，每分钟吸入空气5m³，经绝热压缩后其温度为207℃，压力为0.4MPa。若环境温度为17℃，大气压力为0.1MPa，求：（1）压气机的实际耗功率；（2）压气机的绝热效率；（3）压缩过程的熵流和熵产；（4）做功能力损失。设空气的比定压热容为定值。

解：（1）压气机每分钟压气量为

$$q_m = \frac{pV}{R_g T} = \frac{0.1 \times 10^6 \times 5}{287 \times 290.15} = 6.0kg/min$$

实际消耗的功率为

$$P_C' = \frac{6.0}{60} \times 1.004 \times (207-17) = 19.1kW$$

（2）可逆绝热过程耗功 $P_{C,s} = q_m w_{C,s} = q_m \frac{\kappa}{\kappa-1} R_g T_1 \left[\left(\frac{p_2}{p_1} \right)^{\frac{\kappa-1}{\kappa}} - 1 \right] = 14.17kW$

压气机的绝热效率 $\eta_{C,s} = \frac{P_{C,s}}{P_C'} = 74.2\%$

（3）因压缩过程是绝热压缩，因此熵流等于 0。

熵产 $\Delta s_g = \Delta s = c_p \ln \dfrac{T_2}{T_1} - R_g \ln \dfrac{p_2}{p_1} = 1.004 \ln \dfrac{480.15}{290.15} - 0.287 \ln \dfrac{0.4}{0.1} = 0.1078 \text{ kJ/(kg} \cdot \text{K)}$

（4）每压缩 1kg 空气的做功能力损失 $I = T_0 s_g = 290.15 \times 0.1078 = 31.28 \text{kJ/kg}$

3-19　某理想气体循环 1—2—3—1 如图 3-9 所示，试：（1）画出该循环的 T-s 图；（2）导出该循环热效率 η_t 与 $\lambda = p_2/p_1$ 的关系；（3）分析 $\lambda = p_2/p_1$ 对循环热效率的影响。

解：（1）循环的 T-s 图如图 3-9（b）所示。

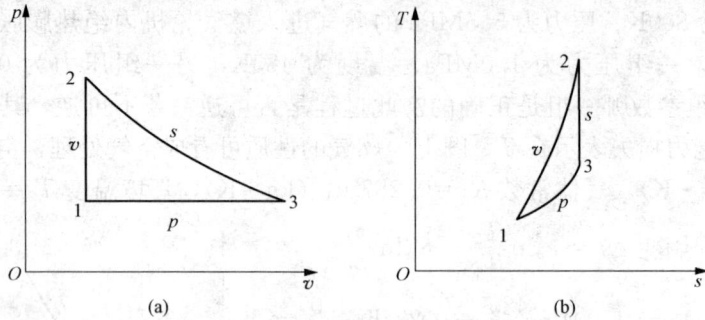

图 3-9　习题 3-19 附图

（2）1—2 为吸热过程，循环吸热量：$q_1 = c_V(T_2 - T_1) = c_V T_1 \left(\dfrac{T_2}{T_1} - 1 \right) = c_V T_1 \left(\dfrac{p_2}{p_1} - 1 \right)$

3—1 为放热过程，循环放热量：$q_2 = c_p(T_3 - T_1) = c_p T_1 \left(\dfrac{T_3}{T_1} - 1 \right)$

$$\frac{T_3}{T_2} = \left(\frac{p_3}{p_2} \right)^{\frac{\kappa-1}{\kappa}}$$

$$\frac{T_3}{T_1} = \frac{T_3}{T_2}\frac{T_2}{T_1} = \left(\frac{p_3}{p_2} \right)^{\frac{k-1}{k}} \frac{p_2}{p_1} = \left(\frac{p_1}{p_2} \right)^{\frac{k-1}{k}} \frac{p_2}{p_1} = \left(\frac{p_2}{p_1} \right)^{\frac{1-k}{k}} \frac{p_2}{p_1} = \left(\frac{p_2}{p_1} \right)^{\frac{1}{k}}$$

循环热效率：$\eta_t = 1 - \dfrac{q_2}{q_1} = 1 - \dfrac{c_p T_1 \left[\left(\frac{p_2}{p_1} \right)^{\frac{1}{k}} - 1 \right]}{c_V T_1 \left(\frac{p_2}{p_1} - 1 \right)} = 1 - \dfrac{\kappa(\lambda^{\frac{1}{\kappa}} - 1)}{\lambda - 1}$

（3）λ 增大，循环热效率提高。

3-20　理想气体的质量热容与温度的关系为 $c_p = a + bT$，$c_V = d + bT$，试证明，对等熵过程有 $p^{\frac{d}{a}} v = c e^{-bpv/(R_g a)}$，其中 a、b、c、d 均为常数，e 为自然数。

解：对于等熵过程有

$$\mathrm{d}s = c_V \frac{\mathrm{d}p}{p} + c_p \frac{\mathrm{d}v}{v} = 0$$

$$(d + bT) \frac{\mathrm{d}p}{p} + (a + bT) \frac{\mathrm{d}v}{v} = 0$$

由 $pv = R_g T$ 可得

$$R_g dT = pdv + vdp$$

$$d\frac{dp}{p} + a\frac{dv}{v} + \frac{b}{R_g}(vdp + pdv) = 0$$

$$\frac{d}{a}\frac{dp}{p} + \frac{dv}{v} + \frac{b}{a}dT = 0$$

积分得

$$\frac{d}{a}\ln p + \ln v + \frac{b}{a}\frac{pv}{R_g} = c \text{ , 可得}$$

$$p^{\frac{d}{a}}v = ce^{-\frac{bpv}{R_g a}}$$

3-21　设理想气体经历了参数 x 保持不变的可逆过程，c_x 为该过程的比热容，试证明：$pv^\alpha =$ 常数，其中 $\alpha = (c_x - c_p)/(c_x - c_V)$。

解： $\delta q = c_x dT = Tds = T\left(c_V\frac{dp}{p} + c_p\frac{dv}{v}\right)$ ，因此 $c_x\frac{dT}{T} = c_V\frac{dp}{p} + c_p\frac{dv}{v}$

而 $\frac{dT}{T} = \frac{dp}{p} + \frac{dv}{v}$ ，因此 $c_x\left(\frac{dp}{p} + \frac{dv}{v}\right) = c_V\frac{dp}{p} + c_p\frac{dv}{v}$

$\frac{dp}{p}(c_x - c_V) + \frac{dv}{v}(c_x - c_p) = 0$ ，将此式积分得

$(c_x - c_V)\ln p + (c_x - c_p)\ln v =$ 常数

$\ln p + \alpha\ln v =$ 常数

因此 $pv^\alpha =$ 常数

第四章 水蒸气和湿空气

思考题参考答案

4-1 压力升高后，饱和水的比体积 v' 和干饱和蒸汽的比体积 v'' 将如何变化？

答：由水蒸气的 $p\text{-}v$ 图可以看出，随着压力的升高，饱和水的比体积增大，而干饱和水蒸气的比体积减小。当压力升高到临界压力时，饱和水和干饱和蒸汽的比体积相同，也就是临界点。

4-2 $\mathrm{d}h = c_p\mathrm{d}T$，在水蒸气的定压汽化过程中，$\mathrm{d}T = 0$，因此焓的变化量 $\mathrm{d}h = c_p\mathrm{d}T = 0$，这一推论正确吗？为什么？

答：不正确。$\mathrm{d}h = c_p\mathrm{d}T$ 只适用于理想气体，水和水蒸气的焓不是温度的单值函数，而是温度和比体积的函数，在定压汽化的过程中，焓值随着比体积的增大而增加。

4-3 知道了湿饱和水蒸气的温度和压力就可以确定水蒸气所处的状态吗？

答：不能。湿饱和水蒸气的温度和压力是一一对应的，不是相互独立的状态参数。还需要知道另一个独立的状态参数（如湿饱和蒸汽的焓 h、热力学能 u、比体积 v、干度 x 等），才能确定其状态。

4-4 水的汽化潜热随压力如何变化？干饱和蒸汽的焓随压力如何变化？

答：随着压力的升高，水的汽化潜热逐渐降低，当压力升高到临界压力 $p_{cr} = 22.064\mathrm{MPa}$，或更高的压力时，水的汽化潜热为 0。

随着压力的升高，干饱和蒸汽的焓先升高，而后降低，如图 4-1 所示。

4-5 过热水蒸气经绝热节流后，其焓、熵、温度如何变化？

答：过热水蒸气经绝热节流后，焓不变，熵增大、温度略有降低。

4-6 一个装有透明观察孔的刚性气瓶，内储有压力为 p、温度为 130℃ 的过热水蒸气。如果不用压力表，试问用什么方法可以确定水蒸气压力的大小？

答：刚性气瓶内蒸汽的比体积可以保持不变，透明观察孔可以查看蒸汽的状态，过热水蒸气是透明的，但如果进入湿蒸汽区，则会出现液滴，可以看到起雾的现象。因此可以对蒸汽进行降温，同时进行测温，当观察到气瓶内刚有液滴析出时，表示气瓶内的蒸汽达到干饱和蒸汽的状态，测出其温度 t_2，在图 4-2 所示的焓熵图上，定温线 t_2 与干饱和蒸汽线 $x = 1$ 的交点即是液滴析出时的状态点。沿该点做定容线，定容线与 $t_1 = 130℃$ 定温线的交点即为初始时刻气瓶内过热蒸汽的状态点，可在焓熵图上读出其压力。将蒸汽重新加热到原来的温

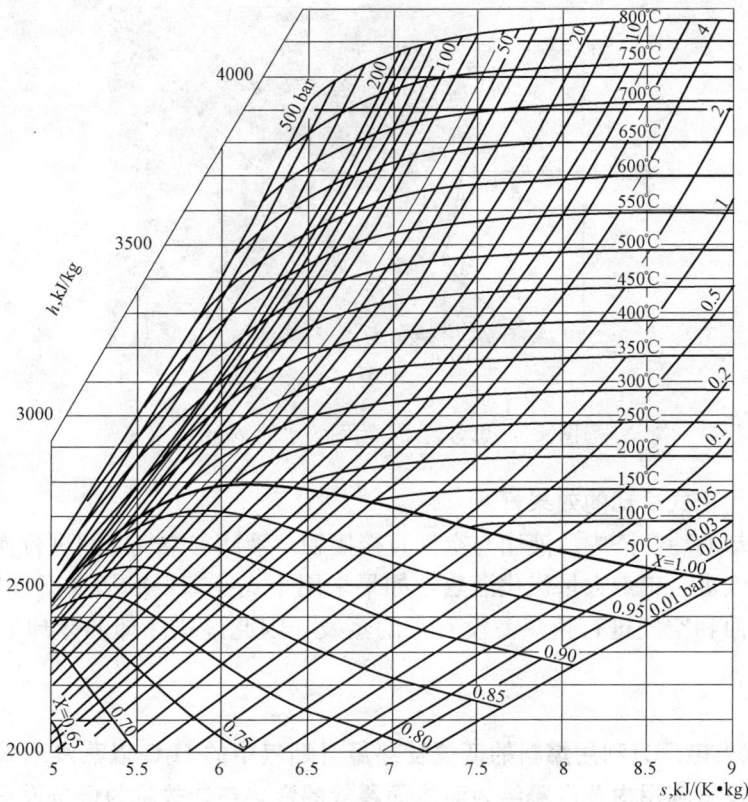

图 4-1　思考题 4-4 附图　水蒸气的焓熵图

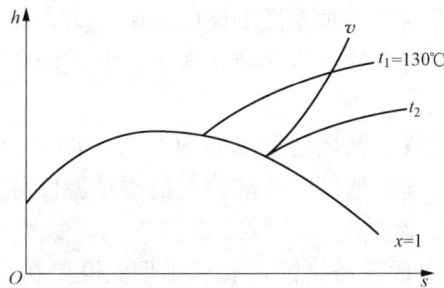

图 4-2　思考题 4-6 附图

度，可以恢复到原来的状态。

4-7　细绳上挂一重物，我们可以观测：细绳穿冰而过，冰块却复原如初，这称为复冰现象。试用水的 p-t 图解释这个现象。

答：如图 4-3 所示，从水的 p-t 图可以看出，水的冰点随着压力的升高而降低，细绳下面的冰因为压力升高，冰点温度降低而融化，融化后细绳下降，融化的水到了细绳上面，压力降低，冰点温度升高，水又凝结成冰。

4-8　我国北方水资源缺乏，电厂冷却用循环水需经过冷却塔冷却后形成闭式供水系统，

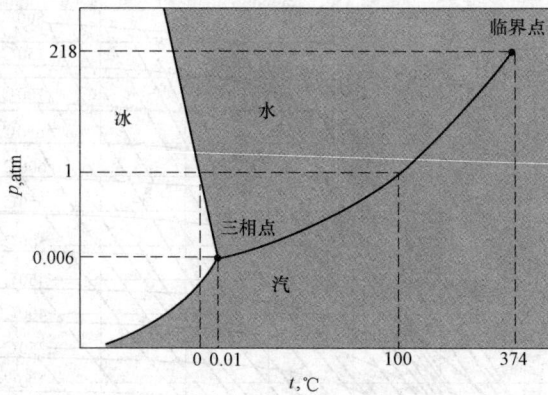

图 4-3　思考题 4-7 附图　水的 p-t 图

为什么湿式冷却比干式冷却的效果好?

答：湿式冷却的冷却塔中，液滴与空气直接接触，液滴与空气之间进行换热的同时，液滴蒸发形成的蒸汽也会带走大量汽化潜热。如果采用干式冷却，冷却水不直接与空气接触，而是通过金属壁面和空气进行换热，没有水的蒸发，因此湿式冷却的冷却效果比干式冷却的好。

4-9　为什么火电厂只利用燃料的低位发热量（烟气中的 H_2O 以蒸汽形式排出，不是以液态形式排出，没有利用由蒸汽凝结为液体而释放的汽化热，故称为低位发热量）?

答：火电厂锅炉的排烟温度通常在 100℃ 以上，烟气压力约为一个大气压，水蒸气的分压力则小于一个大气压，因此燃烧产物中的水是以过热蒸汽的状态存在的。更低的排烟温度需要更大的换热面积，增加成本，同时降低烟囱的抽吸能力，而且即便排烟温度降低到烟气的露点以下，也只能使烟气中的少量水蒸气液化成水，蒸汽液化释热的温度很低，基本没有利用价值。

如果锅炉燃用含硫高的燃料，燃烧后形成的 SO_2 有一部分会进一步被氧化成 SO_3，且与烟气中的水蒸气结合成硫酸蒸气。烟气中硫酸蒸气的凝结温度称为酸露点，它比烟气中水蒸气的露点要高很多。烟气 SO_3 含量越多，酸露点就越高。一般烟气中的酸露点可达 140～160℃，甚至更高。为了防止壁面设备腐蚀，要求排烟温度要在酸露点以上。

4-10　对于未饱和湿空气，试比较干球温度、湿球温度、露点温度三者的大小。

答：未饱和湿空气的干球温度高于湿球温度，湿球温度高于露点。

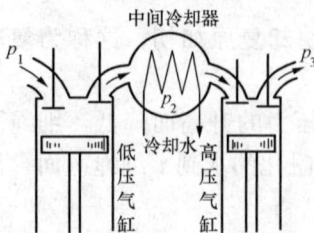

图 4-4　思考题 4-11 附图

4-11　某电厂采用图 4-4 所示两级压缩、级间冷却方式获得高压空气来驱动气动设备。已知低压气缸入口空气是未饱和湿空气，但是低压气缸的排气经过中间冷却器后，却有液态水析出，需要加以去除，否则会影响下一级的压缩，或者影响气动机构的执行情况。试分析经中间冷却器后为什么会有液态水析出?

答：湿空气经过压缩后，压力升高，其中水蒸气的分压力也相应升高，湿空气的露点（湿空气中水蒸气的分压力所对应的饱和温度）升高，可能远高于环境温度，经过冷却后，若温度降低到其露点以下，则会有液态水析出。

4-12 请通过互联网查找哪些情况会导致电厂锅炉产生"虚假水位"，虚假水位会带来什么后果？

答：略。

4-13 请通过互联网查找空冷电厂的运行原理、方式及我国空冷电厂的发展情况。

答：略。

习 题 参 考 答 案

4-1 利用水蒸气表或 h-s 图，填充表 4-1 的空白栏。

解：

表 4-1

	p（MPa）	t（℃）	h（kJ/kg）	s [kJ/(kg·K)]	x	过热度（℃）
1	5	500	3434.66	6.98		236.06
2	1	509.7	3500	7.791 2		329.82
3	0.933 2	400	3265.53	7.5		223.1
4	0.05	81.32	2368.65	6.812 8	0.88	0
5	1.555	300	3036.68	6.901 2		100
6	0.16	264.58	3000	8.0		210.39

4-2 某工质在饱和温度为 200℃时汽化热为 1600kJ/kg，在该温度下饱和液体的熵为 0.45kJ/(kg·K)，那么，5kg 干度为 0.8 的上述工质的熵为多少？

解： 汽化热为定压条件下饱和蒸汽与饱和液的焓差，等于定压条件下饱和水加热为干饱和蒸汽的吸热量。饱和液加热为干饱和蒸汽的过程为定温过程，熵的增量等于加热量与温度之比。

已知：工质质量 m=5kg、汽化热 r=1600kJ/kg、饱和温度 T_s=200+273.15=473.15K、饱和液熵 s_1'=0.45kJ/(kg·K)、干度 x=0.8。

由 $r=T_s(s''-s')$ 可得干饱和水蒸气的熵（见图 4-5）为

$$s''=s'+\frac{r}{T_s}=0.45+\frac{1600}{473.15}=3.832kJ/(kg·K)$$

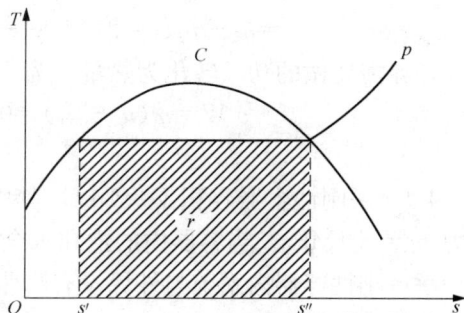

图 4-5　习题 4-2 附图

5kg 干度为 0.8 的工质的熵为

$$S_{\text{wet}} = m[xs'' + (1-x)s'] = 15.78\text{kJ/K}$$

4-3 0.1kg 压力为 0.3MPa、干度为 0.76 的水蒸气盛于一绝热刚性容器中，一搅拌轮置于容器中，由外面的电动机带动旋转，直到水全部变为饱和蒸汽。求：（1）水蒸气的最终压力和温度；（2）完成此过程所需要的功。

解：外界做功全部转化为热量被工质吸收。过程中工质的体积不变。

工质的质量 $m = 0.1\text{kg}$，绝热刚性容器。

状态 1 压力为 $p_1 = 0.3 \times 10^6\text{Pa}$，干度为，$x = 0.76$

查表，该压力下饱和水和干饱和蒸汽的比体积、焓分别为

$$v_1' = 0.001\,08\text{m}^3/\text{kg}, \quad v_1'' = 0.603\,88\text{m}^3/\text{kg}$$
$$h_1' = 561.42\text{kJ/kg}, \quad h_1'' = 2724.71\text{kJ/kg}$$

湿蒸汽的比体积为

$$v_1 = v_1'(1-x) + v_1''x = 0.001\,08 \times (1-0.76) + 0.603\,88 \times 0.76 = 0.459\,2\text{m}^3/\text{kg}$$

刚性容器的容积为

$$V = mv_1 = 0.1 \times 0.459\,2 = 0.045\,92\text{m}^3$$

初始状态的比焓为

$$h_1 = h_1'(1-x) + h_1''x = 561.42 \times (1-0.76) + 2724.71 \times 0.76 = 2206\text{kJ/kg}$$

状态 2 水全部变为饱和蒸汽，饱和蒸汽的比体积为

$$v_2'' = \frac{V}{m} = 0.459\,2\text{m}^3/\text{kg}$$

（1）查饱和蒸汽表，$v_2'' = 0.459\,2\text{m}^3/\text{kg}$ 对应的饱和压力和饱和温度为

$$p_2 = p_s = 0.401\,5\text{MPa}, \quad t_2 = t_s = 143.73\text{℃}$$

此时干饱和蒸汽的焓为 $h_2'' = 2737.89\text{kJ/kg}$

（2）由热力学第一定律，绝热刚性容器吸收的热量等于工质热力学能的增量

$$u_1 = h_1 - p_1v_1 = 2206 - 0.3 \times 10^3 \times 0.459\,2 = 2068\text{kJ/kg}$$
$$u_2 = h_2 - p_2v_2 = 2737.89 - 0.401\,5 \times 10^3 \times 0.4592 = 2554\text{kJ/kg}$$

外界需要做的功（转化为热量）为

$$W = m(u_2 - u_1) = 0.1 \times (2554 - 2068) = 48.53\text{kJ}$$

4-4 一刚性容器容积 $V = 1\text{m}^3$，其中充有 0.01m^3 的饱和水和 0.99m^3 的饱和水蒸气，压力 $p_1 = 0.1\text{MPa}$。当容器内的饱和水全部汽化时，求应加入的热量。

解：刚性容器内系统与外界没有膨胀功的交换，系统与外界的换热量等于系统热力学能的变化量。蒸汽压力为 $p = 0.1\text{MPa}$ 时，饱和水和干饱和蒸汽的比体积、焓、热力学能分别为

$$v' = 0.001\,043\,2\text{m}^3/\text{kg}, \quad v'' = 1.694\,3\text{m}^3/\text{kg}$$
$$h' = 417.52\text{kJ/kg}, \quad h'' = 2675.14\text{kJ/kg}$$
$$u' = h' - p_1v' = 417.52 - 0.1 \times 10^3 \times 0.001\,043\,2 = 417.415\,68\text{kJ/kg}$$
$$u'' = h'' - p_1v'' = 2675.14 - 0.1 \times 10^3 \times 1.694\,3 = 2505.71\text{kJ/kg}$$

容器的容积 $V=1\text{m}^3$，工质质量为 $m=\dfrac{0.01}{0.001\ 043\ 2}+\dfrac{0.99}{1.694\ 3}=10.170\ 2\text{kg}$

总热力学能为
$$U_1=\frac{0.01}{0.001\ 043\ 2}\times u'+\frac{0.99}{1.694\ 3}\times u''=4001.300\ 6+1464.116\ 7=5465.417\ 3\text{kJ}$$

当容器内的饱和水全部汽化时，蒸汽的比体积为
$$v_2''=\frac{V}{m}=0.098\ 326\text{m}^3/\text{kg}$$

查饱和水和水蒸气的热力性质表，插值计算 $v_2''=0.098\ 326\text{m}^3/\text{kg}$ 对应的饱和压力、饱和温度和焓

由 $\dfrac{p_s-2.0}{2.5-2.0}=\dfrac{0.098\ 326-0.099\ 588}{0.079\ 949-0.099\ 588}$　得 $p_s=2.032\ 13\text{MPa}$

由 $\dfrac{t_s-212.417}{223.990-212.417}=\dfrac{0.098\ 326-0.099\ 588}{0.079\ 949-0.099\ 588}$　得 $t_s=213.161℃$

由 $\dfrac{h_2''-2798.66}{2802.14-2798.66}=\dfrac{0.098\ 326-0.099\ 588}{0.079\ 949-0.099\ 588}$　得 $h_2''=2798.88\text{kJ/kg}$

终态热力学能为
$$u_2''=h_2''-p_s v_2''=2798.88-2.032\ 13\times10^3\times0.098\ 326=2599.07\text{kJ}$$
总热力学能为
$$U_2=mu_2''=10.170\ 2\times2599.07=26\ 433.06\text{kJ}$$
加入的热量为
$$Q=U_2-U_1=26\ 433.061\ 7-5465.417\ 3=20\ 967.64\text{kJ}$$

4-5　测得一容积为 5m^3 的容器中湿蒸汽的质量为 35kg，蒸汽的压力 $p=1.2\text{MPa}$，求蒸汽的干度。

解：
湿蒸汽的比体积为　$v_x=5/35=0.142\ 9\text{m}^3/\text{kg}$
查水蒸气表，1.2MPa 饱和水的比体积为 $v'=0.001\ 1\text{m}^3/\text{kg}$，饱和蒸汽的比体积为 $v''=0.163\ 2\text{m}^3/\text{kg}$
由 $v_x=xv''+(1-x)v'$，可得湿蒸汽的干度为
$$x=\frac{v_x-v'}{v''-v'}=\frac{0.142\ 9-0.001\ 1}{0.163\ 2-0.001\ 1}=0.875$$

4-6　260℃的饱和液态水被节流到 0.1MPa，如果节流之后是湿饱和状态，试计算湿饱和蒸汽的干度，如果是过热状态，则计算其最终温度，节流之后水的比熵增加了多少？如果质量流量为 3kg/s，且要求节流之后流速不能超过 5m/s，那么，节流之后流过蒸汽的管道的直径至少是多少？

解： 260℃的饱和水的焓和熵为
$$h_1=1134.3\text{kJ/kg},\quad s_1=2.883\ 7\text{kJ/(kg·K)}$$
（绝热）节流前后的焓相等 $h_2=h_1$，熵增大、压力降低、比体积增大。查表得 $p_s=0.1\text{MPa}$ 饱和水和水蒸气的焓分别为：$h'=417.52\text{kJ/kg}$，$h''=2675.14\text{kJ/kg}$，饱和温度 $t_s=$

99.634℃，由 $h'<h_2<h''$，可知节流后工质处于湿蒸汽区，由 $h_2=h_x=xh''+(1-x)h'$，计算节流后湿蒸汽的干度为

$$x_2=\frac{h_2-h'}{h''-h'}=\frac{1134.3-417.52}{2675.14-417.52}=0.317\,5\mathrm{kg/kg}$$

查表得 $p_s=0.1\mathrm{MPa}$ 饱和水和水蒸气的熵、比体积为

$$s'=1.302\,8\mathrm{kJ/(kg\cdot K)},s''=7.358\,9\mathrm{kJ/(kg\cdot K)}$$
$$v'=0.001\,043\,2\mathrm{m^3/kg},v''=1.694\,3\mathrm{m^3/kg}$$

节流后湿蒸汽的熵和比体积分别为

$$s_2=s'(1-x_2)+s''x_2=1.302\,8\times(1-0.317\,5)+7.358\,9\times0.317\,5=3.225\,6\mathrm{kJ/(kg\cdot K)}$$
$$v_2=v'(1-x_2)+v''x_2=0.001\,043\,2\times(1-0.317\,5)+1.694\,3\times0.317\,5=0.538\,65\mathrm{m^3/kg}$$

绝热节流后熵增

$$\Delta s_{12}=s_2-s_1=3.225\,6-2.883\,7=0.341\,9\mathrm{kJ/(kg\cdot K)}$$

管道内蒸汽质量流量与管径和流速的关系为 $m=\dfrac{Ac}{v}=\dfrac{\frac{1}{4}\pi D^2 c}{v}$，其中质量流量为 $m=3\mathrm{kg/s}$，蒸汽流速 $c_2=5\mathrm{m/s}$，计算节流后管道的最小直径为

$$D=\sqrt{\frac{4mv_2}{\pi c_2}}=\sqrt{\frac{4\times3\times0.538\,65}{3.141\,59\times5}}=0.641\mathrm{m}$$

4-7 火力发电厂热力系统中除氧器是一种混合式加热器，它的作用是除掉给水系统中的氧气，减少设备腐蚀，同时也作为一级回热加热器。设压力 $p_1=0.85\mathrm{MPa}$、温度 $t_1=130℃$ 的未饱和水，与压力 $p_2=p_1$、温度 $t_2=260℃$ 的过热蒸汽在除氧器中混合成为同压力下流量为 $600\mathrm{t/h}$ 的饱和水，除氧器可看成绝热系统。求：（1）未饱和水的流量和过热蒸汽的流量；（2）混合过程的熵产。

解： 取除氧器为热力系统，稳定流动，过程绝热、定压，因此流入除氧器的焓等于流出除氧器的焓。

未饱和水参数 $p_1=0.85\times10^6\mathrm{Pa},t_1=130℃$

查表得 $h_1=546.389\mathrm{kJ/kg},s_1=1.632\,7\mathrm{kJ/(kg\cdot K)}$

过热蒸汽的参数 $p_2=p_1=8.5\times10^5\mathrm{Pa},t_2=260℃$

查表得 $h_2=2963.88\mathrm{kJ/kg},s_2=7.050\,6\mathrm{kJ/(kg\cdot K)}$

混合之后成为 $p_3=p_1=8.5\times10^5\mathrm{Pa}$ 下的饱和水

查表得 $h_3=732.1\mathrm{kJ/kg},t_3=172.94℃$

$$s_3=2.070\,8\mathrm{kJ/(kg\cdot K)}$$

（1）设流入除氧器的未饱和水流量为 x（$\mathrm{t/h}$），则有如下热平衡方程：

$$x(h_3-h_1)=(600-x)(h_2-h_3)$$

解得

$$x=\frac{600(h_2-h_3)}{h_2-h_1}=\frac{600\times(2963.88-732.1)}{2963.88-546.389}=553.9\mathrm{t/h}$$

过热蒸汽的流量为 $600-x=46.1\mathrm{t/h}$

（2）混合过程的熵产为流出除氧器的熵与流入除氧器的熵的差值，即

$$\Delta S=\frac{600\times1000}{3600}\times s_3-\frac{x\times1000}{3600}\times s_1-\frac{(600-x)\times1000}{3600}\times s_2=3.65\text{kJ/(K}\cdot\text{s)}$$

4-8 一开水供应站使用 0.1MPa、干度 $x=0.98$ 的湿饱和蒸汽，和压力相同温度为 15℃的水相混合来生产开水。今欲取得 2t 的开水，试问需要提供多少湿蒸汽和水？

解：湿蒸汽和水的质量和为 2t，湿蒸汽和水的焓等于混合后开水的焓。

湿蒸汽的参数 $p_1=0.1$MPa，$x_1=0.98$

查水蒸气表得饱和水和水蒸气的焓分别为 $h'=417.52$kJ/kg，$h''=2675.14$kJ/kg，则

$$h_1=x_1h''+(1-x_1)h'=0.98\times2675.14+(1-0.98)\times417.52=2629.9876\text{kJ/kg}$$

过冷水的参数 $p_2=0.1$MPa，$t_2=15$℃

查水蒸气表得 $h_2=63.03$kJ/kg

开水（饱和水）的参数 $p_3=0.1$MPa

查水蒸气表得 $h_3=417.52$kJ/kg

设所需的湿蒸汽的质量为 $x$kg，过冷水的质量为$(2000-x)$kg，则有热平衡方程

$$x(h_1-h_3)=(2000-x)(h_3-h_2)$$

解得

$$x=\frac{2000(h_3-h_2)}{h_1-h_2}=\frac{2000\times(417.52-63.03)}{2629.9876-63.03}=276.195\text{kg}$$

过冷水的质量为 $2000-x=1723.805$kg

4-9 0.1kg 水蒸气由活塞封闭在汽缸中，蒸汽的初态为 $p_1=1$MPa，干度 $x=0.9$，若蒸汽可逆定温膨胀至 $p_2=0.1$MPa，求蒸汽吸收的热量和对外做出的功。

解：水蒸气经历的可逆定温过程如图 4-6 所示。在达到饱和之前，定温线和定压线重合，在达到饱和之后，定温吸热过程压力降低。

需要注意，对于定压加热过程，由于技术功为 0，根据热力学第一定律，$q=\Delta h+w_t=h_2-h_1$，吸热量等于工质的焓增，但对于定温过程，吸热量不等于工质的焓增。根据熵增的定义，$ds=\frac{\delta q}{T}$，可逆定温过程吸收的热量等于工质的温度和熵增的乘积，$q=T\Delta s$。

工质的初参数为 $p_1=1$MPa，$x=0.9$，查水蒸气表得 $t_1=179.916$℃，热力学温度为

$$T_1=t_1+273.15=453.066\text{K}$$

该压力下饱和水和干饱和水蒸气的参数为 $h'=762.84$kJ/kg，$h''=2777.67$kJ/kg，$s'=2.1388$kJ/(kg·K)，$s''=6.5859$kJ/(kg·K)，$v'=0.0011272$m³/kg，$v''=0.19438$m³/kg，计算其初参数为

$$h_1=xh''+(1-x)h'=0.9\times2777.67+(1-0.9)\times762.84=2576.187\text{kJ/kg}$$

$$s_1=xs''+(1-x)s'=0.9\times6.5859+(1-0.9)\times2.1388=6.14119\text{kJ/(kg·K)}$$

$$v_1=xv''+(1-x)v'=0.9\times0.19438+(1-0.9)\times0.0011272=0.17505\text{m³/kg}$$

计算得热力学能

$$u_1=h_1-p_1v_1=2576.187-1000\times0.17505=2401.137\text{kJ/kg}$$

工质的终参数为 $p_2=0.1$MPa，$t_2=t_1=179.916$℃，查过热蒸汽表得

$$h_2=2835.8\text{kJ/kg},\quad s_2=7.7498\text{kJ/(kg·K)},\quad v_2=2.078\text{m³/kg}$$

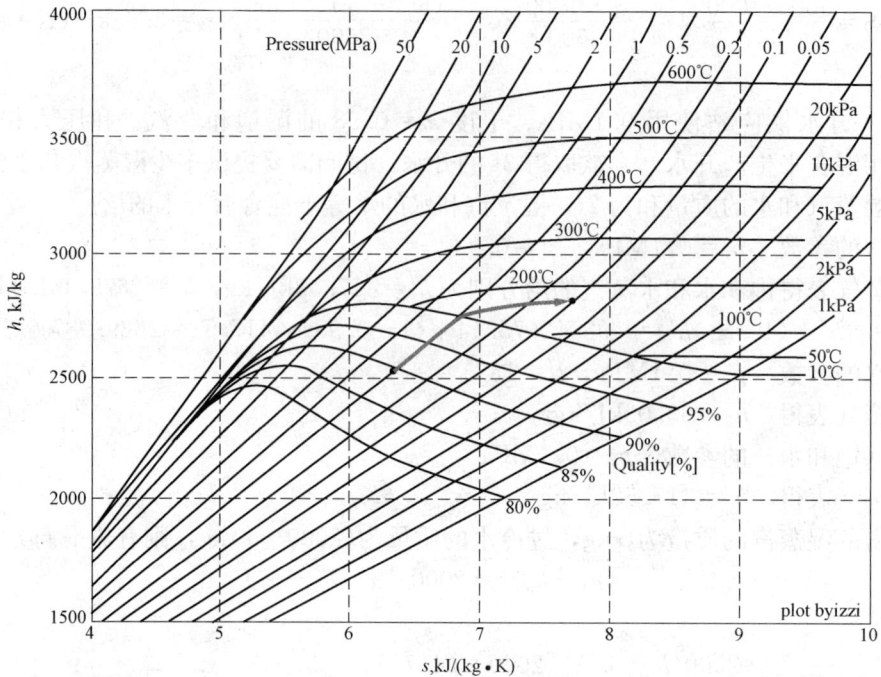

图 4-6　习题 4-9 附图　湿蒸汽的定温吸热、汽化过程

计算得热力学能
$$u_2 = h_2 - p_2 v_2 = 2835.8 - 100 \times 2.087 = 2627.1 \text{kJ/kg}$$

工质质量为 $m = 0.1$kg，吸热量为
$$Q = m T_1 (s_2 - s_1) = 0.1 \times 453.066 \times (7.749\,8 - 6.141\,19) = 72.880\,6 \text{kJ}$$

工质热力学能的增量为
$$\Delta U = m(u_2 - u_1) = 0.1 \times (2627.1 - 2401.137) = 22.596\,3 \text{kJ}$$

膨胀过程对外做功为
$$W = Q - \Delta U = 72.880\,6 - 22.596\,3 = 50.284\,3 \text{kJ}$$

4-10　锅炉每小时产生 20t 压力为 5MPa、温度为 480℃的蒸汽，水进入锅炉时的压力为 5MPa、温度为 30℃。若锅炉效率为 0.8，煤的发热量为 23 400kJ/kg，试计算此锅炉每小时需要烧多少吨煤。

解：工质在锅炉内定压吸热，吸收的热量等于工质的焓增。

锅炉入口参数：$p_1 = 5$MPa，$t_1 = 30$℃，处于过冷水区。查过冷水和过热蒸汽表得
$$h_1 = 130.23 \text{kJ/kg}$$

锅炉出口参数：$p_2 = 5$MPa，$t_2 = 480$℃，处于过热蒸汽区。查过冷水和过热蒸汽表得
$$h_2 = 3385.6 \text{kJ/kg}$$

工质流量为 $\dot{m} = 20 \times 10^3$kg/h，工质每小时的吸热量为
$$Q_w = \dot{m}(h_2 - h_1) = 20 \times 10^3 \times (3385.6 - 130.23) = 65\,107\,400 \text{kJ/h}$$

锅炉效率为 0.8，锅炉生成的热量为

$$Q_b=\frac{Q_w}{0.8}=81\ 384\ 250\text{kJ/h}$$

换算成燃煤消耗量

$$\dot{m}_{coal}=\frac{Q_b}{23\ 400}=3477.96\text{kg/h}=3.478\text{t/h}$$

4-11 水蒸气进入汽轮机时 $p_1=10\text{MPa}$，$t_1=450℃$，排出汽轮机时 $p_2=8\text{kPa}$，假设蒸汽在汽轮机内的膨胀是可逆绝热的，且忽略入口和出口的动能差，汽轮机输出功率为 100MW，求水蒸气的流量。

解：绝热过程中，水蒸气在汽轮机内所做的技术功等于工质的焓降。

汽轮机入口参数 $p_1=10\text{MPa}$，$t_1=450℃$，处于过热蒸汽区，查未饱和水和过热蒸汽表得

$$h_1=\frac{3212.9+3267.7}{2}=3240.3\text{kJ/kg}$$

$$s_1=\frac{6.379\ 9+6.455\ 7}{2}=6.417\ 8\text{kJ/(kg·K)}$$

汽轮机出口参数 $p_2=8\text{kPa}$，$s_2=s_1=6.417\ 8\text{kJ/(kg·K)}$，查饱和水和水蒸气的热力性质表得

$$s'=0.592\ 4\text{kJ/(kg·K)},\ s''=8.226\ 6\text{kJ/(kg·K)}$$
$$h'=173.81\text{kJ/kg},\ h''=2576.06\text{kJ/kg}$$

可知汽轮机出口处于湿蒸汽区，由 $s_2=x_2 s''+(1-x_2)s'$，可得湿蒸汽的干度为

$$x_2=\frac{s_2-s'}{s''-s'}=\frac{6.417\ 8-0.592\ 4}{8.226\ 6-0.592\ 4}=0.763\ 07$$

计算汽轮机出口湿蒸汽的焓

$$h_2=x_2 h''+(1-x_2)h'=0.763\ 07\times2576.06+(1-0.763\ 07)\times173.81=2006.89$$

单位质量工质所做的技术功为

$$w_T=h_1-h_2=3240.3-2006.89=1233.41\text{kJ/kg}$$

汽轮机功率为 $P=100\text{MW}$，由 $P=\dot{m}w_T$，可得蒸汽流量为

$$\dot{m}=\frac{P}{w_T}=\frac{100\times10^3}{1233.41}=81.076\text{kg/s}，即 291.87\text{t/h}$$

4-12 压力为 $p_1=1.5\text{MPa}$、容积为 $V_1=0.263\text{m}^3$ 的干饱和水蒸气对其压缩使 $V_2=V_1/2$，求：（1）被压缩的蒸汽量；（2）定温压缩过程的终态参数 v_2、x_2、h_2、H_2；（3）如按 $p_1 V_1=p_2 V_2=$ 定值来计算，将会得到什么结果？并讨论之。

解：压力为 $p_1=1.5\text{MPa}$ 的干饱和水蒸气和饱和水的参数为

$$t_1=198.327℃$$
$$v'=0.001\ 153\ 8\text{m}^3/\text{kg},\ v''=0.131\ 72\text{m}^3/\text{kg}$$
$$h'=844.82\text{kJ/kg},\ h''=2791.46\text{kJ/kg}$$

（1）蒸汽量

$$m=\frac{0.263}{v''}=\frac{0.263}{0.131\ 72}=1.997\text{kg}$$

（2）定温压缩过程的终态参数。此时温度 $t_2 = t_1 = 198.327℃$，比体积为

$$v_2 = \frac{v''}{2} = \frac{0.131\ 72}{2} = 0.065\ 86\text{m}^3/\text{kg}$$

$v' < v_2 < v''$，压缩后处于湿蒸汽状态，由 $v_2 = x_2 v'' + (1-x_2)v'$，可得湿蒸汽的干度为

$$x_2 = \frac{v_2 - v'}{v'' - v'} = \frac{0.065\ 86 - 0.001\ 153\ 8}{0.131\ 72 - 0.001\ 153\ 8} = 0.495\ 6$$

压缩后湿蒸汽的焓为

$$h_2 = x_2 h'' + (1-x_2)h' = 0.495\ 6 \times 2791.46 + (1-0.4956) \times 844.82 = 1809.6\text{kJ/kg}$$

$$H_2 = m h_2 = 1.997 \times 1809.6 = 3613.7\text{kJ}$$

（3）湿蒸汽的定温过程同时也是定压过程即 $p_2 = p_1$，若按 $p_1 V_1 = p_2 V_2 =$ 定值计算，定温压缩过程的压力升高，$\frac{p_2}{p_1} = \frac{V_1}{V_2} = 2$，得出 $p_2 = 2p_1 = 3.0\text{MPa}$，工质处于过冷水区，分析的结果必然是错误的。

4-13 某火电机组的凝汽器如图 4-7 所示。乏汽压力为 0.006MPa、干度 $x = 0.9$，流量为 500t/h，乏汽在凝汽器中等压放热，变为饱和水，热量由循环水带走，设循环水的温升为 11℃，水的比热容为 4.187kJ/(kg·k)，不考虑凝汽器的散热，也不考虑加热器疏水的影响。求循环水的流量。

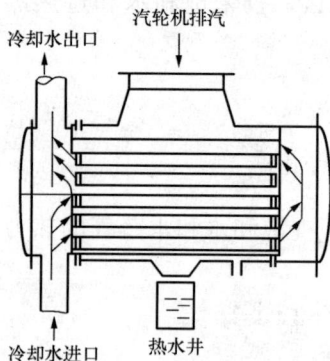

图 4-7 习题 4-13 附图
凝汽器示意

解：凝汽器入口湿蒸汽参数如下：

压力 $p_1 = 0.006\text{MPa}$，干度 $x_1 = 0.9$，蒸汽流量 $\dot{m} = 500\text{t/h}$。查饱和水和水蒸气的热力性质表，得 $h' = 151.47\text{kJ/kg}$，$h'' = 2566.48\text{kJ/kg}$。

计算湿蒸汽的焓

$$h_1 = x_1 h'' + (1-x_1)h' = 0.9 \times 2566.48 + (1-0.9) \times 151.47 = 2324.979\text{kJ/kg}$$

汽器出口为同压力的饱和水，即

$$h_2 = h' = 151.47\text{kJ/kg}$$

定压过程工质的放热量为其焓降，即

$$\dot{Q}_2 = \dot{m}(h_1 - h_2) = 500 \times 1000 \times (2324.979 - 151.47) = 1.086\ 754\ 5 \times 10^9\text{kJ/h}$$

循环水温升和水的比热容分别为 $\Delta t = 11℃$，$c_p = 4.187\text{kJ/(kg·K)}$，凝汽器的散热量由循环水吸收，由能量平衡 $Q_2 = \dot{m}_{\text{cool}} c_p \Delta t$，可得循环水流量为

$$\dot{m}_{\text{cool}} = \frac{Q_2}{c_p \Delta t} = \frac{1.086\ 754\ 5 \times 10^9}{4.187 \times 11} = 23\ 595\ 859\text{kg/h} = 2359.6\text{t/h}$$

4-14 在 0.1MPa 下将一壶水从 20℃烧开需要 20min，如果加热速度不变，问将这壶水烧干还需要多长时间？

解：0.1MPa 压力下，将一壶水从 20℃烧开需要的热量是过冷水加热到饱和水的焓增，将沸水烧干需要的热量是饱和水被加热到干饱和蒸汽的焓增。

20℃水的焓 $h_1 = 83.96\text{kJ/kg}$

开水的焓　$h_2 = h' = 417.52\text{kJ/kg}$

干饱和蒸汽的焓　$h_3 = h'' = 2675.14\text{kJ/kg}$

将水烧干需要的时间为

$$t = 20 \times \frac{h_3 - h_2}{h_2 - h_1} = 135.37\text{min}$$

4-15　给水在温度 $t_1 = 60℃$ 和压力 $p_1 = 3.5\text{MPa}$ 下进入省煤器中被预热，然后再汽化，过热而成为 $t_2 = 350℃$ 的过热蒸汽。设过程定压进行，试把过程表示在 T-s 图上，并求加热过程中的平均吸热温度。

解：定压加热过程的 T-s 图见图 4-8，注意图中使用的是热力学温度。

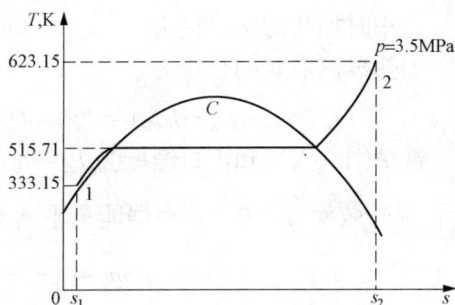

图 4-8　习题 4-15 附图

给水的参数为 $p_1 = 3.5\text{MPa}$、$t_1 = 60℃$，查过冷水和过热蒸汽表得（需要插值）

$$h_1 = 254\text{kJ/kg}, \quad s_1 = 0.829\ 4\text{kJ/(kg · K)}$$

过热蒸汽的参数为 $p_2 = 3.5\text{MPa}$，$t_2 = 350℃$，查过冷水和过热蒸汽表得

$$h_2 = 3104.8\text{kJ/kg}, \quad s_2 = 6.660\ 1\text{kJ/(kg · K)}$$

单位质量工质的吸热量为

$$q_1 = h_2 - h_1 = 3104.8 - 254 = 2850.8\text{kJ/kg}$$

吸热平均温度为

$$t_{1a} = \frac{q_1}{s_2 - s_1} - 273.15 = \frac{2850.8}{6.660\ 1 - 0.829\ 4} - 273.15 = 215.78℃$$

4-16　一加热器换热量 9010kJ/h，现送入压力 $p = 0.2\text{MPa}$ 的干饱和蒸汽，蒸汽在加热器内放热后变为 $t_2 = 50℃$ 的凝结水排入大气，问此换热器每小时所需蒸汽量。

解：换热器内工质的放热过程可视为定压过程（50℃时，0.2MPa 和 0.1MPa 过冷水的焓差可以忽略不计）。蒸汽的压力为 $p = 0.2\text{MPa}$，换热器入口为干饱和蒸汽，参数为

$$h_1 = h'' = 2706.2\text{kJ/kg}$$

出口为 $t_2 = 50℃$ 的过冷水，参数为

$$h_2 = 209.5\text{kJ/kg}$$

则单位质量热流体在换热器中的放热量为

$$q_h = h_1 - h_2 = 2706.2 - 209.5 = 2496.7\text{kJ/kg}$$

换热器的换热量为 $Q_h = 9010\text{kJ/h}$，每小时需要的蒸汽量为

$$m_h = \frac{Q_h}{q_h} = \frac{9010}{2496.7} = 3.609\text{kg/h}$$

4-17　有一废热锅炉每小时可把 200kg、温度为 $t_1 = 10℃$ 的水，变为 $t_2 = 100℃$ 的干饱和蒸汽。进入锅炉的烟气温度为 $t_{g1} = 600℃$，排烟温度为 $t_{g2} = 200℃$，若锅炉的效率为 60%，

求每小时通过的烟气流量。已知烟气的比热容为 $c_p = 1.046\ 7\text{kJ/(kg·K)}$。

解： 废热锅炉内的过程为定压过程。水的入口和出口温度分别为

$$t_{w1} = 10℃ \qquad t_{w2} = 100℃$$

出口为干饱和蒸汽，则水侧的压力为 $\quad p_w = 1.014\ 2\text{bar}$

水的入口和出口的焓分别为

$$h_{w1} = 42\text{kJ/kg}, \quad h_{w2} = 2675.71\text{kJ/kg}$$

每小时加热的蒸汽量为 $\quad \dot{m}_w = 200\text{kg/h}$

加热蒸汽需要的热量为

$$Q_w = \dot{m}_w(h_{w2} - h_{w1}) = 200 \times (2675.71 - 42)526\ 742\text{J/h} = 5.267 \times 10^5\text{kJ/h}$$

锅炉烟气入口和出口温度为 $t_{g1} = 600℃$，$t_{g2} = 200℃$，烟气比热容 $c_{pg} = 1.046\ 7\text{kJ/(kg·K)}$，锅炉效率 $\eta_g = 0.6$，根据能量平衡 $Q_w = \eta_g \dot{m}_g c_{p,g}(t_{g1} - t_{g2})$，可得烟气流量为

$$\dot{m}_g = \frac{Q_w}{c_{p,g}(t_{g1} - t_{g2})\eta_g} = 2097\text{kg/h}$$

4-18 在蒸汽锅炉的汽锅中储有 $p = 1\text{MPa}$，$x = 0.1$ 的汽水混合物共 12 000kg。如果关死汽阀和给水门，炉内燃料每分钟供给汽锅 35 000kJ 的热量，求汽锅内压力升到 5MPa 所需要的时间。

解： 工质经历定容加热过程，吸收的热量等于其内能的增量。

初始状态，湿蒸汽 $\quad p_1 = 1\text{MPa}$，$x_1 = 0.1$，$m = 12\ 000\text{kg}$

查饱和水和水蒸气表得

$$h' = 762.84\text{kJ/kg}, \quad h'' = 2777.67\text{kJ/kg}$$
$$v' = 0.001\ 127\ 2\text{m}^3/\text{kg}, \quad v'' = 0.194\ 38\text{m}^3/\text{kg}$$

计算初态参数为

$$h_1 = x_1 h'' + (1 - x_1)h' = 0.1 \times 2777.67 + (1 - 0.1) \times 762.84 = 964.323\text{kJ/kg}$$
$$v_1 = x_1 v'' + (1 - x_1)v' = 0.1 \times 0.194\ 38 + (1 - 0.1) \times 0.001\ 127\ 2 = 0.020\ 45\text{m}^3/\text{kg}$$
$$u_1 = h_1 - p_1 v_1 = 964.323 - 1000 \times 0.020\ 45 = 943.873\text{kJ/kg}$$

终态参数为 $p_2 = 5\text{MPa}$，定容加热 $v_2 = v_1 = 0.020\ 45\text{m}^3/\text{kg}$

查饱和水和水蒸气热力性质表得 5MPa 压力下，饱和水和干饱和蒸汽的比体积分别为

$$v_2' = 0.001\ 286\ 2\text{m}^3/\text{kg}, \quad v_2'' = 0.039\ 439\text{m}^3/\text{kg}$$
$$h_2' = 1154.2\text{kJ/kg}, \quad h_2'' = 2793.64\text{kJ/kg}$$

由 $v_2' < v_2 < v_2''$ 可知，终态也是湿蒸汽状态，由 $v_2 = x_2 v_2'' + (1 - x_2)v_2'$，计算终态湿蒸汽的干度为

$$x_2 = \frac{v_2 - v_2'}{v_2'' - v_2'} = \frac{0.020\ 45 - 0.001\ 286\ 2}{0.039\ 439 - 0.001\ 286\ 2} = 0.502\ 29$$

计算终态的焓和热力学能为

$$h_2 = x_2 h_2'' + (1 - x_2)h_2' = 0.502\ 29 \times 2793.64 + (1 - 0.502\ 29) \times 1154.2 = 1977.67\text{kJ/kg}$$
$$u_2 = h_2 - p_2 v_2 = 1977.67 - 5 \times 10^3 \times 0.020\ 45 = 1875.42\text{kJ/kg}$$

定容过程中，工质吸收的热量等于热力学能的增量，即

$$Q = m(u_2 - u_1) = 12\ 000 \times (1875.42 - 943.873) = 11\ 178\ 564\text{kJ}$$

所需要的时间为

$$t = \frac{Q}{35\ 000} = 319.387\ 5\text{min}，即 5 小时 19 分 23.25 秒$$

4-19　$p_1 = 5\text{MPa}$、$t_1 = 480℃$ 的过热蒸汽经过汽轮机进汽阀时被绝热节流至 $p_2 = 2\text{MPa}$，然后送入汽轮机中可逆绝热膨胀至 $p_3 = 5\text{kPa}$。求：（1）水蒸气经过绝热节流后的温度和熵；（2）与不采用绝热节流相比，绝热节流后每千克蒸汽少做多少功？

解：如图 4-9 所示，水蒸气节流之前的参数为 $p_1 = 5\text{MPa}$、$t_1 = 480℃$，为过热蒸汽（温度超过临界温度，5MPa 对应的饱和温度为 263.98℃），查未饱和水与过热蒸汽热力性质表得

$$h_1 = 3385.6\text{kJ/kg}，s_1 = 6.912\ 5\text{kJ/(kg·K)}$$

节流之后参数为 $p_2 = 2\text{MPa}$，绝热节流之后焓不变，可知 $h_2 = h_1 = 3385.6\text{kJ/kg}$，大于 2MPa 干饱和水蒸气的焓（2798.66kJ/kg），仍为过热蒸汽的状态。

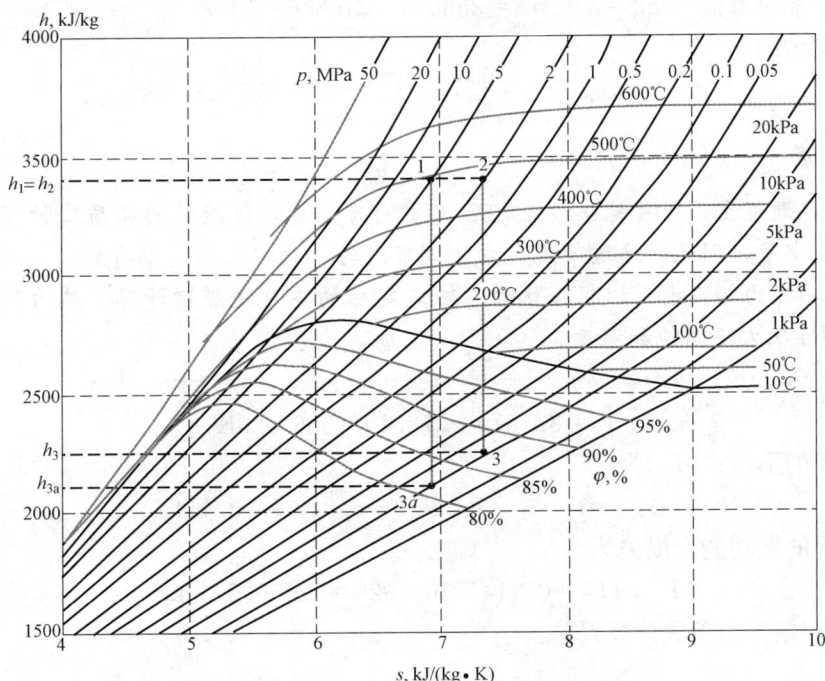

图 4-9　习题 4-19 附图　过热蒸汽绝热节流

（1）依据压力和焓查未饱和水与过热蒸汽热力性质表，得节流之后的熵和温度为

$$s_2 = 7.326\ 9\text{kJ/(kg·K)}，t_2 = 462.85℃$$

（2）汽轮机出口乏汽的压力为 $p_3 = 5\text{kPa}$，查饱和水和水蒸气的热力性质表，得

$$s_3' = 0.476\ 1，s_3'' = 8.393\ 0$$
$$h_3' = 137.72，h_3'' = 2560.55$$

汽轮机入口到出口是可逆绝热过程，熵不变。节流之后蒸汽到达汽轮机出口的熵为 $s_3 = s_2 = 7.326\ 9\text{kJ/(kg·K)}$，未节流蒸汽到达汽轮机出口的熵为 $s_{3a} = s_1 = 6.912\ 9\text{kJ/(kg·K)}$，可见

$$s_3' < s_{3a} < s_3 < s_3''$$

因此汽轮机出口蒸汽处于湿蒸汽状态，由 $s=xs''+(1-x)s'$ 可得湿蒸汽的干度为

主蒸汽经过节流 　　$x_3=\dfrac{s_3-s_3'}{s_3''-s_3'}=\dfrac{7.326\,9-0.476\,1}{8.393\,0-0.476\,1}=0.865\,3$

主蒸汽未经过节流 　$x_{3a}=\dfrac{s_{3a}-s_3'}{s_3''-s_3'}=\dfrac{6.912\,9-0.476\,1}{8.393\,0-0.476\,1}=0.813\,0$

计算汽轮机出口湿蒸汽的焓：

主蒸汽经过节流

$h_3=x_3h_3''+(1-x_3)h_3'=0.865\,3\times2560.55+(1-0.865\,3)\times137.72=2234.19\text{kJ/kg}$

主蒸汽未经过节流

$h_{3a}=x_{3a}h_3''+(1-x_{3a})h_3'=0.813\,0\times2560.55+(1-0.813\,0)\times137.72=2108.6\text{kJ/kg}$

可逆绝热过程，蒸汽流经汽轮机所做的技术功等于其焓降。

主蒸汽经过节流　$w_T=h_2-h_3=3385.6-2234.19=1151.41\text{kJ/kg}$

主蒸汽未经过节流　$w_{Ta}=h_2-h_{3a}=3385.6-2108.6=1277$

节流后少做的功为

$$\Delta w_T=w_{Ta}-w_T=1277-1151.41=125.59\text{kJ/kg}$$

说明

1：由习题可见，虽然绝热节流之后工质的焓不变，但能量的品质降低了，蒸汽的做功能力减少了，因此，通过节流的方法调节汽轮机功率虽然简单有效，但并不经济。

2：做功能力损失也可以根据热力学第二定律的不可逆熵增计算。热力循环的环境温度为 5kPa 压力下的饱和温度。

$$T_0=32.879+273.15=306.029\text{K}$$

节流过程的不可逆熵增为

$$\Delta s_{iso}=s_2-s_1=7.326\,9-6.912\,9=0.414$$

节流过程的做功能力损失为

$$I=\Delta sT_0=0.414\times306.029=126.696\text{kJ/kg}$$

$\Delta w_T\approx I$，差异为参数计算误差。

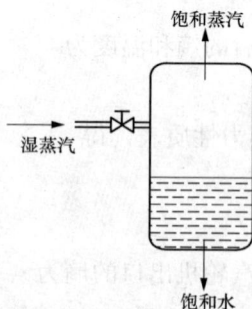

图 4-10　习题 4-20 附图

4-20　压力为 1MPa、干度为 5% 的湿蒸汽经过减压阀节流后引入压力为 0.5MPa 的绝热容器，使饱和水和饱和蒸汽分离，如图 4-10 所示。设湿蒸汽的流入量为 200t/h，试求流出的饱和蒸汽和饱和水的流量。

解：湿蒸汽绝热节流前后的焓值相等，干度增大，本题需要求取节流后工质的干度。

节流之前湿蒸汽的参数为，压力 $p_1=1\text{MPa}$，干度 $x_1=0.05$

查饱和水和水蒸气的热力性质表，得

$$t_1=179.916℃$$

$$h_1' = 762.84 \text{kJ/kg}, \quad h_1'' = 2777.67 \text{kJ/kg}$$
$$s_1' = 2.138\ 8 \text{kJ/(kg} \cdot \text{K)}, \quad s_1'' = 6.585\ 9 \text{kJ/(kg} \cdot \text{K)}$$

计算入口湿蒸汽参数

$$h_1 = x_1 h_1'' + (1-x_1) h_1' = 0.05 \times 2777.67 + (1-0.05) \times 762.84 = 863.581\ 5 \text{kJ/kg}$$

节流之后的压力为 $p_2 = 0.5 \text{MPa}$，查饱和水和水蒸气的热力性质表，得

$$h_2' = 640.35 \text{kJ/kg}, \quad h_2'' = 2748.59 \text{kJ/kg}, \quad t_2 = 151.867 ℃$$

由 $h_2 = h_1 = 863.581\ 5 \text{kJ/(kg} \cdot \text{K)}$，而 $h_2 = x_2 h_2'' + (1-x_2) h_2'$，可计算节流后的干度为

$$x_2 = \frac{h_2 - h_2'}{h_2'' - h_2'} = \frac{863.581\ 5 - 640.35}{2748.59 - 640.35} = 0.105\ 885$$

湿蒸汽的流量为 $\dot{m}_2 = \dot{m}_1 = 200 \text{t/h}$

节流之后饱和蒸汽的流量 $\dot{m}_{2\text{steam}} = \dot{m}_1 x_2 = 200 \times 0.105\ 885 = 21.177 \text{t/h}$

饱和水的流量 $\dot{m}_{2\text{water}} = \dot{m}_2 (1-x_2) = 200 \times (1-0.105\ 885) = 178.823 \text{t/h}$

4-21 容积为 2m^3 的刚性容器内装有 500kg 的液态饱和水，其余部分充满平衡的纯饱和水蒸气，如图 4-11 所示。平衡温度为 $100℃$、压力为 $0.101\ 325 \text{MPa}$。现通过水管向容器内输入 1000kg、$70℃$ 的水。如果要使容器内的压力和温度在这一过程中保持不变，试问必须向容器内加入多少热量？

解： 压力温度保持不变，输入的水将被加热为平衡温度下的饱和水，同时刚性容器内液态饱和水体积增加，水蒸气的体积减小，将有部分水蒸气液化为液态饱和水，同时释放汽化潜热。

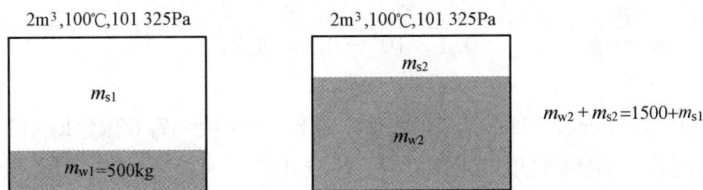

图 4-11　习题 4-21 附图

容器的容积 $V = 2\text{m}^3$，压力 $p_1 = 0.101\ 325 \text{MPa}$，温度 $t_1 = 100℃$，汽化热 $r = 2256.6 \text{kJ/kg}$，初态容器内液态水的质量为 $m_{1w} = 500 \text{kg}$，查饱和水和水蒸气热力性质表，可得

$$v' = 0.001\ 043\ 44 \text{m}^3/\text{kg}, \quad v'' = 1.673\ 6 \text{m}^3/\text{kg}$$
$$h' = 419.06 \text{kJ/kg}, \quad h'' = 2675.71 \text{kJ/kg}$$

初始状态水的体积为

$$V_{1\text{water}} = m_{1\text{water}} v' = 500 \times 0.001\ 043\ 44 = 0.521\ 72 \text{m}^3$$

初始状态水蒸气的体积和质量分别为

$$V_{1\text{steam}} = V - V_{1\text{water}} = 2 - 0.521\ 72 = 1.478\ 28 \text{m}^3$$

$$m_{1s} = \frac{V_{1\text{steam}}}{v''} = \frac{1.478\ 28}{1.673\ 6} = 0.883\ 3 \text{kg}$$

初态工质的总质量为 $m_1 = m_{1s} + m_{1w} = 500 + 0.883\ 3 = 500.883\ 3 \text{kg}$

末态压力和温度保持不变，加入 1000kg 未饱和水后，容器内的总质量为

$$m_2 = m_1 + 1000 = 500.883\ 3 + 1000 = 1500.883\ 3$$

末态时容器内仍分为饱和水和干饱和水蒸气两部分，由 $m_2 = m_{2w} + m_{2s}$ 和容器容积不变，可得 $m_{2s}v'' + (m_2 - m_{2s})v' = V$，即

$$m_{2s} = \frac{V - m_2 v'}{v'' - v'} = \frac{2 - 1500.883\ 3 \times 0.001\ 043\ 44}{1.673\ 6 - 0.001\ 043\ 44} = 0.259\ 4\text{kg}$$

减少的蒸汽凝结为饱和水，同时释放汽化热 Q_s

$$Q_s = (m_{1s} - m_{2s})r = (0.883\ 3 - 0.259\ 4) \times 2256.6 = 1407.89\text{kJ}$$

容器压力下，70℃水的焓为 293.07kJ/kg，将 1000kg 水定压加热到饱和状态所需的热量为

$$Q_{\text{all}} = 1000 \times (h' - 293.07) = 1000 \times (419.06 - 293.07) = 125\ 990\text{kJ}$$

外界需要加入的热量为

$$Q = Q_{\text{all}} - Q_s = 125\ 990 - 1407.89 = 124\ 582.11\text{kJ}$$

4-22 今测得湿空气的干球温度 $t = 30℃$，湿球温度 $t_w = 20℃$，当地大气压力 $p_b = 0.1\text{MPa}$。求：湿空气的相对湿度 φ、含湿量 d、焓 h。

解：

查 h-d 图得此时湿空气的相对湿度为

$$\varphi = 0.4$$

空气干球温度对应的饱和压力

$$p_s = 4246.1\text{Pa}$$

计算湿空气的含湿量

$$d = 622\frac{\varphi p_s}{p_b - \varphi p_s} = 622 \times \frac{0.4 \times 4246.1}{0.1 \times 10^6 - 0.4 \times 4246.1} = 10.75\text{g/kg（DA）}$$

湿空气的焓

$$h = 1.005 \times t + 0.001 \times d \times (2501 + 1.863 \times t) = 57.63\text{kJ/kg（DA）}$$

湿空气的干球温度、湿球温度与相对湿度见表 4-2。

表 4-2 　　　　　　　　湿空气的干球温度、湿球温度与相对湿度

湿球温度与干球温度之差（℃）	相对湿度 RH（%）							
	干球温度 t（℃）							
	15	18	20	22	25	27	30	33
1	90	91	91	92	92	92	93	93
2	80	82	83	84	85	85	86	87
3	71	73	75	76	77	78	79	80
4	62	65	67	68	70	71	73	74
5	53	57	59	61	64	65	67	69
6	44	49	52	54	57	59	61	63
7	36	42	45	47	51	53	55	58
8	28	34	38	41	45	47	50	53
9	21	27	31	34	39	41	45	48
10	13	20	25	28	33	36	40	43

4-23 已知湿空气开始时的状态是 $p_b=0.1\text{MPa}$，温度 $t=35\text{℃}$，相对湿度 $\phi=40\%$，求水蒸气的分压力和湿空气的露点温度；如果保持该湿空气的温度不变，而将压力提高到 $p_2=0.5\text{MPa}$，此时水蒸气的分压力和湿空气的露点温度又是多少？

解： 湿空气中水蒸气的分压力与湿空气的温度对应的水蒸气的饱和压力之比为湿空气的相对湿度；湿空气中水蒸气的分压力所对应的饱和温度为湿空气的露点。

状态 1，大气压力 $p_b=0.1\text{MPa}$，温度 $t=35\text{℃}$，相对湿度 $\varphi=0.4$

查查饱和水和水蒸气热力性质表，35℃对应的饱和压力为　$p_s=5629\text{Pa}$

则水蒸气的分压力为　$p_v=\varphi p_s=0.4\times5629=2251.6\text{Pa}$

查饱和水和水蒸气热力性质表，湿空气的露点为　$t_d=19.39\text{℃}$

状态 2，假设压缩后没有水滴析出。

$\dfrac{p_2}{p_b}=\dfrac{0.5}{0.1}=5$，湿空气的压力提高了 5 倍，其中干空气和水蒸气的压力均提高 5 倍，水蒸气的分压力变为

$$p_{v2}=5p_v=5\times2251.6=11\,258\text{Pa}$$

该压力对应的饱和温度为 47℃，高于湿空气的温度 35℃，因此压缩后会有水滴析出，等温压缩后湿空气中水蒸气的分压力无法达到 $p_{v2}=11\,258\text{Pa}$，水蒸气处于饱和蒸汽状态，水蒸气的分压力是 35℃对应的饱和压力

$$p_{v2}{}'=5633.8\text{Pa}$$

此时的露点是 35℃。

> **说　明**
>
> 此题说明，压缩湿空气也可以起到去湿的效果。湿空气等温压缩是需要放热的，与冷却去湿的作用类似。通常等温是极限的情况，湿空气压缩温度升高，有利于其放热。

4-24 已知湿空气开始时的状态是 $p_b=0.1\text{MPa}$，温度 $t=40\text{℃}$，相对湿度 $\varphi=70\%$，如果湿空气被定压冷却到 5℃，有多少水分被去除？

解： 湿空气的定压去湿过程：

初态压力 $p_b=0.1\text{MPa}$，温度 $t_1=40\text{℃}$，相对湿度 $\varphi_1=0.7$

查饱和水和水蒸气热力性质表，水蒸气的饱和压力 $p_{s1}=7384\text{Pa}$

含湿量为

$$d_1=622\frac{\varphi_1 p_{s1}}{p_b-\varphi_1 p_{s1}}=622\times\frac{0.7\times7384}{0.1\times10^6-0.7\times7384}=33.9\text{g/kg（DA）}$$

水蒸气分压力为　$p_{v1}=\varphi_1 p_{s1}=0.7\times7384=5169\text{Pa}$

露点为水蒸气分压力对应的饱和温度为　$t_d=33.5\text{℃}$

终态温度 $t_2=5\text{℃}$，低于初态的露点温度，湿空气处于饱和湿空气状态，$\varphi_2=1.0$，有部分水蒸气凝结成水。

查饱和水和水蒸气热力性质表，终态温度对应的水蒸气的饱和压力为 $p_{v2}=p_{s2}=873\text{Pa}$

含湿量为

$$d_2 = 622 \frac{p_{s2}}{p_b - p_{s2}} = 622 \times \frac{873}{0.1 \times 10^6 - 873} = 5.478 \text{g/kg （DA）}$$

单位质量干空气的去湿量为

$$\Delta d = d_1 - d_2 = 28.42 \text{g/kg （DA）}$$

4-25 已知湿空气的状态是 $p_b = 0.1\text{MPa}$，干球温度 $t = 30℃$，露点温度 $t_d = 15℃$，求其相对湿度、含湿量、水蒸气分压力。如果将该湿空气定压加热至 $50℃$，求相对湿度以及需要加入的热量。

解： 初始湿空气的状态，压力 $p_b = 0.1\text{MPa}$，干球温度 $t_1 = 30℃$，露点温度 $t_d = 15℃$

露点温度是湿空气中水蒸气的分压力对应的饱和温度，查饱和水和水蒸气热力性质表，得湿空气中水蒸气的分压力为

$$p_v = 1708.4 \text{Pa}$$

由干球温度可查水蒸气的饱和压力为

$$p_{s1} = 4245.1 \text{Pa}$$

相对湿度为

$$\varphi_1 = \frac{p_v}{p_{s1}} = \frac{1708.4}{4245.1} = 0.4024$$

含湿量为

$$d_1 = 622 \frac{p_v}{p_b - p_v} = 622 \times \frac{1708.4}{0.1 \times 10^6 - 1708.4} = 10.81 \text{g/kg （DA）}$$

湿空气的焓为

$$h_1 = 1.005 \times t_1 + 0.001 \times d_1 \times (2501 + 1.863 \times t_1) = 57.75 \text{kJ/kg （DA）}$$

定压加热到 $50℃$ 后，湿空气的饱和压力为 $p_{s2} = 12344.6\text{Pa}$，湿空气分压力不变。

相对湿度为

$$\varphi_2 = \frac{p_v}{p_{s2}} = \frac{1708.4}{12344.6} = 0.1384$$

湿空气的焓（含湿量不变）为

$$h_2 = 1.005 \times t_2 + 0.001 \times d_1 \times (2501 + 1.863 \times t_2) = 78.26 \text{kJ/kg （DA）}$$

单位质量干空气需要加入的热量为

$$q = h_2 - h_1 = 20.5 \text{kJ/kg （DA）}$$

4-26 有一房间地板面积为 325m^2，地板到天花板的高度为 2.4m，房间空气温度 $t = 24℃$，相对湿度 $\varphi = 50\%$，空气压力为 0.1MPa，问房间内有多少公斤水蒸气？

解： 需要计算湿空气的含湿量 d。

房间的容积为 $V = 325 \times 2.4 = 780\text{m}^3$

湿空气参数：干球温度 $t = 24℃$，相对湿度 $\varphi = 0.5$，压力 $p_b = 0.1\text{MPa}$

查饱和水和水蒸气热力性质表，干球温度对应的水蒸气的饱和压力为 $p_s = 2984.6\text{Pa}$

水蒸气的分压力为 $p_v = \varphi p_s = 0.5 \times 2984.6 = 1492.3\text{Pa}$

干空气的分压力为 $p_a = p_b - p_v = 0.1 \times 10^6 - 1492.3 = 98507.7\text{Pa}$

湿空气的含湿量为

$$d = 622 \frac{p_v}{p_a} = 622 \times \frac{1492.3}{98\,507.7} = 9.423 \text{g/kg （DA）}$$

房间内干空气的质量为

$$m_a = \frac{p_a V}{R_g(t+273.15)} = \frac{98\,507.7 \times 780}{287 \times (24+273.15)} = 900.96 \text{kg}$$

房间内水蒸气的质量为

$$m_v = \frac{d m_a}{1000} = \frac{9.423 \times 900.96}{1000} = 8.89 \text{kg}$$

第五章 气体和蒸汽的流动

思考题参考答案

5-1 什么是滞止参数? 在给定的定熵流动中, 各截面上的滞止参数是否相同?

答: 滞止参数是定熵滞止参数的简称。流动的介质经过定熵压缩过程 (可逆绝热过程),流速降低到 0 后所具有的参数。在给定的定熵流动中, 各个截面的滞止参数相同。例如, 滞止焓为

$$h_0 = h + \frac{1}{2}c^2$$

对于定熵流动, 不管各个截面的焓和速度如何变化, 滞止焓保持不变。

5-2 渐缩型、渐扩型和缩放型管段, 在什么情况下适合作喷管? 在什么情况下适合作扩压管?

答: 渐缩型管道可作为超声速流动的扩压管; 渐扩型管道可作为亚声速流动的扩压管; 缩放型管道适合将气流从超声速减速扩压到亚声速。

渐缩型管道可作为亚声速流动的喷管, 渐扩型管道可作为超声速流动的喷管, 缩放型管道适合将气流从亚声速加速到超声速。

5-3 促使流动改变的有力学条件和几何条件之分。两个条件之间的关系怎样? 哪个是决定性因素? 不满足几何条件会发生什么问题?

答: 力学条件是促使流动改变的先决条件, 几何条件应服从于力学条件。因此力学条件是决定性因素, 如果几何条件不满足力学条件, 则流动的不可逆性会增大, 气流耗散作用增大, 有更多的运动动能耗散为热量。如果喷管选择和设计不合理, 可能达不到预期的目标,甚至有可能全部运动动能均耗散为热量, 虽然压力降低了, 但流速没有增加。比如, 要让亚声速气流流速增加, 如果选择了渐扩型管道, 虽然入口压力高于出口压力, 但也往往无法实现提速的效果。

5-4 声速取决于哪些因素?

答: 声速是状态参数, 取决于介质的种类以及介质所处的物理状态。对于理想气体, 声速取决于气体的种类和热力学温度。

5-5 为什么渐缩喷管中气体的流速不可能超过当地声速?

答: 在亚声速区间, 如果渐缩喷管出口外背压小于喷管入口压力, 喷管内气体的流动速度将随着通流截面的缩小而增大, 最大流速总是在喷管出口截面。当背压与滞止压力的比值降低到临界压力比时, 喷管出口达到当地声速。此时若出口外背压进一步降低, 也因为喷管

出口压力达到声速而无法影响喷管内的流动状态（压力变动的信号是以声速向前传播的）。若要使气流速度超过声速，必须在达到声速后满足通流截面递增的条件才能实现，即

$$\frac{\mathrm{d}A}{A}=(M^2-1)\frac{\mathrm{d}c}{c}$$

5-6 当有摩擦损耗时，喷管的出口处流速同样可用 $c_2=\sqrt{2\,(h_0-h_2)}$ 计算，似乎无摩擦损耗时相同，那么摩擦损耗表现在哪里呢？

答：有摩擦损耗时喷管出口的焓值高于没有摩擦损耗时喷管出口的焓值 h_2，喷管出口的速度则低于没有摩擦损耗时喷管出口的速度，因为有摩擦损耗时，流动过程中有一部分运动动能转化为热能。

5-7 如何理解临界压力比？临界压力比在分析气体在喷管中流动情况方面起什么作用？

答：临界压力比是气体等熵流动过程中，流速达到当地声速时的压力与滞止压力的比值。在设计喷管时，临界压力比用于判断选择何种喷管。如果背压与滞止压力的比值 p_B/p_0 大于临界压力比，则选用渐缩喷管；如果 p_B/p_0 小于临界压力比，则应选择缩放喷管。在校核已有喷管时，临界压力比用于判断喷管内气流是否能够完全膨胀。对于渐缩喷管，喷管出口最低只能为临界压力。

5-8 请通过互联网查找有关我国"神舟六号"宇宙飞船烧蚀层的情况。

答：当宇宙飞船高速进入地球大气层时，由于流体的黏性，飞船迎风面和侧面的气流相对于飞船处于相对静止的状态，相当于高速气流到达飞船后绝热滞止。由滞止温度的表达式为

$$\frac{T_0}{T}=1+\frac{\kappa-1}{2}M^2$$

在距离地面 $40\sim70\mathrm{km}$ 的高度，飞船的速度为每秒数千公里。如果马赫数为 20 左右，大气温度大约为 $-55℃$，即 218K，按此估算：

$$T_0=218\times\left(1+\frac{1.4-1}{2}\times20^2\right)=17\,658\mathrm{K}$$

即 17 385℃。如果不采取有效的防热降温措施，整个返回舱将会像陨石一样被烧为灰烬。神舟六号飞船返回舱的表面有一层称为"烧蚀层"的物质，它可以在飞船返回大气层时保护返回舱不因高温而烧毁。烧蚀层除了具有良好的隔热性能外，它还能在高温时烧蚀汽化，吸收大量的热，保护飞船主体不受损害。

习 题 参 考 答 案

5-1 火电厂主蒸汽管道中蒸汽的温度为 540℃、压力为 16MPa、流量为 1000t/h、主蒸汽管道的内径为 800mm，求蒸汽在管道中的流速。

解：管道内蒸汽的质量流量＝流速×截面积×密度

水蒸气的参数温度 $t=540℃$，压力 $p=16\mathrm{MPa}$，为过热蒸汽。

查未饱和水和过热蒸汽热力性质表，得

比体积 $v=0.021\text{m}^3/\text{kg}$

管道截面积 $A=\frac{1}{4}\pi D^2=\frac{\pi\times0.8^2}{4}=0.502\,7\text{m}^2$

蒸汽质量流量 $\dot{m}=1000\times\frac{1000}{3600}=277.8\text{kg/s}$

由 $\dot{m}=\dfrac{Ac}{v}$，可得蒸汽的流速为

$$c=\frac{\dot{m}v}{A}=\frac{277.8\times0.021}{0.502\,7}=11.61\text{m/s}$$

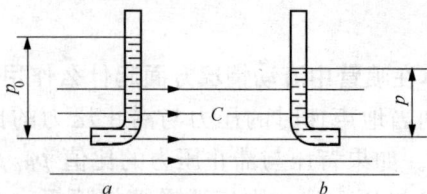

图 5-1 习题 5-2 附图

5-2 滞止压力 p_0 和静压力 p 可以用如图 5-1 所示的皮托管来测量，利用测得的两种压力的数据可以求出流体的速度。试证明，对于不可压缩流体的速度可以用静压力 p、滞止压力 p_0，以下列形式表示：

$$c=\sqrt{2v\ (p_0-p)}$$

式中：v 为流体的比体积。

证明：（绝热）滞止过程的能量方程为

$$h+\frac{1}{2}c^2=h_0 \text{ 或 } u+pv+\frac{1}{2}c^2=u_0+p_0v_0$$

对于不可压缩流体，$v=v_0$，单位质量工质与外界没有膨胀功的交换，若是绝热过程，则工质的热力学能不变，$u=u_0$，因此

$$\frac{1}{2}c^2=v(p_0-p)$$

即

$$c=\sqrt{2v\ (p_0-p)}$$

5-3 实际温度为 100℃的空气以 200m/s 的速度沿着管路流动，用水银温度计来测量空气的温度，假定气流在温度计周围完全滞止，求温度计的读数。

解： 温度计的读数是空气在温度计表面形成的滞止温度，可采用绝热滞止的能量方程计算。

空气视为理想气体，气体常数 $R_g=\dfrac{8314.3}{28.97}=287\text{J}/(\text{kg}\cdot\text{K})$

采用定值比热容 $c_p=\dfrac{\kappa R_g}{\kappa-1}=1004\text{J}/(\text{kg}\cdot\text{K})$

由绝热滞止的能量方程 $h_0=h_1+\dfrac{1}{2}c_1^2$ 可得

$$c_p t_0=c_p t_1+\frac{1}{2}c_1^2$$

$$t_0=t_1+\frac{c_1^2}{2c_p}=100+\frac{200^2}{2\times1004}=119.92℃$$

或：

空气中的声速为 $a=\sqrt{\kappa R_g(t_1+273.15)}=\sqrt{1.4\times287\times(100+273.15)}=387.2\text{m/s}$

马赫数 $M=\dfrac{c_1}{a}=\dfrac{200}{387.2}=0.5165$

滞止温度 $T_0=(t_1+273.15)(1+\dfrac{\kappa-1}{2}M^2)=(100+273.15)\times(1+\dfrac{1.4-1}{2}\times0.5165^2)$

$$=393.06\text{K}$$

$$t_0=T_0-273.15=119.91℃$$

5-4 一陨石以 1200m/s 的速度进入大气层时，大气压力为 70Pa、温度为 150K，求陨石下落的马赫数及空气在陨石上绝热滞止时的温度和压力。

解： 采用绝热滞止的能量方程来求解。

陨石下落的马赫数 $M=\dfrac{c_1}{\sqrt{\kappa R_g T_1}}=\dfrac{1200}{\sqrt{1.4\times287\times150}}=4.888$

由绝热滞止的能量方程可得

$$T_0=T_1+\dfrac{1}{2c_p}c_1^2=150+\dfrac{1200^2}{2\times1004}=866.8\text{K}$$

$$t_0=T_0-273.15=593.6℃$$

由可逆绝热过程温度比与压力比的关系可得

$$p_0=p_1\left(\dfrac{T_0}{T_1}\right)^{\frac{\kappa}{\kappa-1}}=70\times\left(\dfrac{866.8}{150}\right)^{\frac{1.4}{1.4-1}}=3247\text{Pa}$$

或

$$T_0=T_1\left(1+\dfrac{\kappa-1}{2}M^2\right)=150\times\left(1+\dfrac{1.4-1}{2}\times4.888^2\right)=866.8\text{K}$$

$$p_0=p_1\left(1+\dfrac{\kappa-1}{2}\times M^2\right)^{\frac{\kappa}{\kappa-1}}=70\times\left(1+\dfrac{1.4-1}{2}\times4.888^2\right)^{\frac{1.4}{1.4-1}}=3247\text{Pa}$$

5-5 压力 $p_1=2.5\text{MPa}$、温度 $t_1=180℃$ 的空气流经一出口截面积 $A_2=10\text{cm}^2$ 的渐缩喷管，喷管出口处的背压 $p_b=1.5\text{MPa}$，求空气流经喷管后的速度、质量流量以及出口处空气的状态参数 v_2、t_2。

解： 空气流经渐缩喷管的过程为可逆绝热过程。假定喷管入口流速接近于 0，入口参数为滞止参数。

（1）校核压力比：

$$\beta=\dfrac{p_b}{p_1}=\dfrac{1.5}{2.5}=0.6>\beta_{cr}=0.528$$

表明空气可以充分膨胀，喷管出口未达到声速，出口压力等于背压，即

$$p_2=p_b=1.5\text{MPa}$$

（2）出口的状态参数：

温度 $T_2=(t_1+273.15)\left(\dfrac{p_2}{p_1}\right)^{\frac{\kappa-1}{\kappa}}=(180+273.15)\times\left(\dfrac{1.5}{2.5}\right)^{\frac{1.4-1}{1.4}}=391.6\text{K}$

$$t_2=T_2-273.15=118.5℃$$

比体积 $v_2=\dfrac{R_g T_2}{p_2}=\dfrac{287\times 391.6}{1.5\times 10^6}=0.074\ 93\text{m}^3/\text{kg}$

（3）喷管出口流速计算。

比定压热容 $c_p=\dfrac{\kappa R_g}{\kappa-1}=\dfrac{1.4\times 287}{1.4-1}=1004.5\text{J}/(\text{kg}\cdot\text{K})$

出口流速为

$$c_2=\sqrt{2c_p(t_1-t_2)}=\sqrt{2\times 1004.5\times(180-118.5)}=351.6\text{m/s}$$

或

$$c_2=\sqrt{\dfrac{2\kappa R_g(t_1+273.15)}{\kappa-1}\left[1-\left(\dfrac{p_2}{p_1}\right)^{\frac{\kappa-1}{\kappa}}\right]}$$

$$=\sqrt{\dfrac{2\times 1.4\times 287\times(180+273.15)}{1.4-1}\times\left[1-\left(\dfrac{1.5}{2.5}\right)^{\frac{1.4-1}{1.4}}\right]}$$

$$=351.6\text{m/s}$$

（4）质量流量为

$$\dot{m}=\dfrac{A_2 c_2}{v_2}=\dfrac{10\times 10^{-4}\times 351.6}{0.074\ 93}=4.692\text{kg/s}$$

5-6　如果进入渐缩喷管的蒸汽状态为 $p_1=2\text{MPa}$、$t_1=400℃$，喷管出口处的压力 $p_2=0.5\text{MPa}$，速度系数 $\varphi=0.95$，试求喷管出口处蒸汽的速度和比体积。

解：渐缩喷管，工质为水蒸气，注意不能使用理想气体的关系式。

喷管入口蒸汽参数 $p_1=2\text{MPa}$，$t_1=400℃$，为过热蒸汽，查未饱和水和过热蒸汽热力性质表得

$$s_1=7.129\text{kJ}/(\text{kg}\cdot\text{K}),\quad h_1=3248\text{kJ/kg}$$

出口背压 $p_b=0.5\text{MPa}$，速度系数 $\varphi=0.95$，先按可逆绝热过程计算，再用速度系数修正不可逆产生的影响。

（1）校核压力比：

$$\beta=\dfrac{p_b}{p_1}=\dfrac{0.5}{2}=0.25<\beta_{cr}=0.546$$

蒸汽不能充分膨胀，出口达到声速。

（2）出口蒸汽压力为

$$p_2=\beta_{cr}p_1=0.546\times 2=1.092\text{MPa}$$

按定熵过程 $s_2=s_1=7.129\text{kJ}/(\text{kg}\cdot\text{K})$，$1.092\text{MPa}$ 对应的干饱和蒸汽的熵是 $6.554\ 5<s_2$，因此喷管出口是过热蒸汽状态。查过热蒸汽表，得

$$h_2=3077\text{kJ/kg},\ t_2=312.96℃$$

（3）忽略喷管入口流速，定熵流动出口蒸汽的流速

$$c_2=\sqrt{2(h_1-h_2)}=\sqrt{2\times(3248-3077)\times 10^3}=584.8\text{m/s}$$

实际出口流速为

$$c_{2a}=\varphi c_2=0.95\times 584.8=555.6\text{m/s}$$

实际出口的焓为

$$h_{2a} = h_1 - \frac{1}{2} \times \frac{c_{2a}^2}{1000} = 3094 \text{kJ/kg}$$

由 p_2、h_{2a}，查过热蒸汽表或焓熵图，可确定实际出口的熵为

$$s_{2a} = 7.157\ 6 \text{kJ/(kg} \cdot \text{K)}（绝热不可逆熵增过程）$$

实际出口的比体积为

$$v_{2a} = 0.245\ 1 \text{m}^3\text{/kg}$$

5-7 如图 5-2 所示，压力 $p_1 = 0.1$MPa、温度 $t_1 = 27℃$ 的空气流经一扩压管时，压力提高到 $p_2 = 0.18$MPa，问空气进入扩压管时至少应有多大流速？

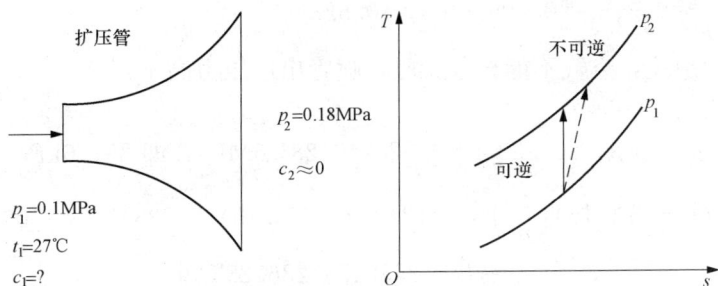

图 5-2 习题 5-7 附图

解： 按可逆绝热过程计算。

入口参数 $p_1 = 0.1$MPa，$t_1 = 27℃$

出口参数 $p_2 = 0.18$MPa

空气参数 $\kappa = 1.4, R_g = 287 \text{J/(kg} \cdot \text{K)}$，$c_p = \frac{\kappa R_g}{\kappa - 1} = 1004.5 \text{J/(kg} \cdot \text{K)}$

按可逆绝热过程温度比与压力比的关系式计算出口温度

$$T_2 = (t_1 + 273.15)\left(\frac{p_2}{p_1}\right)^{\frac{\kappa-1}{\kappa}} = (27 + 273.15)\left(\frac{0.18}{0.1}\right)^{\frac{1.4-1}{1.4}} = 355\text{K}$$

$$t_2 = T_2 - 273.15 = 81.85℃$$

由能量方程 $h_2 = h_1 + \frac{1}{2}c_1^2$ 可得

$c_p t_2 = c_p t_1 + \frac{1}{2}c_1^2$，计算入口速度 $c_1 = \sqrt{2c_p(t_2 - t_1)} = 332.1 \text{m/s}$

如果是不可逆过程，扩压管出口达到 $h_0 = h + \frac{1}{2}c^2$，熵、焓和温度均比可逆过程时要大，所需的入口速度也相应提高，因此达到出口压力所需的最小入口流速是 332.1m.s。

5-8 进入渐缩喷管的空气的参数为 $p_1 = 0.5$MPa、$t_1 = 327℃$、$c_1 = 150$m/s。若喷管的背压 $p_b = 270$kPa、出口截面积 $A_2 = 3.0$cm^2。求：（1）空气在管内定熵流动时，喷管出口截面上气流的温度 t_2、流速 c_2 及流经喷管的质量流量；（2）马赫数 $M = 0.7$ 处的截面积 A；（3）简要讨论缩放喷管背压 p_b 升高（但仍小于临界压力 p_{cr}）时喷管内流动状况。设空气可作为理想气体处理，比热容取定值。

解：（1）计算 t_2、c_2 及质量流量。

①校核压力比。渐缩喷管的临界压力比是临界状态的压力和滞止压力的比值，因此需要首先计算滞止压力。

空气参数　$\kappa=1.4$，$R_g=287\text{J}/(\text{kg}\cdot\text{K})$，$c_p=\dfrac{\kappa R_g}{\kappa-1}=1004.5\text{J}/(\text{kg}\cdot\text{K})$

滞止温度　$t_0=t_1+\dfrac{1}{2c_p}c_1^2=327+\dfrac{1}{2\times1004.5}\times150^2=338.2℃$

滞止压力　$p_0=p_1\left(\dfrac{t_0+273.15}{t_1+273.15}\right)^{\frac{\kappa}{\kappa-1}}=0.5\times\left(\dfrac{338.2+273.15}{327+273.15}\right)^{\frac{1.4}{1.4-1}}=0.5334\text{MPa}$

压力比　$\beta=\dfrac{p_b}{p_0}=\dfrac{270}{533.4}=0.5062<\beta_{cr}=0.528$

喷管出口达到声速，空气不能充分膨胀，喷管出口压力高于背压。

②出口参数为

$$p_2=p_0\beta_{cr}=0.5334\times0.528=0.2816\text{MPa}，即\ 281.6\text{kPa}$$

$$T_2=(t_0+273.15)\left(\dfrac{p_2}{p_0}\right)^{\frac{\kappa-1}{\kappa}}=(338.2+273.15)(0.528)^{\frac{1.4-1}{1.4}}=509.4\text{K}$$

$$t_2=T_2-273.15=236.25℃$$

$$v_2=\dfrac{R_g T_2}{p_2}=\dfrac{287\times509.4}{0.2816\times10^6}=0.5191\text{m}^3/\text{kg}$$

③出口流速为

$$c_2=\sqrt{2c_p(t_0-t_2)}=\sqrt{2\times1004.5\times(338.2-236.25)}=452.6\text{m/s}$$

④出口流量为

$$\dot{m}=\dfrac{A_2c_2}{v_2}=\dfrac{3.0\times10^{-4}\times452.6}{0.5191}=0.2616\text{kg/s}$$

（2）设马赫数 $M=0.7$ 处的截面积为 A、温度为 T、速度为 c。按照流量方程，为了计算截面积，需要求流速和比体积。首先计算该截面的温度。由能量方程 $h_0=h+\dfrac{1}{2}c^2$ 可得

$$c_pT_0=c_pT+\dfrac{1}{2}c^2，\ T_0=T+\dfrac{c^2}{2c_p}，\ T_0=T+\dfrac{(\kappa-1)c^2}{2\kappa R_g}，$$

$$\dfrac{T_0}{T}=1+\dfrac{\kappa-1}{2}\dfrac{c^2}{2\kappa R_g T}，\ \dfrac{T_0}{T}=1+\dfrac{\kappa-1}{2}M^2\ 可知$$

$$T=\dfrac{t_0+273.15}{1+\dfrac{\kappa-1}{2}M^2}=\dfrac{338.2+273.15}{1+\dfrac{1.4-1}{2}\times0.7^2}=556.8\text{K}$$

$$t=T-273.15=283.6℃$$

$$p=p_0\left(\dfrac{T}{t_0+273.15}\right)^{\frac{\kappa}{\kappa-1}}=0.3846\text{MPa}$$

$$v=\dfrac{R_g T}{p}=\dfrac{287\times556.8}{0.3846\times10^6}=0.4155\text{m}^3/\text{kg}$$

$$c=\sqrt{2c_p(t_0-t)}=331.1\text{m/s}$$

$$A=\dfrac{\dot{m}v}{c}=\dfrac{0.2616\times0.4155}{331.1}=0.0003283\text{m}^2=3.283\text{cm}^2$$

（3）背压升高，只要不达到临界压力，不影响喷管内的流动状态。

5-9　空气流经一渐缩喷管，在喷管内某点处压力为 $3.43\times10^5\mathrm{Pa}$、温度为 $540℃$、速度 $180\mathrm{m/s}$、截面积为 $0.003\mathrm{m^2}$，试求：（1）该点处的滞止压力；（2）该点处的声速及马赫数；（3）喷管出口处的马赫数等于 1 时，求该出口处截面积。

解： 渐缩喷管，工质为空气，参数 $\kappa=1.4,R_g=287\mathrm{J/(kg\cdot K)},c_p=\dfrac{\kappa R}{\kappa-1}=1004.5\mathrm{J/(kg\cdot K)}$

喷管内某截面参数：

$$p_1=3.43\times10^5\mathrm{Pa},\quad t_1=540℃,\quad c_1=180\mathrm{m/s},\quad A_1=0.003\mathrm{m^2}$$

（1）求滞止压力。

由能量方程计算滞止温度 $t_0=t_1+\dfrac{1}{2c_p}c_1^2=540+\dfrac{180^2}{2\times1004.5}=556.1℃$

计算滞止压力 $p_0=p_1\left(\dfrac{t_0+273.15}{t_1+273.15}\right)^{\frac{\kappa}{\kappa-1}}=3.43\times10^5\times\left(\dfrac{556.1+273.15}{540+273.15}\right)^{\frac{1.4}{1.4-1}}=$

$3.674\times10^5\mathrm{Pa}$

（2）声速及马赫数计算。

声速　$a_1=\sqrt{\kappa R_g(t_1+273.15)}=571.6\mathrm{m/s}$

马赫数　$M_1=\dfrac{c_1}{a_1}=0.3149$

（3）出口马赫数等于 1 时的截面积：

1 截面空气的比体积　$v_1=\dfrac{R_g(t_1+273.15)}{p_1}=0.6804\mathrm{m^3/kg}$

喷管质量流量为

$$\dot{m}=\dfrac{A_1c_1}{v_1}=\dfrac{0.003\times180}{0.6804}=0.7937\mathrm{kg/s}$$

出口马赫数等于 1 时，达到临界状态，出口状态参数：

压力　$p_2=p_0\beta_{cr}=3.674\times10^5\times0.528=1.94\times10^5\mathrm{Pa}$

温度　$T_2=(t_0+273.15)\left(\dfrac{p_2}{p_0}\right)^{\frac{\kappa-1}{\kappa}}=(556.1+273.15)\times\left(\dfrac{1.94}{3.674}\right)^{\frac{1.4-1}{1.4}}=691\mathrm{K}$，

$$t_2=T_2-273.15=417.75℃$$

比体积　$v_2=\dfrac{R_gT_2}{p_2}=\dfrac{287\times691}{1.94\times10^5}=1.022\mathrm{m^3/kg}$

流速　$c_2=\sqrt{2c_p(t_0-t_2)}=\sqrt{2\times1004.5\times(556.1-417.75)}=527.1\mathrm{m/s}$

出口截面积为

$$A_2=\dfrac{\dot{m}v_2}{c_2}=\dfrac{0.7937\times1.022}{527.1}=0.001539\mathrm{m^2}=15.39\mathrm{cm^2}$$

5-10　喷管进口处的空气状态参数 $p_1=0.15\mathrm{MPa}$、$t_1=27℃$、流速 $c_1=150\mathrm{m/s}$，喷管出口背压为 $p_b=0.1\mathrm{MPa}$、喷管流量为 $0.2\mathrm{kg/s}$。设空气在喷管内进行可逆绝热膨胀，试求：（1）喷管设计为什么形状（渐缩型、渐扩型、缩放型）；（2）喷管出口截面处的流速、截面积。

解： 喷管是可逆绝热过程，工质为空气。

（1）喷管的形状。

计算滞止参数。空气参数为

$$\kappa=1.4, R_g=287J/(kg \cdot K), c_p=\frac{\kappa R_g}{\kappa-1}=1004.5J/(kg \cdot K)$$

滞止温度　$t_0=t_1+\frac{1}{2c_p}c_1^2=27+\frac{150^2}{2 \times 1004.5}=38.20℃$

滞止压力　$p_0=p_1\left(\frac{t_0+273.15}{t_1+273.15}\right)^{\frac{\kappa}{\kappa-1}}=0.15 \times \left(\frac{38.2+273.15}{27+273.15}\right)^{\frac{1.4}{1.4-1}}=0.170\ 5MPa$

校核压力比　$\beta=\frac{p_b}{p_0}=\frac{0.1}{0.170\ 5}=0.586\ 4>\beta_{cr}=0.528$

空气在喷管出口可以充分膨胀，喷管应为渐缩喷管，出口压力为

$$p_2=p_b=0.1MPa$$

（2）喷管出口流速和截面积。

计算出口参数

温度　$T_2=(t_0+273.15)\left(\frac{p_2}{p_0}\right)^{\frac{\kappa-1}{\kappa}}=(38.2+273.15) \times \left(\frac{0.1}{0.170\ 5}\right)^{\frac{1.4-1}{1.4}}=267.3K,$

$$t_2=T_2-273.15=-5.833℃$$

比体积　$v_2=\frac{R_g T_2}{p_2}=\frac{287 \times 267.3}{0.1 \times 10^6}=0.767\ 2m^3/kg$

喷管出口流速　$c_2=\sqrt{2c_p(t_0-t_2)}=\sqrt{2 \times 1004.5 \times (38.2+5.833)}=297.4m/s$
或

$$c_2=\sqrt{\frac{2\kappa R_g(t_0+273.15)}{\kappa-1} \times \left[1-\left(\frac{p_2}{p_0}\right)^{\frac{\kappa-1}{\kappa}}\right]}=297.4m/s$$

喷管出口截面积　$A_2=\frac{\dot{m}v_2}{c_2}=\frac{0.2 \times 0.767\ 2}{297.4}=0.000\ 515\ 9m^2=5.159cm^2$

5-11　设计一缩放喷管，使其在出口产生马赫数 $M=4.0$、$p_2=0.1MPa$ 的空气流，其滞止温度为 $50℃$，出口面积 $A_2=6cm^2$，试计算喉部截面积及质量流量。

解： 缩放喷管，工质为空气，参数为

$$\kappa=1.4, R_g=287J/(kg \cdot K), c_p=\frac{\kappa R_g}{\kappa-1}=1004.5J/(kg \cdot K)$$

（1）已知出口截面积，可通过计算出口截面速度和比体积，再计算喷管质量流量。下面先计算喷管出口温度 T_2。

方法 1：直接由 $c_p=\frac{\kappa R_g}{\kappa-1}=1004.5$ 可得

$$T_2=\frac{t_0+273.15}{1+\frac{\kappa-1}{2}M_2^2}=\frac{50+273.15}{1+\frac{1.4-1}{2} \times 4.0^2}=76.94K$$

$$t_2=T_2-273.15=-196.2℃$$

方法 2：设出口温度为 T_2，出口速度为 c_2，则有 $\dfrac{c_2}{\sqrt{\kappa R_g T_2}}=M_2$

由能量方程 $h_0=h_2+\dfrac{1}{2}c_2^2$ 可得

$$c_p(T_0-T_2)=\frac{1}{2}M_2^2\kappa R_g T_2$$

$$T_2=\frac{T_0}{1+\dfrac{\kappa R_g M_2^2}{2c_p}} \quad \frac{T_0}{1+\dfrac{(\kappa-1)M_2^2}{2}}=76.94\text{K}$$

$$t_2=T_2-273.15=-196.2℃$$

出口比体积　$v_2=\dfrac{R_g T_2}{p_2}=\dfrac{287\times76.94}{0.1\times10^6}=0.220\,8\text{m}^3/\text{kg}$

出口流速　$c_2=M_2\sqrt{\kappa R_g T_2}=4\times\sqrt{1.4\times287\times76.94}=703.3\text{m/s}$

喷管质量流量

$$\dot{m}=\frac{A_2 c_2}{v_2}=\frac{6\times10^{-4}\times703.3}{0.220\,8}=1.911\text{kg/s}$$

（2）计算喉部的参数。喉部处于临界状态，其压力与滞止压力之比为临界压力比。先由滞止温度计算滞止压力

$$p_0=p_2\left(\frac{t_0+273.15}{T_2}\right)^{\frac{\kappa}{\kappa-1}}=0.1\times\left(\frac{50+273.15}{76.94}\right)^{\frac{1.4}{1.4-1}}=15.18\text{MPa}$$

喉部参数为

压力 $p_c=p_0\beta_{cr}=15.18\times0.528=8.017\text{MPa}$

温度 $T_c=(t_0+273.15)\beta_{cr}^{\frac{\kappa-1}{\kappa}}=(50+273.15)\times0.528^{\frac{1.4-1}{1.4}}=269.3\text{K}$，

$$t_c=T_c-273.15=-3.899℃$$

比体积　$v_c=\dfrac{R_g T_c}{p_c}=\dfrac{287\times269.3}{8.017\times10^6}=0.009\,639\text{m}^3/\text{kg}$

流速　$c_c=\sqrt{2c_p(t_0-t_c)}=\sqrt{2\times1004.5\times(50+3.899)}=329.1\text{m/s}$

（或 $c_{cr}=\sqrt{\kappa R_g T_c}=\sqrt{1.4\times287\times269.3}=328.9\text{m/s}$）

喉部截面积　$A_c=\dfrac{\dot{m}v_c}{c_c}=\dfrac{1.911\times0.009\,639}{329.1}=5.598\times10^{-5}\text{m}^2=0.56\text{cm}^2$

5-12　考虑到飞机蒙皮材料在高速时能耐受的温度而对高速飞机加一些设计限制，对于一个给定的速度，飞机蒙皮的最高耐受温度就是滞止温度。若飞机在 $t=-45℃$、$p=0.1\text{MPa}$ 的高度上飞行时，允许的最高蒙皮温度为 $370℃$，问最大飞行速度为多少？

解：计算空气的滞止温度。粗略计算可以采用定值比热容，$c_p=\dfrac{\kappa R_g}{\kappa-1}=1004.5\text{J/(kg·K)}$

由绝热滞止过程的能量方程 $h_0=h+\dfrac{1}{2}c^2$，空气视为理想气体，有 $\Delta h=c_p\Delta t$

由 $\dfrac{1}{2}c^2=c_p(t_0-t)$ 可得

$$c=\sqrt{2c_p(t_0-t)}=\sqrt{2\times1004.5\times(370+45)}=913.09\text{m/s}$$

说 明

如果采用比热容的线性关系式，$c_p=995.6+0.093t$J/(kg·K)，对于理想气体，有

$$dh=c_p dt=(995.6+0.093t)dt$$

取 0℃作为计算焓值的起点，有

$$h=\int_0^t c_p dt=\int_0^t (995.6+0.093t)dt=995.6t+\frac{0.093}{2}t^2 dt$$

由绝热滞止过程的能量方程 $h_0=h+\frac{1}{2}c^2$，可得

$$\frac{1}{2}c^2=h_0-h=995.6(t_0-t)+\frac{0.093}{2}(t_0^2-t^2)$$

$$c=\sqrt{2\left[995.6(t_0-t)+\frac{0.093}{2}(t_0^2-t^2)\right]}$$

$$=\sqrt{2\times\left\{995.6\times(370+45)+\frac{0.093}{2}\left[370^2-(-45)^2\right]\right\}}$$

$$=915.9\text{m/s}$$

此时的飞行马赫数为

$$M=\frac{c}{\sqrt{\kappa R_g(t+273.15)}}=\frac{915.9}{\sqrt{1.4\times287\times(-45+273.15)}}=\frac{915.9}{302.77}=3.025$$

5-13 设计一个小型超声速风洞，其试验段的空气流参数为 $M=2.0$、$t=-45$℃、$p=14$kPa、流动面积为 0.1m^2，此空气流是用一个高压箱的排气通过一拉伐尔喷管而建立起来的，试问在箱中要求什么样的滞止参数？所需的空气质量流量为多少？并计算喷管喉部面积。

解： 拉伐尔喷管计算。空气参数 $\kappa=1.4$，$R_g=287$J/(kg·K)。

出口流速　$c_2=M_2 a_2=M_2\sqrt{\kappa R_g T_2}=2.0\times\sqrt{1.4\times287\times(273.15-45)}=605.5$m/s

出口比体积　$v_2=\dfrac{R_g T_2}{p_2}=\dfrac{287\times(273.15-45)}{14\times10^3}=4.677\text{m}^3/\text{kg}$

质量流量　$\dot{m}=\dfrac{A_2 c_2}{v_2}=\dfrac{0.1\times605.5}{4.677}=12.95$kg/s

拉瓦尔喷管入口连接高压箱，高压箱内参数为滞止参数，即

滞止温度　$T_0=T_2\left(1+\dfrac{\kappa-1}{2}M_2^2\right)=410.7$K

　　　　　$t_0=T_0-273.15=137.5$℃

滞止压力　$p_0=p_2\left(\dfrac{T_0}{T_2}\right)^{\frac{\kappa}{\kappa-1}}=109.5$kPa

喉部为临界状态，空气临界压力比 $\beta_{cr}=0.528$

喉部参数：

压力　$p_c=p_0\beta_{cr}=57.84$kPa

温度　$T_c=T_0\beta_{cr}^{\frac{\kappa}{\kappa-1}}=342.2$K，$t_c=T_c-273.15=69.02$℃

比体积　$v_c=\dfrac{R_g T_c}{p_c}=1.698\text{m}^3/\text{kg}$

速度　$c_c=\sqrt{\kappa R_g T_c}=370.8\text{m/s}$

或　$c_p=\dfrac{\kappa R_g}{\kappa-1}=1004.5\text{J/(kg·K)}$

$$c_c=\sqrt{2c_p(t_0-t_c)}=371.0\text{m/s}$$

喉部面积为

$$A_c=\frac{\dot{m}v_c}{c_c}=0.059\,26\text{m}^2$$

5-14　空气流经渐缩喷管出口截面时，其马赫数为1、压力 $p_2=0.12\text{MPa}$、温度 $t_2=27\text{℃}$、若喷管出口截面积 $A_2=0.4\text{cm}^2$，求流经喷管的空气的质量流量。

解：介质为空气，参数为 $\kappa=1.4$，$R_g=287\text{J/(kg·K)}$。

出口达到临界状态，流速等于当地声速

$$c_2=\sqrt{\kappa R_g(t_2+273.15)}=\sqrt{1.4\times287\times(27+273.15)}=347.3\text{m/s}$$

比体积为

$$v_2=\frac{R_g(t_2+273.15)}{p_2}=\frac{287\times(27+273.15)}{0.12\times10^6}=0.717\,9\text{m}^3/\text{kg}$$

质量流量为

$$\dot{m}=\frac{A_2c_2}{v_2}=\frac{0.4\times10^{-4}\times347.3}{0.717\,9}=0.019\,35\text{kg/s}$$

5-15　有一压气机试验站，为测定流经空气压气机的流量，在储气筒上装一只出口截面积为4cm²的渐缩喷管，空气排向压力为 0.1MPa 的大气。已知储气筒中空气的压力为 0.7MPa，温度为 60℃，喷管的速度系数 $\phi=0.96$，空气的定值比热容 $c_p=1.004\text{kJ/(kg·K)}$，试求流经喷管的空气流量。

解：储气桶内的空气视为滞止状态，参数：滞止压力 $p_0=0.7\text{MPa}$、滞止温度 $t_0=60\text{℃}$。渐缩喷管背压 $p_B=0.1\text{MPa}$，如图 5-3 所示。

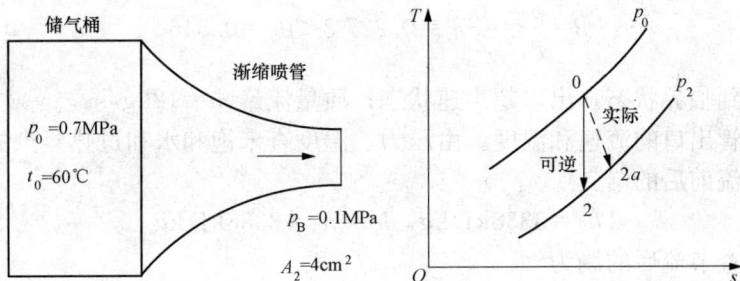

图 5-3　习题 5-15 附图

（1）校核压力比。

$$\beta=\frac{p_B}{p_0}=0.142\,9<\beta_{cr}=0.528$$

喷管出口达到临界状态，出口压力高于背压，空气不能充分膨胀。

（2）计算出口参数：

出口压力 $p_2 = p_0 \beta_{cr} = 0.7 \times 0.528 = 0.369\ 6 \text{MPa}$

定熵膨胀时的温度为

$$T_2 = (t_0 + 273.15) \beta_{cr}^{\frac{\kappa-1}{\kappa}} = (60 + 273.15) \times 0.528^{\frac{1.4-1}{1.4}} = 277.6 \text{K}$$

$$t_2 = T_2 - 273.15 = 4.433℃$$

定熵膨胀的速度为

$$c_2 = \sqrt{2c_p(t_0 - t_2)} = \sqrt{2 \times 1004(60 - 4.433)} = 334.0 \text{m/s}$$

实际出口速度为

$$c_{2a} = \psi c_2 = 334.0 \times 0.96 = 320.7 \text{m/s}$$

实际出口温度为

$$t_{2a} = t_0 - \frac{1}{2c_p} c_{2a}^2 = 60 - \frac{320.7^2}{2 \times 1004} = 8.789℃，高于可逆过程的出口温度$$

实际出口比体积为

$$v_{2a} = \frac{R_g T_{2a}}{p_2} = \frac{287 \times (8.789 + 273.15)}{0.369\ 6 \times 10^6} = 0.218\ 9 \text{m}^3/\text{kg}$$

计算质量流量。已知出口截面积 $A_2 = 4 \times 10^{-4} \text{m}^2$，则

$$\dot{m} = \frac{A_2 c_{2a}}{v_{2a}} = \frac{4 \times 10^{-4} \times 320.7}{0.218\ 9} = 0.585\ 9 \text{kg/s}$$

5-16　水蒸气的初态参数为 3.5MPa、450℃，经调节阀门节流后压力降为 2.2MPa，再进入一缩放喷管内定熵流动，出口处压力为 0.5MPa，质量流量为 12kg/s，喷管入口处初速度可略去不计。求：（1）喷管出口处的流速及温度；（2）喷管出口及喉部截面积；（3）将整个过程表示在 $h\text{-}s$ 图上。

解：水蒸气经历节流阀内的绝热节流不可逆过程和缩放喷管内的定熵膨胀可逆过程。

节流前参数压力 $p_0 = 3.5 \text{MPa}$，温度 $t_0 = 450℃$

节流后压力 $p_1 = 2.2 \text{MPa}$

喷管出口压力 $p_2 = 0.5 \text{MPa}$，则喷管出口和入口的压力比为

$$\beta = \frac{p_2}{p_1} = \frac{0.5}{2.2} = 0.227\ 3 < \beta_{cr} = 0.546$$

喷管喉部达到临界状态，出口超声速状态；质量流量 $\dot{m} = 12 \text{kg/s}$。

（1）计算喷管出口的流速和温度。由压力、温度查未饱和水和过热蒸汽的热力性质表或焓熵图，确定节流前后的焓：

$$h_0 = 3338 \text{kJ/kg}, \quad h_1 = h_0 = 3338 \text{kJ/kg}$$

由焓和压力查节流后的熵为

$$s_1 = 7.215\ 3 \text{kJ/(kg} \cdot \text{K)}$$

喷管出口的熵与入口相等，即

$$s_2 = s_1 = 7.215\ 3 \text{kJ/(kg} \cdot \text{K)}$$

由节流后的压力和熵查喷管出口的温度和焓为

$$t_2 = 235.82℃, \quad h_2 = 2932 \text{kJ/kg}$$

计算喷管出口的流速：

$$c_2 = \sqrt{2(h_1 - h_2)} = \sqrt{2 \times (3338 - 2932) \times 10^3} = 901 \text{m/s}$$

（2）由出口压力和熵查出口的比体积 $v_2 = 0.460\ 6\text{m}^3/\text{kg}$

计算出口截面积：

$$A_2 = \frac{\dot{m}v_2}{c_2} = \frac{12 \times 0.460\ 6}{901} = 0.006\ 135\text{m}^2 = 61.35\text{cm}^2$$

拉瓦尔喷管喉部压力 $p_c = p_1\beta_{cr} = 2.2 \times 0.546 = 1.201\text{MPa}$

焓 $h_c = 3155\text{kJ/kg}$

比体积 $v_c = 0.234\ 6\text{m}^3/\text{kg}$

流速 $c_c = \sqrt{2(h_1 - h_c)} = \sqrt{2 \times (3338 - 3155) \times 10^3} = 604.5\text{m/s}$

截面积 $A_c = \frac{\dot{m}v_c}{c_c} = \frac{12 \times 0.234\ 6}{604.5} = 0.004\ 657\text{m}^2 = 46.57\text{cm}^2$

（3）过程在 $h\text{-}s$ 图上的表示（见图 5-4，实际参数参见图 5-5）。

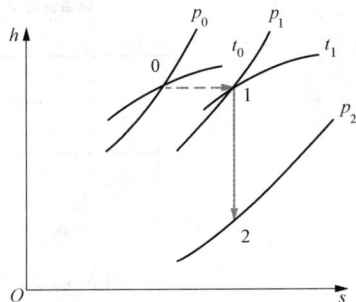

图 5-4　习题 5-16 附图一
蒸汽节流后定熵流动

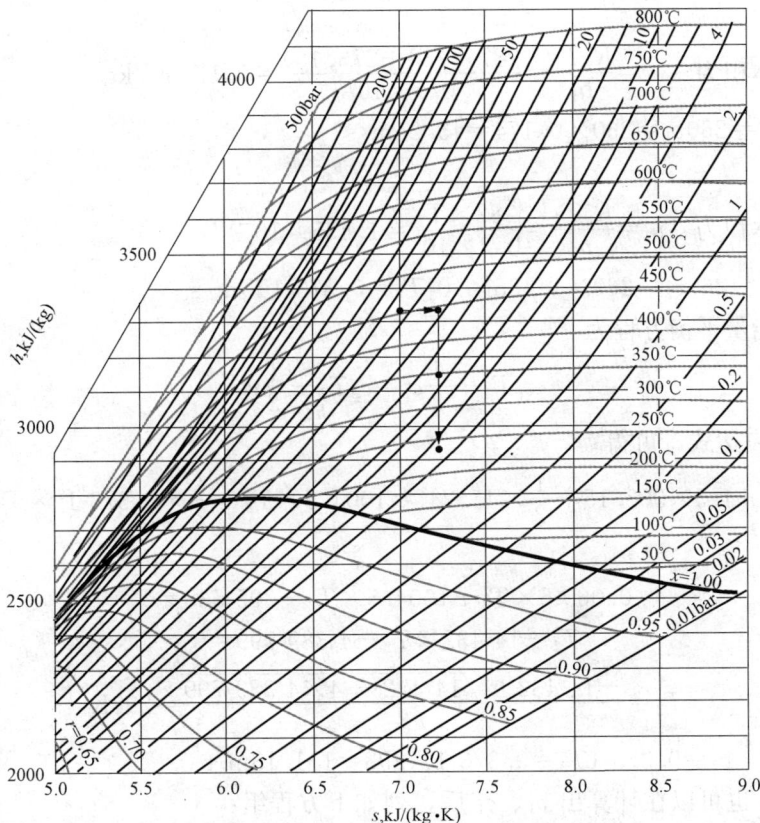

图 5-5　习题 5-16 附图二　蒸汽节流后定熵流动

5-17 空气以 $260\text{kg/(m}^2 \cdot \text{s)}$ 的质量流率（单位面积上的质量流量）在一等截面管道内作稳定绝热流动。已知在某一截面上的压力为 0.5MPa，温度为 $30℃$，下游另一截面上的压力为 0.2MPa。若比热容为定值，且 $c_p = 1.004\text{kJ/(kg} \cdot \text{K)}$，求下游截面上空气的流速是多大？

解： 分析：等截面管道内的绝热流动，压力下降，但是截面的变化不能满足喷管流动的要求，流动不是可逆过程。稳定流动时，两个截面的质量流量相同，截面积相等，因此质量流率相同；绝热流动时，两截面焓相等（见图 5-6）。

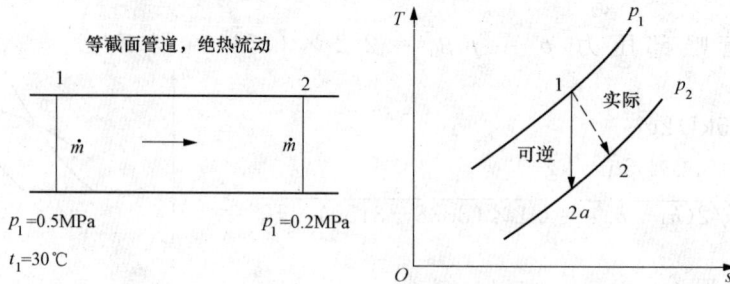

图 5-6 习题 5-17 附图 空气在等截面管道内的绝热流动

$$\frac{\dot{m}}{A} = \frac{c_2}{v_2} = \frac{c_1}{v_1} = 260 \text{kg/(m}^2 \cdot \text{s)}$$

1 截面

空气的比体积为 $v_1 = \dfrac{R_g T_1}{p_1} = \dfrac{287 \times (30 + 273.15)}{0.5 \times 10^6} = 0.174 \text{m}^3/\text{kg}$

流速为 $c_1 = 260 v_1 = 260 \times 0.174 = 45.24 \text{m/s}$

2 截面

空气的比体积为 $v_2 = \dfrac{R_g T_2}{p_2} = \dfrac{287 \times T_2}{0.2 \times 10^6} = 1.435 \times 10^{-3} T_2$

流速为 $c_2 = 260 v_2 = 260 \times 1.435 \times 10_3 T_2 = 0.373\,1 T_2 \text{m/s}$

两截面的能量平衡方程为

$$c_p T_1 + \frac{1}{2} c_1^2 = c_p T_2 + \frac{1}{2} c_2^2$$

代入 c_2 的表达式，可得

$$1004.5 \times 303.15 + \frac{1}{2} \times 45.24^2 = 1004.5 \times T_2 + \frac{1}{2} \times 0.373\,1^2 \times T_2^2$$

整理得

$$0.069\,6 \times T_2^2 + 1004.5 \times T_2 - 305\,538 = 0$$

$$T_2^2 + 14\,432 \times T_2 - 4\,389\,799 = 0$$

$$T_2 = \frac{-14\,432 \pm \sqrt{14\,432^2 + 4 \times 4\,389\,799}}{2} = 298 \text{K}$$

2 截面流速 $c_2 = 0.373\,1 T_2 = 0.373\,1 \times 298 = 111.18 \text{m/s}$

补充说明：也可以在计算出 v_1、c_1 后，列如下方程组：

$$\begin{cases} \dfrac{c_2}{v_2} = \dfrac{c_1}{v_1} = 260 \\[2mm] c_p t_1 + \dfrac{1}{2} c_1^2 = c_p t_2 + \dfrac{1}{2} c_2^2 \\[2mm] v_2 = \dfrac{R_g (t_2 + 273.15)}{p_2} \end{cases}$$

三个方程，c_2、t_2、v_2 三个未知数，同样可以解出

$$T_2 = \frac{(0-c_p)+\sqrt{c_p^2+2\left(\frac{260R_g}{p_2}\right)^2\left(c_pT_1+\frac{1}{2}c_1^2\right)}}{\left(\frac{260R_g}{p_2}\right)^2} = 298\text{K}$$

$$v_2 = \frac{R_gT_2}{p_2} = 0.427\ 6\text{m}^3/\text{kg}$$

$$c_2 = 260v_2 = 111.18\text{m/s}$$

5-18　蒸发量 $D=500\text{t/h}$ 的锅炉，对外供给压力 $p=10\text{MPa}$、干度 $x=0.95$ 的湿饱和蒸汽。为了防备外界停止用汽时锅炉压力过高而发生事故，在汽包上共装有两只安全阀，要求在外界突然完全停止用汽时，足以保证将锅炉产生的蒸汽排出，从而保证锅炉内压力不变。安全阀的结构如图 5-7 所示，可以近似将安全阀当作一个拉伐尔喷管来处理。如果大气压力为 0.1MPa，并设湿饱和蒸汽的临界压比为 0.577，不计流动过程中的摩擦阻力，试求安全阀的最小截面面积。

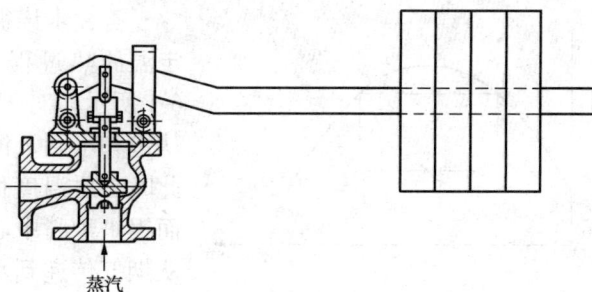

图 5-7　安全阀的结构

解：外界完全不用蒸汽时，单个安全阀的流量

$$\dot{m} = \frac{500}{2} \times \frac{1000}{3600} = 69.44\text{kg/s}$$

蒸汽参数：

压力 $p_1=10\text{MPa}$，干度 $x_1=0.95$

查饱和水和水蒸气热力性质表，根据饱和水、干饱和蒸汽参数以及干度计算得

焓　$h_1=2659.6\text{kJ/kg}$

熵　$s_1=5.503\ 1\text{kJ/(kg}\cdot\text{K)}$

大气压力 $p_B=0.1\text{MPa}$，出口、入口压力比 $\beta=\dfrac{p_B}{p_1}=0.01$，远小于临界压力比，阀门最小截面达到临界状态，临界压力比 $\beta_{cr}=0.577$，按可逆绝热过程，最小截面参数为

压力　$p_c=p_1\beta_{cr}=5.77\text{MPa}$

熵　$s_2=s_1=5.503\ 1\text{kJ/(kg}\cdot\text{K)}$

焓　$h_c=2565.6\text{kJ/kg}$

比体积　$v_c=0.029\ 3\text{m}^3/\text{kg}$

计算最小截面流速

$$c_c = \sqrt{2(h_1-h_c)} = \sqrt{2\times(2659.6-2565.6)\times10^3} = 433.6\text{m/s}$$

最小截面面积为

$$A_c = \frac{\dot{m}v_c}{c_c} = 0.004\ 693\text{m}^2 = 46.93\text{cm}^2$$

第六章 动 力 装 置 循 环

思考题参考答案

6-1 在相同温限之间卡诺循环的热效率最高，为什么蒸汽动力循环不采用卡诺循环？

思考题 6-1 附图
水蒸气的卡诺循环

答：卡诺循环是由定温吸热过程、绝热膨胀过程、定温放热过程、绝热压缩过程组成的可逆循环。如图 6-1 所示，对于蒸汽动力循环，在临界压力以下，只有从饱和水到干饱和蒸汽区间易于实现定温吸热过程，但此时工质温度低于临界温度，即在 $t_{cr}=373.99℃$ 以下，而锅炉炉膛中心的火焰温度通常为 900～1100℃，热量从烟气传递到水蒸气的过程中存在很大的传热温差，造成很大的做功能力损失，循环热效率较低。同时，干饱和水蒸气经过绝热膨胀过程 1—2 后将处于湿蒸汽状态，对于汽轮机运行不利。为了提高循环热效率，需要将干饱和蒸汽继续加热到过热蒸汽，这个加热过程蒸汽温度会升高，若锅炉炉膛温度不变，则传热温差减小，过程不可逆性减小，循环热效率提高。同时过热蒸汽的绝热膨胀过程对于汽轮机的运行更为有利。此外，乏汽经过过程 2—3 并没有完全凝结成水，汽水混合物的压缩过程 3—4 不易实现。

6-2 实现朗肯循环需要哪几个主要设备？画出朗肯循环的系统图，并在 $p\text{-}v$ 图和 $T\text{-}s$ 图上表示出来。

答：如图 6-2 所示，1—2 汽轮机，工质绝热膨胀做功，输出轴功 W_t；

2—2′凝汽器，工质定压放热凝结成饱和水，放出热量 Q_2；

2′—3 给水泵，工质绝热增压，输入轴功 W_P；

3—1 锅炉，工质定压加热，从过冷水加热到饱和水、湿蒸汽、干饱和蒸汽、过热蒸汽，吸热 Q_1。

6-3 中间再热的主要作用是什么？如何选择再热压力才能使再热循环的热效率比初终参数相同而无再热的机组效率高？

答：中间再热的主要作用是解决单独提高蒸汽初压产生的乏汽湿度过大的问题。如果再热压力选择适当，也可以提高循环热效率。若要使再热循环热效率提高，再热平均温度至少要高于无再热时朗肯循环的吸热平均温度。通常再热压力选择为初始压力的 20％～30％，循环热效率可以提高 2％～3.5％。

6-4 在计算再热循环时，发现一个现象，即再热后蒸汽的焓值比主蒸汽的焓值还要高，如 14MPa、550℃ 时主蒸汽的焓为 3458.7kJ/kg，而 5MPa、550℃ 的再热蒸汽的焓为 3548kg/kg。既然如此，为什么还要发展高参数火电机组？

答：尽管再热后蒸汽的焓值可能高于主蒸汽的焓值，但 5MPa、550℃ 的朗肯循环的热效率远低于 14MPa、550℃ 时热效率，所以发展高参数的火电机组仍然是提高火电机组热效率的重要途径，而再热则是在高参数的基础上，提高乏汽干度和进一步提高循环热效率的方法。

图 6-2　思考题 6-2 附图
(a) 朗肯循环系统图（设备简图）；(b) 朗肯循环 T-s 图；
(c) 朗肯循环的 p-v 图

6-5 蒸汽动力循环热效率不高的原因是凝汽器对环境放出大量的热，能否取消凝汽器，而直接将乏汽升压再送回锅炉加热，这样不就可以大幅度地提高循环的热效率了吗？

答：不能取消凝汽器。乏汽不经过放热是无法完成工质循环、无法回到锅炉入口状态的，这违反热力学第二定律。将乏汽压缩至汽轮机入口状态所消耗的功大于蒸汽在汽轮机内的膨胀做功。

从热力学第二定律可知，要提高循环的热效率，一是提高高温热源的温度，降低低温热源的温度；二是减少过程的不可逆性，减少过程的孤立系熵增。

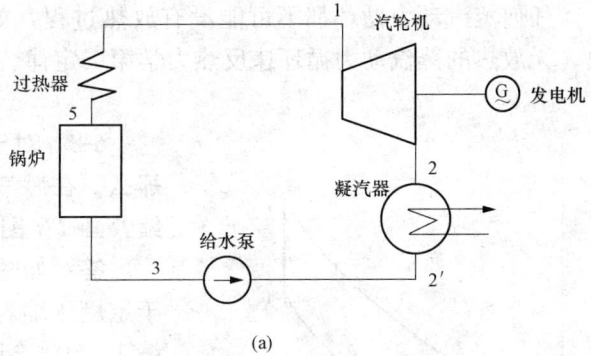

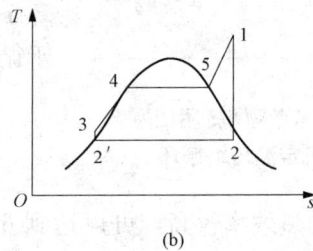

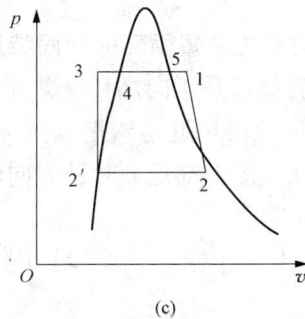

6-6 回热是什么意思？为什么回热能提高循环的热效率？

答：回热就是用汽轮机中做过部分功的蒸汽加热锅炉给水。回热可以提高循环平均吸热温度，从而提高循环的热效率。

6-7 能否在汽轮机中将全部蒸汽逐级抽出来用于回热，这样就可以取消凝汽器，从而提高循环的热效率？

答：不能。将全部蒸汽抽出用于回热等价于使全部蒸汽定压放热，进入汽轮机做功量将为 0，将没有工质完成热力循环。尽管理论上抽汽回热级数越多越好、将锅炉给水加热的温度越高越好，但实际上由于设备复杂、过程不可逆性等原因，回热通常是将锅炉给水加热到接近饱和温度，如果加热到更高温度所获得的收益往往小于代价。

任何蒸汽动力循环都不可能没有放热过程，如蒸汽全部抽出，抽出的蒸汽没有加热对象；无放热的蒸汽动力循环违反热力学第二定律。

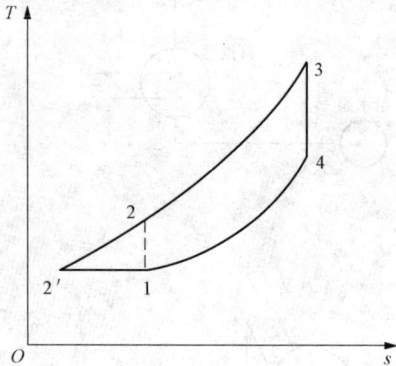

图 6-3　思考题 6-8 附图
燃气轮机定温压缩循环

6-8　对于压气机而言，定温压缩优于定熵压缩，那么，在燃气轮机装置循环中，是否也应采用定温压缩？画 *T-s* 图分析。

答：如图 6-3 所示，对于压气机，定温压缩耗功少于定熵压缩耗功。但在燃气轮机循环中，采用定温压缩 $1—2'$ 将会降低循环的吸热平均温度，或者说相当于在原有定熵压缩循环 $1—2—3—4—1$ 的基础上附加了循环 $1—2'—2—1$，这个附加的循环的热效率较低，无助于循环热效率的提高。

6-9　燃气轮机用于动力循环有何优点？

答：燃气轮机的启停速度快，适合于调峰；燃气-蒸汽联合循环的热效率较高，可以达到 60% 以上。但燃气轮机发电的成本较高；燃气轮机机组耗水少、占地少、建设周期短。

6-10　试简述动力装置循环的共同特点。

答：动力装置循环是正向循环，共同的特点是：经过一个循环，工质从高温热源吸收热量 q_1，向低温热源放出热量 q_2，把 $w_0 = q_1 - q_2$ 的热量转变成功对外输出；可逆的动力装置循环在 $p\text{-}v$ 图和 $T\text{-}s$ 图上都是顺时针方向的循环。

习 题 参 考 答 案

6-1　朗肯循环中，汽轮机入口参数为：$p_1 = 12\text{MPa}$、$t_1 = 540℃$。试计算乏汽压力分别为 0.005、0.01MPa 和 0.1MPa 时的循环热效率。通过比较计算结果，说明什么问题？

解：按理想朗肯循环，不计泵功，如图 6-4 所示。汽轮机入口参数为

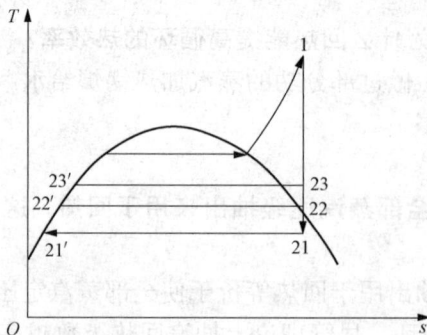

图 6-4　习题 6-1 附图　不同乏汽压力条件下的朗肯循环

压力 $p_1 = 12\text{MPa}$、温度 $t_1 = 540℃$，过热蒸汽状态，查汽轮机入口焓和熵

$$h_1 = 3455.8\text{kJ/kg}, \quad s_1 = 6.623\ 7\text{kJ/(kg}\cdot\text{K)}$$

汽轮机出口参数（三组），入口到出口为定熵过程

$$p_{21} = 0.005\text{MPa}, \quad s_{21} = s_1 = 6.623\ 7\text{kJ/(kg}\cdot\text{K)}$$

$$p_{22} = 0.01\text{MPa}, \quad s_{22} = s_1 = 6.623\ 7\text{kJ/(kg}\cdot\text{K)}$$

$$p_{23} = 0.1\text{MPa}, \quad s_{23} = s_1 = 6.623\ 7\text{kJ/(kg}\cdot\text{K)}$$

查饱和水和水蒸气热力性质表，三组乏汽压力下的饱和水和饱和水蒸气参数分别为

① 　　　　　$h'_{21} = 137.72\text{kJ/kg}, \quad h''_{21} = 2560.55\text{kJ/kg}$

　　　　　$s'_{21} = 0.476\ 1\text{kJ/(kg}\cdot\text{K)}, \quad s''_{21} = 8.393\text{kJ/(kg}\cdot\text{K)}$

② 　　　　　$h'_{22} = 191.76\text{kJ/kg}, \quad h''_{22} = 2583.72\text{kJ/kg}$

　　　　　$s'_{22} = 0.649\text{kJ/(kg}\cdot\text{K)}, \quad s''_{22} = 8.148\ 1\text{kJ/(kg}\cdot\text{K)}$

③ 　　　　　$h'_{23} = 417.52\text{kJ/kg}, \quad h_{23}'' = 2675.14\text{kJ/kg}$

　　　　　$s_{23}' = 1.302\ 8\text{kJ/(kg}\cdot\text{K)}, \quad s''_{23} = 7.358\ 9\text{kJ/(kg}\cdot\text{K)}$

比较出口的熵可见，三种乏汽压力下汽轮机出口蒸汽都处于湿蒸汽状态，干度分别为

$$x_{21} = \frac{s_{21} - s'_{21}}{s''_{21} - s'_{22}} = \frac{6.623\ 7 - 0.476\ 1}{8.393 - 0.476\ 1} = 0.776\ 5$$

$$x_{22} = \frac{s_{22} - s'_{22}}{s''_{22} - s'_{22}} = \frac{6.623\ 7 - 0.649}{8.148\ 1 - 0.649} = 0.829\ 9$$

$$x_{23} = \frac{s_{23} - s'_{23}}{s''_{23} - s'_{23}} = \frac{6.623\ 7 - 1.302\ 8}{7.358\ 9 - 1.302\ 8} = 0.878\ 6$$

分别计算汽轮机出口焓（也可以在焓熵图上查取）：

$$h_{21} = x_{21}h''_{21} + (1 - x_{21})h'_{21} = 0.776\ 5 \times 2560.55 + (1 - 0.776\ 5) \times 137.72 = 2019\text{kJ/kg}$$

$$h_{22} = x_{22}h''_{22} + (1 - x_{22})h'_{22} = 0.829\ 9 \times 2583.72 + (1 - 0.829\ 9) \times 191.76 = 2097.4\text{kJ/kg}$$

$$h_{23} = x_{23}h''_{23} + (1 - x_{23})h'_{23} = 0.878\ 6 \times 2675.14 + (1 - 0.878\ 6) \times 417.52 = 2400.9\text{kJ/kg}$$

计算三个背压对应的循环热效率

$$\eta_{t1} = \frac{h_1 - h_{21}}{h_1 - h'_{21}} = 0.433, \quad \eta_{t2} = \frac{h_1 - h_{22}}{h_1 - h'_{22}} = 0.416\ 2, \quad \eta_{t3} = \frac{h_1 - h_{23}}{h_1 - h'_{23}} = 0.347\ 2$$

可见，随着背压增高，循环热效率下降。

6-2 朗肯循环中，汽轮机入口初温 $t_1 = 540℃$、乏汽压力 0.008MPa，试计算当初压 p_1 分别为 5MPa 和 10MPa 时的循环热效率及乏汽干度。

解：如图 6-5 所示，朗肯循环，初温 $t_1 = 540℃$、背压 $p_2 = 0.008\text{MPa}$，初压分别为 $p_{11} = 5\text{MPa}$、$p_{12} = 10\text{MPa}$。

乏汽压力所对应的饱和水和干饱和水蒸气参数为

$$h'_2 = 173.81, \quad h''_2 = 2576.06$$

$$s'_2 = 0.592\ 4, \quad s''_2 = 8.226\ 6$$

初压①

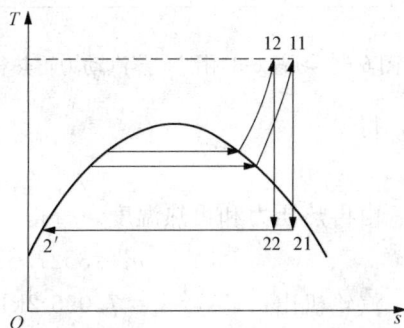

图 6-5　习题 6-2 附图

不同蒸汽初压条件下的朗肯循环

汽轮机入口处于过热蒸汽状态，查未饱和水和过热蒸汽的热力性质表可得

$$h_{11}=3527.5\text{kJ/kg}, \quad s_{11}=7.095\ 2\text{kJ/(kg}\cdot\text{K)}$$

汽轮机出口 $s_{21}=s_{11}=7.095\ 2$，$s_2'<s_{21}<s_2''$，出口处于湿蒸汽状态

$$x_{21}=\frac{s_{21}-s_2'}{s_2''-s_2'}=\frac{7.095\ 2-0.592\ 4}{8.226\ 6-0.592\ 4}=0.851\ 8$$

$$h_{21}=x_{21}h_2''+(1-x_{21})h_2'=2220\text{kJ/kg}$$

初压②

$$h_{12}=3477\text{kJ/kg}, \quad s_{12}=6.727\ 7\text{kJ/(kg}\cdot\text{K)}$$

汽轮机出口 $s_{22}=s_{12}=6.727\ 7$，$s_2'<s_{22}<s_2''$，出口处于湿蒸汽状态

$$x_{22}=\frac{s_{22}-s_2'}{s_2''-s_2'}=\frac{6.727\ 7-0.592\ 4}{8.226\ 6-0.592\ 4}=0.830\ 6$$

$$h_{22}=x_{22}h_2''+(1-x_{22})h_2'=2104\text{kJ/kg}$$

计算循环热效率

$$\eta_{t1}=\frac{h_{11}-h_{21}}{h_{11}-h_2'}=0.389\ 9$$

$$\eta_{t2}=\frac{h_{12}-h_{22}}{h_{12}-h_2'}=0.415\ 7$$

循环初压升高，循环热效率提高，但乏汽干度下降。

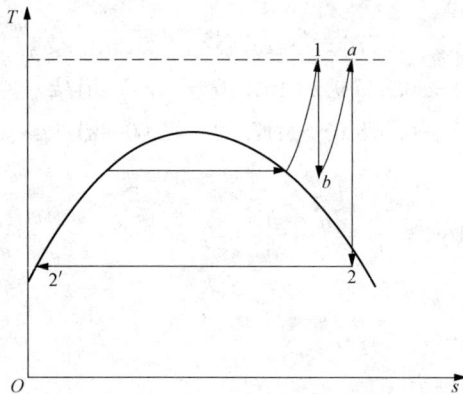

图 6-6 习题 6-3 附图 蒸汽动力再热循环

6-3 某再热循环，其新汽参数为 $p_1=12\text{MPa}$、$t_1=540℃$，再热压力为 5MPa，再热后的温度为 540℃，乏汽压力为 $p_2=6\text{kPa}$，设汽轮机功率为 125MW，循环水在凝汽器中的温升为 10℃。不计水泵耗功。求循环热效率、蒸汽流量和流经凝汽器的循环冷却水的流量。

解：再热循环如图 6-6 所示。

查由初压力和温度查未饱和水和过热蒸汽表，得

$$h_1=3456\text{kJ/kg}, \quad s_1=6.623\ 7\text{kJ/(kg}\cdot\text{K)}$$

由 $s_b=s_1=6.623\ 7\text{kJ/(kg}\cdot\text{K)}$ 和再热压力，得

$$h_b=3180\text{kJ/kg}$$

由再热压力和再热温度，查得

$$h_a=3527.5\text{kJ/kg}, \quad s_a=7.095\ 2\text{kJ/(kg}\cdot\text{K)}$$

汽轮机出口，$s_2=s_a=7.095\ 2\text{kJ/(kg}\cdot\text{K)}$，乏汽压力对应的参数为

$$s_2'=0.520\ 8\text{kJ/(kg}\cdot\text{K)}, \quad s_2''=8.328\ 3\text{kJ/(kg}\cdot\text{K)}$$

$$h_2'=151.47\text{kJ/kg}, \quad h_2''=2566.48\text{kJ/kg}$$

乏汽处于湿蒸汽状态

$$x_2 = \frac{s_2 - s'_2}{s''_2 - s'_2} = \frac{7.095\,2 - 0.520\,8}{8.328\,3 - 0.520\,8} = 0.842$$

$$h_2 = x_2 h''_2 + (1-x_2) h'_2 = 2185\text{kJ/kg}$$

（1）循环热效率　$\eta_\text{t} = \dfrac{(h_1 - h_\text{b}) + (h_\text{a} - h_2)}{(h_1 - h'_2) + (h_\text{a} - h_\text{b})} = 0.443\,2 \times 100\% = 44.32\%$

（2）单位质量工质做功量　$w_\text{T} = (h_1 - h_\text{b}) + (h_\text{a} - h_2) = 1619\text{kJ/kg}$

汽轮机功率　$P = 125 \times 10^3 \text{kW}$

蒸汽流量　$D = \dfrac{P}{w_\text{T}} = \dfrac{125 \times 10^3}{1619} = 77.23\text{kg/s} = 278\text{t/h}$

（3）放热量　$Q_2 = D(h_2 - h'_2) = 1.571 \times 10^5 \text{kW}$

题目中没有给出循环水的具体温度，由乏汽压力为 $p_2 = 6\text{kPa}$ 可知，凝汽器内温度为 36.166℃，循环水用于冷却凝汽器，这里可估计循环水出口温度为 35℃，则入口温度为 25℃，平均温度 30℃，水的比热容 $c_p = 4.174\text{kJ/(kg·K)}$，温升 10℃，由能量平衡方程 $\dot{m}c_p \Delta t = Q_2$　可得循环水流量为

$$\dot{m} = \frac{Q_2}{c_p \Delta} = \frac{1.571 \times 10^5}{4.174 \times 10} = 3763\text{kg/s} = 1.354\,9 \times 10^4 \text{t/h}$$

6-4　水蒸气绝热稳定流经一汽轮机，入口 $p_1 = 10\text{MPa}$、$t_1 = 510℃$，出口 $p_2 = 10\text{kPa}$、$x_2 = 0.9$，如果质量流量为 100kg/s，求汽轮机的相对内效率及输出功率。

解：如图 6-7 所示，汽轮机内的绝热稳定流动，入口参数为 $p_1 = 10\text{MPa}$、$t_1 = 510℃$，出口压力 $p_2 = 10\text{kPa}$、乏汽干度 $x_{2\text{a}} = 0.9$、质量流量 $\dot{m} = 100\text{kg/s}$。

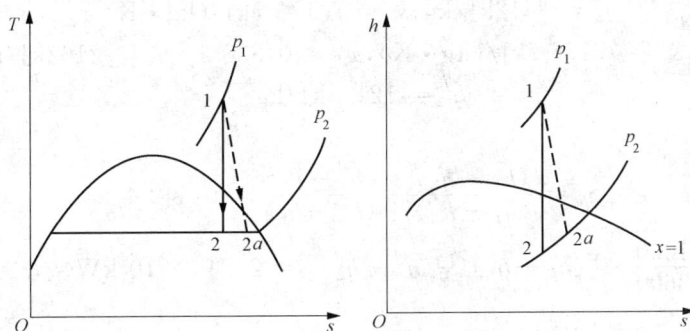

图 6-7　习题 6-4 附图　水蒸气在汽轮机内绝热膨胀过程的 T-s 图和 h-s 图

汽轮机入口蒸汽为过热蒸汽，查未饱和水和过热蒸汽热力性质表，得

$$h_1 = 3401\text{kJ/kg}, \quad s_1 = 6.632\,4\text{kJ/(kg·K)}$$

如果汽轮机内是可逆绝热过程，则有 $s_2 = s_1 = 6.632\,4$，压力 $p_2 = 10\text{kPa}$ 下饱和水和干饱和蒸汽的参数为

$$s' = 0.649\,0\text{kJ/(kg·K)}, \quad s'' = 8.148\,1\text{kJ/(kg·K)}$$

$$h' = 191.76\text{kJ/kg}, \quad h'' = 2583.72\text{kJ/kg}$$

计算理想情况下汽轮机出口乏汽的干度和焓

$$x_2 = \frac{6.632\,4 - 0.649}{8.148\,1 - 0.649} = 0.787\,88$$

$$h_2 = x_2 h'' + (1-x_2)h' = 2100\text{kJ/kg}$$

实际汽轮机出口乏汽的焓为

$$h_{2a} = x_{2a} h'' + (1-x_{2a})h' = 2345\text{kJ/kg}$$

汽轮机的相对内效率为

$$\eta_{ri} = \frac{h_1 - h_{2a}}{h_1 - h_2} = 0.811\,7$$

汽轮机的输出功率为

$$\dot{P}_{act} = \dot{m}(h_1 - h_{2a}) = 1.056 \times 10^5\,\text{kW} = 105.6\text{MW}$$

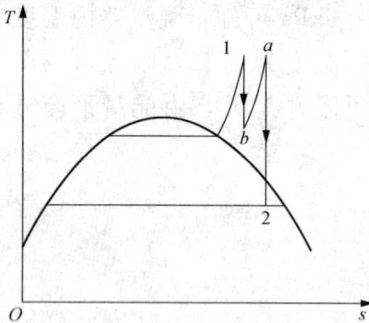

图 6-8 习题 6-5 附图 再热循环

6-5 汽轮机理想动力装置，其新汽参数为 $p_1 =$ 12MPa、$t_1 = 480℃$，采用一次再热，再热压力为 $p_a =$ 3MPa，再热后的温度为 480℃，乏汽压力为 $p_2 = 4\text{kPa}$，蒸汽流量为 500t/h，不计水泵耗功。求循环热效率及机组的功率。

解：理想再热循环如图 6-8 所示，新汽参数 $p_1 =$ 12MPa，$t_1 = 480℃$，再热压力 $p_b = 3\text{MPa}$，再热温度 $t_a = 480℃$，乏汽压力 $p_2 = 4\text{kPa}$，蒸汽流量 $D = 500\text{t/h}$。

查水蒸气表或焓熵图，得

$$h_1 = 3295\text{kJ/kg}, \quad s_1 = 6.418\,5\text{kJ/(kg} \cdot \text{K)}$$

$$h_b = 2926\text{kJ/kg}, s_b = s_1 = 6.418\,5\text{kJ/(kg} \cdot \text{k)}$$

$$h_a = 3412\text{kJ/kg}, s_a = 7.176\,7\text{kJ/(kg} \cdot \text{K)}$$

$$s_2 = s_a = 7.176\,7\text{kJ/(kg} \cdot \text{K)}, x_2 = 0.838\,9 \quad h_2 = 2162\text{kJ/kg}$$

$$h_2' = 121.4\text{kJ/kg}$$

循环热效率

$$\eta_r = \frac{(h_1 - h_b) + (h_a - h_2)}{(h_1 - h_2') + (h_a - h_b)} = 0.442\,4$$

$$\dot{P} = D \times \frac{1000}{3600} \times [(h_1 - h_b) + (h_a - h_2)] = 2.249 \times 10^5\,\text{kW} = 224.9\text{MW}$$

6-6 汽轮机理想动力装置，功率为 125MW，其新汽参数为 $p_1 = 10\text{MPa}$、$t_1 = 500℃$，采用一次抽汽回热，抽汽压力为 2MPa，乏汽压力为 $p_2 = 10\text{kPa}$，不计水泵耗功。求循环热效率、主蒸汽流量、理想热耗率、煤耗率。

解：一次抽汽回热理想循环如图 6-9 所示。

查水蒸气表或焓熵图，得

$$h_1 = 3375\text{kJ/kg}, \quad s_1 = 6.599\text{kJ/(kg} \cdot \text{K)}$$

$$s_{01} = s_1 = 6.599\text{kJ/(kg} \cdot \text{K)}, \quad h_{01} = 2931\text{kJ/kg}$$

$$s_2 = s_1 = 6.599\text{kJ/(kg} \cdot \text{K)}, h_2 = 2090\text{kJ/kg}, x_2 = 0.793\,4$$

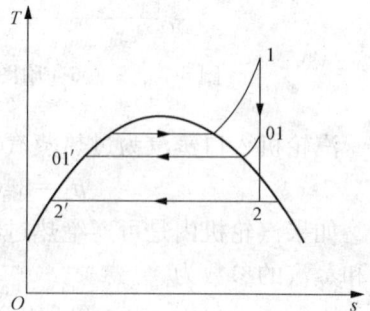

图 6-9 习题 6-6 附图
一次抽汽回热循环

$$h'_{01} = 908.6\text{kJ/kg}, h'_2 = 191.8\text{kJ/kg}$$

由能量平衡方程 $\alpha(h_{01} - h'_{01}) = (1-\alpha)h'_{01} - h'_2$，计算抽汽量

$$\alpha = \frac{h'_{01} - h_2}{h_{01} - h'_2} = 0.261\ 7\text{kg/kg}$$

循环功（不计泵功） $\quad w_T = (h_1 - h_{01}) + (1-\alpha)(h_{01} - h_2) = 1065\text{kJ/kg}$

循环吸热量 $\quad q_1 = h_1 - h'_{01} = 2466\text{kJ/kg}$

循环热效率 $\quad \eta_t = \dfrac{w_T}{q_1} = 0.431\ 8$

主蒸汽流量 $\quad D = \dfrac{P}{w_T} = \dfrac{125 \times 10^3}{1065} = 117.4\text{kg/s} = 117.4 \times \dfrac{1000}{3600} = 32.61\text{t/h}$

汽耗率 $\quad d_0 = \dfrac{3600}{w_T} = 3.381\text{kg/kWh}$

理想热耗率 $\quad q_0 = d_0 q_1 = 2466 \times 3.381 = 8338\text{kJ/kWh}$

煤耗率 $\quad b_0 = \dfrac{q_0}{29.308} = 284.5\text{g/kWh}$

6-7 按照朗肯循环运行的电厂装有一台功率为 5MW 的背压式汽轮机，其蒸汽初、终参数为：$p_1 = 5\text{MPa}$、$t_1 = 450℃$、$p_2 = 0.6\text{MPa}$。排汽送到用户，返回时变成 p_2 下的饱和水送回锅炉。若锅炉效率 $\eta_b = 0.85$，燃料低位发热量为 26 000kJ/kg，试求锅炉每小时的燃料消耗量及每小时供热量。

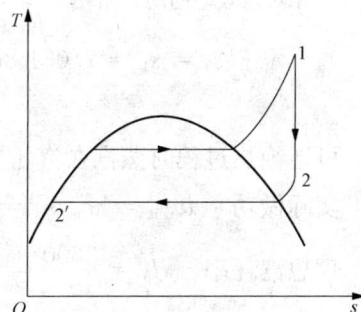

图6-10 习题 6-7
背压式朗肯循环

解： 背压式汽轮机，朗肯循环如图 6-10 所示。

查水蒸气表或焓熵图，得

$h_1 = 3317\text{kJ/kg}, s_1 = 6.820\ 8\text{kJ/(kg·K)}, s_2 = s_1 = 6.820\ 8\text{kJ/(kg·K)}$

$p_2 = 0.6\text{MPa}$ 对应的饱和水和干饱和蒸汽的参数为

$$s' = 1.931\ 5\text{kJ/(kg·K)}, s'' = 6.760\ 0\text{kJ/(kg·K)}$$

可得，$s_2 > s''$，汽轮机出口蒸汽处于过热蒸汽状态。

$$h_2 = 2783\text{kJ/kg}, h'_2 = 670.5\text{kJ/kg}, v'_2 = 0.001\ 100\ 6\text{m}^3/\text{kg}$$

汽轮机功 $\quad w_T = h_1 - h_2 = 534.0\text{kJ/kg}$

水泵功 $\quad w_P = v'_2(p_1 - p_2) = 0.001\ 100\ 6 \times (5 - 0.6) \times 10^3 = 4.840\text{kJ/kg}$

循环功 $\quad w_{net} = w_T - w_P = 529.2\text{kJ/kg}$

循环吸热量 $\quad q_1 = h_1 - h'_2 + w_P = 2651\text{kJ/kg}$

循环放热量 $\quad q_2 = h_2 - h'_2 = 2113\text{kJ/kg}$

蒸汽流量 $\quad \dot{m} = \dfrac{P}{w_{net}} = \dfrac{5 \times 10^3}{529.2} = 9.449\text{kg/s}$

锅炉燃料消耗量

$$\dot{m}_{coal} = \frac{\dot{m}q_1}{\eta_b q_{coal}} \times \frac{3600}{1000} = \frac{9.449 \times 2651}{0.85 \times 26\,000} \times \frac{3600}{1000} = 4.081 \text{t/h}$$

供热量

$$Q_2 = \dot{m}q_2 \times 3600 = 7.186 \times 10^7 \text{kJ/h}$$

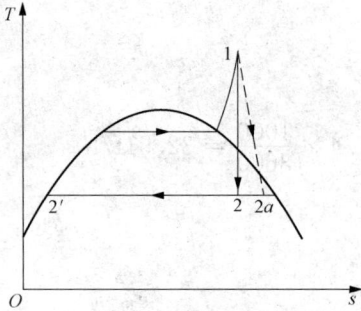

图 6-11 习题 6-8 考虑汽轮机
相对内效率的朗肯循环

6-8 某发电厂汽轮机进汽压力 $p_1 = 4\text{MPa}$、温度 $t_1 = 480℃$、汽轮机相对内效率 $\eta_{ri} = 0.88$，夏天凝汽器中工作温度为 $35℃$，冬季水温下降，使凝汽器温度保持在 $15℃$。忽略给水泵的功耗。试求：（1）汽轮机夏季按朗肯循环工作时的理想汽耗率和实际汽耗率；（2）由于冬夏凝汽器温度不同而导致汽轮机的输出功和热效率的差别。

解：朗肯循环如图 6-11 所示。

（1）夏季。查水蒸气表或焓熵图（查焓熵图时不需要确定熵的值），得

$$h_1 = 3400 \text{kJ/kg}, s_1 = 7.031\,8 \text{kJ/(kg} \cdot \text{K)}$$

$$s_2 = s_1 = 7.031\,8 \text{kJ/(kg} \cdot \text{K)}, p_2 = 5.63 \text{kPa}, h_2 = 2158 \text{kJ/kg}$$

$$h_2' = 146.66 \text{kJ/kg}$$

可逆绝热过程时蒸汽在汽轮机内做功 $w_{net} = h_1 - h_2 = 1242 \text{kJ/kg}$

实际做功 $w_{neta} = w_{net} \eta_{ri} = 1242 \times 0.88 = 1093 \text{kJ/kg}$

理想汽耗率 $d_0 = \frac{3600}{w_{net}} = 2.899 \text{kg/(kW} \cdot \text{h)}$

实际汽耗率 $d_{0a} = \frac{3600}{w_{neta}} = 3.294 \text{kg/(kW} \cdot \text{h)}$

（2）夏季时的循环吸热量为 $q_{1s} = h_1 - h_2' = 3253 \text{kJ/kg}$

循环热效率 $\eta_{ts} = \frac{w_{neta}}{q_{1s}} = 0.336$

冬季汽轮机背压 $p_{2w} = 1.71 \text{kPa}$

$$h_{2w} = 2025 \text{kJ/kg}, \quad h_{2w}' = 63.15 \text{kJ/kg}$$

理论功 $w_{netw} = h_1 - h_{2w} = 1375 \text{kJ/kg}$

实际功 $w_{netwa} = w_{netw} \eta_{ri} = 1210 \text{kJ/kg}$

循环吸热量 $q_{1w} = h_1 - h_{2w}' = 3337$

循环热效率 $\eta_{tw} = \frac{w_{netwa}}{q_{1w}} = 0.362\,6$

蒸汽流量不变的条件下，循环功增加 $\frac{w_{netwa} - w_{neta}}{w_{neta}} = 0.107\,1$

循环热效率增加 $\frac{\eta_{tw} - \eta_{ts}}{\eta_{ts}} = 0.079\,38$

6-9 某小型热电厂装有一台背压式机组，已知该机组的进汽参数为 $p_1=6\text{MPa}$、$t_1=510℃$，背压 $p_2=0.8\text{MPa}$。如果热用户需要从该热电厂获得的供热量为 $2\times10^8\text{kJ/h}$，假定全部凝结水可以从热用户送回电厂，其返回温度为 $50℃$。试求：（1）该汽轮机的理想功率；（2）不计水泵功时的循环热效率。

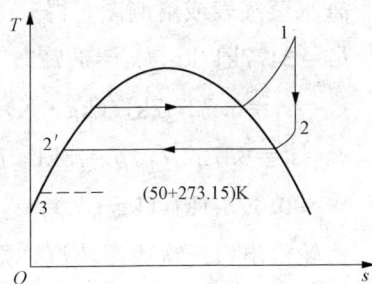

图 6-12 习题 6-9
热电联产朗肯循环

解：热电联产朗肯循环如图 6-12 所示，放热过程 $2—2'—3$ 后工质为过冷水，按可逆循环。

查水蒸气表或焓熵图得

$$h_1=3447\text{kJ/kg}, \quad s_1=6.9129\text{kJ/(kg·K)}$$

背压 $p_2=0.8\text{MPa}$ 时，$s'=2.0464\text{kJ/(kg·K)}$，$s''=6.6625\text{kJ/(kg·K)}$

由 $s_2=s_1=6.9129\text{kJ/(kg·K)}>s''$ 可知，汽轮机出口蒸汽为过热蒸汽 $h_2=2886\text{kJ/kg}$

返回的凝结水为过冷水状态，$h_3=210\text{kJ/kg}$

循环放热量（供热量） $q_2=h_2-h_3=2676\text{kJ/kg}$

循环吸热量 $q_1=h_1-h_3=3237\text{kJ/kg}$

循环功（不计泵功） $w_T=h_1-h_2=561.0\text{kJ/kg}$

蒸汽流量 $\dot{m}=\dfrac{Q_2}{q_2}=\dfrac{2\times10^8}{2676}=74\,738\text{kg/s}=20.76\text{t/h}$

汽轮机功率 $P=\dot{m}w_T=1.165\times10^4\text{kW}=11.65\text{MW}$

循环热效率 $\eta_t=\dfrac{w_T}{q_1}=0.1733\times100\%=17.33\%$

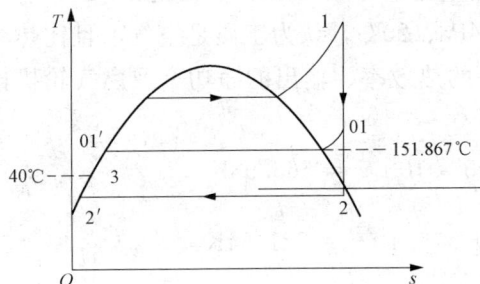

图 6-13 习题 6-10 抽汽式供热循环

6-10 某热电厂装有一台功率为 100MW 的调节抽汽式汽轮机。已知其进汽参数为 $p_1=10\text{MPa}$、$t_1=540℃$，凝汽器中的压力 $p_2=5\text{kPa}$。在 $p_0=0.5\text{MPa}$ 压力下，从汽轮机中抽出一部分蒸汽，送往某化工厂作为工艺加热之用，假定凝结水全部返回热电厂，其温度为 $40℃$。若该化工厂需从热电厂获得 $7\times10^7\text{kJ/h}$ 的供热量，试求该供热式汽轮机功率理论上每小时需要的蒸汽量。

解：抽汽供热汽轮机循环如图 6-13 所示。

新汽参数：压力 $p_1=10\text{MPa}$，温度 $t_1=540℃$

抽汽压力 $p_{01}=0.5\text{MPa}$，对应的饱和温度为 $t_{01}=151.867℃$

背压 $p_2=5\text{kPa}$，对应的饱和温度为 $t_2=32.879℃$

抽汽返回温度（假定抽汽定压放热）$t_3=40℃$，为 p_{01} 压力下的过冷水

抽汽放热量 $Q_{01p}=7\times10^7\text{kJ/h}$，汽轮机功率 $P=100\text{MW}$

查水蒸气表或焓熵图，得

$h_1 = 3477\text{kJ/kg}$，$s_1 = 6.7277\text{kJ/(kg·K)}$

$s_{01} = s_1 = 6.7277\text{kJ/(kg·K)}$，$h_{01} = 2708.6\text{kJ/kg}$

$s_2 = s_1 = 6.7277$，$p_2 = 5\text{kPa}$ 压力下，有

$s_2' = 0.4761\text{kJ/(kg·K)}$，$s_2'' = 8.393\text{kJ/(kg·K)}$，$s_2' < s_2 < s_2''$

汽轮机出口乏汽为湿蒸汽，则 $h_2' = 137.72\text{kJ/kg}$，$h_2'' = 2560.55\text{kJ/kg}$

$$x_2 = \frac{s_2 - s_2'}{s_2'' - s_2'} = \frac{6.7277 - 0.4761}{8.393 - 0.4761} = 0.7897$$

$$h_2 = x_2 h_2'' + (1 - x_2) h_2'' = 2051\text{kJ/kg}$$

$$h_3 = 168\text{kJ/kg}$$

抽汽焓降 $q_p = h_{01} - h_3 = 2541\text{kJ/kg}$

抽汽流量 $\dot{m}_p = \dfrac{Q_{01p}}{q_p} = \dfrac{7 \times 10^7}{3600 \times 2541} = 7.653\text{kg/s}$

单位质量抽汽在汽轮机中所做的功为 $w_{T1} = h_1 - h_{01} = 768.4\text{kJ/kg}$

其余蒸汽在汽轮机中所做的功为 $w_{T2} = h_1 - h_2 = 1426\text{kJ/kg}$

抽汽做功功率 $P_1 = \dot{m}_p \times w_{T1} = 5881\text{kW}$

其余蒸汽做功功率 $P_2 = P - P_1 = 100 \times 10^3 - 5881 = 9.412 \times 10^4 \text{kW}$

到达凝汽器蒸汽流量 $\dot{m}_2 = \dfrac{P_2}{w_{T2}} = 66.0\text{kg/s}$

理论蒸汽量 $D = (\dot{m}_p + \dot{m}_2) \times \dfrac{3600}{1000} = 265.2\text{t/h}$

6-11 某燃气轮机装置理想循环，已知工质的质量流量为 15kg/s、增压比 $\pi = 10$，燃气轮机入口温度 $T_3 = 1200\text{K}$，压气机入口状态为 0.1MPa、20℃，认为工质是空气，且比热容为定值，$c_p = 1.004\text{kJ/(kg·K)}$、$\kappa = 1.4$。试求循环的热效率、输出的净功率及燃气轮机排气温度。

解： 压气机出口温度为 $T_2 = T_1 \pi^{\frac{\kappa-1}{\kappa}} = 293.15 \times 10^{\frac{1.4-1}{1.4}} = 565.98\text{K}$

燃气轮机排气温度为 $T_4 = T_3 \left(\dfrac{1}{\pi}\right)^{\frac{\kappa-1}{\kappa}} = 1200 \times 0.1^{\frac{1.4-1}{1.4}} = 621.54\text{K}$

循环吸热量为 $q_1 = c_p(T_3 - T_2) = 1.004 \times (1200 - 565.98) = 636.56\text{kJ/kg}$

循环放热量为 $q_2 = c_p(T_4 - T_1) = 1.004 \times (621.54 - 293.15) = 329.70\text{kJ/kg}$

循环热效率 $\eta_t = 1 - \dfrac{q_2}{q_1} = \left(1 - \dfrac{329.7}{636.56}\right) \times 100\% = 48.2\%$

或 $\eta_t = 1 - \dfrac{1}{\pi^{\frac{\kappa-1}{\kappa}}} = \left(1 - \dfrac{1}{10^{\frac{1.4-1}{1.4}}}\right) \times 100\% = 48.2\%$

输出的净功为 $w_{net} = q_1 - q_2 = 636.56 - 329.70 = 306.86\text{kJ/kg}$

输出的净功率为 $P = 306.86 \times 15 = 4602.9 \text{kW}$

6-12 某燃气轮机定压加热理想循环采用极限回热。如图 6-14 所示，已知压气机入口状态为 0.1MPa、25℃，增压比 $\pi = 6$，燃气轮机入口温度 $t_3 = 1000℃$，认为工质是空气，且比热容为定值，$c_p = 1.004 \text{kJ}/(\text{kg} \cdot \text{K})$，$\kappa = 1.4$。求：（1）循环热效率，与不采用极限回热相比，热效率提高多少？（2）如果 t_1、t_2、p_1 维持不变，增压比 π 增大到何值时，将不能采用回热？

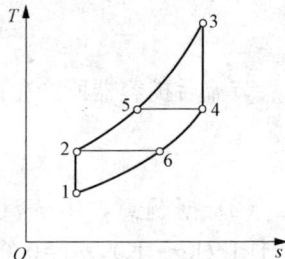

图 6-14 习题 6-12 附图

解：（1）极限回热时

$$T_6 = T_2 = T_1 \pi^{\frac{\kappa-1}{\kappa}} = 298.15 \times 6^{\frac{1.4-1}{1.4}} = 497.47 \text{K}$$

$$T_5 = T_4 = T_3 \left(\frac{1}{\pi}\right)^{\frac{\kappa-1}{\kappa}} = 1273.15 \times \left(\frac{1}{6}\right)^{\frac{1.4-1}{1.4}} = 763.05 \text{K}$$

循环吸热量 $q_1 = c_p(T_3 - T_5)$

循环放热量 $q_2 = c_p(T_6 - T_1)$

循环热效率 $\eta_t = 1 - \dfrac{q_2}{q_1} = 1 - \dfrac{T_6 - T_1}{T_3 - T_5} = \left(1 - \dfrac{497.47 - 298.15}{1273.15 - 763.05}\right) \times 100\% = 60.9\%$

不采用回热时 $\eta_t = 1 - \dfrac{1}{\pi^{\frac{\kappa-1}{\kappa}}} = \left(1 - \dfrac{1}{6^{\frac{1.4-1}{1.4}}}\right) \times 100\% = 40.1\%$

可见，采用极限回热后热效率提高：60.9% − 40.1% = 20.8%

（2）当 π 增大到使 $T_5 = T_6$ 时，将无法再采用回热

$$T_5 = T_3 \left(\frac{1}{\pi}\right)^{\frac{\kappa-1}{\kappa}} = T_1 \pi^{\frac{\kappa-1}{\kappa}} = T_6$$

$$\pi = \left(\frac{T_3}{T_1}\right)^{\frac{\kappa}{2(\kappa-1)}} = \left(\frac{1273.15}{298.15}\right)^{\frac{1.4}{2 \times (1.4-1)}} = 12.68$$

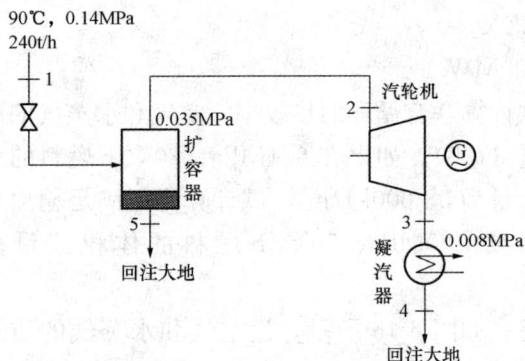

图 6-15 习题 6-13 附图

6-13 某地热电站，其系统和工质参数如图 6-15 所示。热水经节流阀变成湿蒸汽进入扩容器，并在此分离成干饱和蒸汽和饱和水。干饱和蒸汽进入汽轮机膨胀做功，乏汽排入凝汽器凝结为水。若忽略整个装置的散热损失和管道的压力损失，试确定：（1）节流后扩容器所产生的蒸汽流率（kg/s）；（2）已知汽轮机的相对内效率为 $\eta_{ri} = 0.75$，求汽轮机发出的功率 P；（3）设热水电站所付出的代价为热水所能提供的热量，即热水自 90℃冷却到环境温度 28℃所放出的热量，求热水电站的热效率。

解：（1）热水的焓 $h_1 = 4.1868 t_1 = 4.1868 \times 90 = 376.812 \text{ kJ/kg}$

据 $p_2 = 0.035 \text{MPa}$，查饱和水和饱和蒸汽表可得

$$h'=304.27\text{kJ/kg},\ h''=2630.69\text{kJ/kg},\ t_s=72.688℃$$

又节流后的焓 $h=376.812\text{kJ/kg}$，所以扩容器中的干度为

$$x=\frac{h_1-h'}{h''-h'}=\frac{376.812-304.27}{2630.69-304.27}=0.031\ 2$$

节流后扩容器所产生的蒸汽质量流量

$$q_m=q_{m0}x=\frac{240\times1000}{3600}\times0.031\ 2=2.08\text{kg/s}$$

（2）据题意，主蒸汽参数：$p_2=0.035\text{MPa}$，$h_2=2630.69\text{kJ/kg}$，$t_2=72.688℃$，$s_2=7.71\text{kJ/(kg·K)}$，$p_3=0.008\text{MPa}$，查得：$h_3=2415\text{kJ/kg}$

汽轮机发出的功率

$$P=q_mw_{act}=q_m\eta_T(h_2-h_3)=2.08\times0.75\times(2630.69-2415)=336.48\text{kW}$$

（3）地热电站的热效率

$$\eta_t=\frac{P}{Q_1}=\frac{336.48\times3600}{4.186\ 8\times(90-28)\times240\times1000}\times100\%=1.94\%$$

6-14 有人建议利用来自海洋的甲烷气体来发电，甲烷气作为燃气-蒸汽联合循环的燃料。此装置建在海面平台上，可以将废热排入海洋中，设计条件如下：

压气机入口空气条件：	0.1MPa，20℃
压气机增压比：	10
燃气轮机入口温度：	1200℃
蒸汽轮机入口参数：	6MPa，320℃
蒸汽冷凝温度：	15℃
压气机效率：	0.87
燃气轮机相对内效率：	0.9
蒸汽轮机相对内效率：	0.92
余热锅炉中废气排出温度	100℃
机组功率	100MW

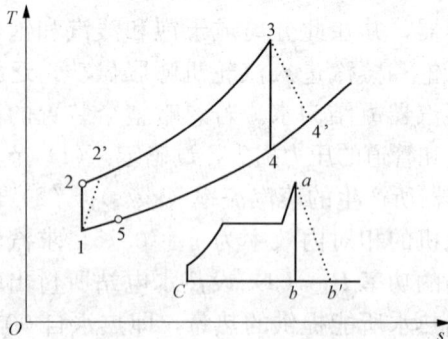

图 6-16 习题 6-14 附图

试计算联合循环的热效率、空气和水蒸气的质量流量（t/h）。如果在 0.1MPa、20℃下燃料的低位发热量为 38 000kJ/m³，试计算为了满足输出功率，需要 1.0MPa、50℃下燃料的体积流量是多少？

解： 如图 6-16 所示，设空气和水蒸气的质量流量分别为 m_a(t/h)、m_w(t/h)。

$$T_2=T_1\pi^{\frac{\kappa-1}{\kappa}}=293.15\times10^{\frac{1.4-1}{1.4}}=565.98\text{K}$$

$$T_4=T_3\left(\frac{1}{\pi}\right)^{\frac{\kappa-1}{\kappa}}=1473.15\times\left(\frac{1}{10}\right)^{\frac{1.4-1}{1.4}}$$

$$=763.01\text{K}$$

由压气机效率定义 $\quad \eta_{c,s} = \dfrac{T_2 - T_1}{T_2' - T_1} = \dfrac{565.98 - 293.15}{T_2' - 293.15} = 0.87$

解得 $\quad T_2' = 606.75\text{K}$

由燃气轮机相对内效率定义 $\eta_{ri} = \dfrac{T_3 - T_4'}{T_3 - T_4} = \dfrac{1473.15 - T_4'}{1473.15 - 763.01} = 0.9$

解得 $\quad T_4' = 834.02\text{K}$

水蒸气的参数 6MPa、320℃查得 $h_a = 2951.3\text{kJ/kg}$，$s_a = 6.1826\text{kJ/(kg·K)}$

蒸汽冷凝温度 15℃对应的饱和压力为

$h' = 62.95\text{kJ/kg} = h_c$，$h'' = 2528.07\text{kJ/kg}$

$s' = 0.2243\text{kJ/(kg·K)}$，$s'' = 8.7794\text{kJ/(kg·K)}$

$6.1826 = 8.7794x + (1-x)\,0.2243$，$x = 0.6965$

$h_b = 0.6965 \times 2528.08 + (1-0.6965) \times 62.95 = 1779.9\text{kJ/kg}$

由蒸汽轮机相对内效率定义 $\quad \eta_{ri} = \dfrac{h_a - h_b'}{h_a - h_b} = \dfrac{2951.3 - h_b'}{2951.3 - 2168} = 0.92$

解得 $\quad h_b' = 1873.61\text{kJ/kg}$

机组功率方程为 $\quad \dfrac{m_a c_p\left[(T_3 - T_4') - (T_2' - T_1)\right] + m_w(h_a - h_b')}{3600} \times 1000 = 10^5\text{kW}$

余热锅炉热平衡方程为 $\quad m_a c_p(T_4' - T_5) = m_w(h_a - h_c)$

解得 $\quad m_a = 720.73$（t/h），$m_w = 115.46$（t/h）

机组的热效率为

$$\eta_t = \dfrac{10^5 \times 3600}{m_a c_p(T_3 - T_2') \times 10^3} = \dfrac{10^5 \times 3600}{720.73 \times 1.004(1473.15 - 606.75) \times 10^3} \times 100\%$$
$$= 57.42\%$$

设燃料的体积流量为 $V_\text{燃}$（m³/h），有

$$38\,000V_\text{燃} = 720.73 \times 10^3 \times 1.004 \times (1473.15 - 606.75)$$

解得 $\quad V_\text{燃} = 16\,498.37$（m³/h）

转化成 1.0MPa、50℃状态，体积流量为

$$V = \dfrac{16\,498.37 \times (273.15 + 50) \times 0.1}{1.0 \times (273.15 + 20)} = 1818.68\text{m}^3/\text{h}$$

6-15 活塞式内燃机定容加热理想循环的工作环境为 100kPa 和 20℃，若每千克进气加热 2500kJ，当压缩比为 6 时，求循环的最高温度和理论循环热效率。

解： 循环过程如图 6-17 所示。$T_2 = T_1\varepsilon^{\kappa-1} = 293.15 \times 6^{1.4-1} = 623.60\text{ K}$

$2500 = c_V(T_3 - T_2) = 0.717 \times (T_3 - 623.60)$

解得最高温度 $\quad T_3 = 3870.35\text{K}$

图 6-17 习题 6-15 附图

循环热效率 $\quad \eta_t = 1 - \dfrac{1}{\varepsilon^{\kappa-1}} = (1 - 6^{-0.4}) \times 100\% = 51.16\%$

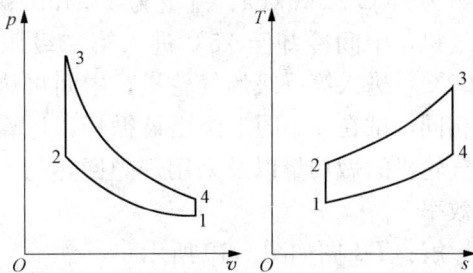

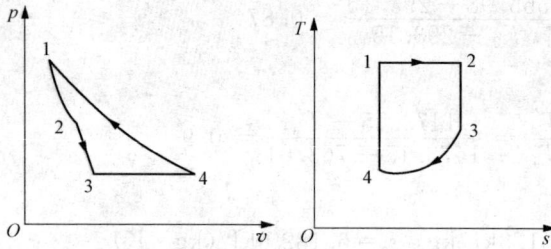

图 6-18　习题 6-16 附图

6-16　以空气为工质的理想循环，空气的初参数为 $p_1 = 3.45\text{MPa}$、$t_1 = 230℃$，定温膨胀到 $p_2 = 2\text{MPa}$，再绝热膨胀到 $p_3 = 0.14\text{MPa}$，经定压冷却后，再绝热压缩回初态。求循环净功和循环热效率，并将此循环表示在 $p\text{-}v$ 图和 $T\text{-}s$ 图上。设空气的比热容为定值，$c_p = 1.004\text{kJ/(kg·K)}$，$\kappa = 1.4$。

解： $p\text{-}v$ 图和 $T\text{-}s$ 图如图 6-18 所示。

2—3 为可逆绝热过程，有

$$T_3 = T_2 \left(\frac{p_3}{p_2}\right)^{\frac{\kappa-1}{\kappa}} = 503.15 \times \left(\frac{0.14}{2}\right)^{\frac{1.4-1}{1.4}} = 235.36\text{K}$$

由 $\Delta s_{1-2} = \Delta s_{4-3}$ 有

$$R_g \ln \frac{p_1}{p_2} = c_p \ln \frac{T_3}{T_4} = \frac{\kappa}{\kappa - 1} R_g \ln \frac{T_3}{T_4}$$

$$T_4 = T_3 \left(\frac{p_2}{p_1}\right)^{\frac{\kappa-1}{\kappa}} = 235.36 \times \left(\frac{2}{3.45}\right)^{\frac{1.4-1}{1.4}} = 201.41\text{K}$$

1—2 为定温膨胀（吸热）过程，吸热量为 $q_1 = R_g T_1 \ln \frac{p_1}{p_2}$

3—4 为定压放热过程，放热量为 $q_2 = c_p(T_3 - T_4)$

循环热效率为

$$\eta_t = 1 - \frac{q_2}{q_1} = 1 - \frac{c_p(T_3 - T_4)}{R_g T_1 \ln \frac{p_1}{p_2}} = \left[1 - \frac{\kappa}{\kappa - 1} \frac{T_3 - T_4}{\ln \frac{p_1}{p_2}}\right] \times 100\%$$

$$= 56.7\%$$

循环净功为

$$w_{net} = q_1 \eta_t = 0.287 \times 503.15 \ln \frac{3.45}{2} \times 56.7\% = 44.64\text{kJ/kg}$$

6-17　有一个两级绝热压缩中间冷却和两级绝热膨胀中间再热的燃气轮机装置理想循环。压气机每级增压比为 2.5，参数为 25℃、100kPa、流量为 24.4m³/s 的空气进入第一级压气机，中间冷却至 25℃ 进入第二级压气机，后被加热到 1000℃，进入第一级燃气轮机，中间再热压力与中间冷却压力相同，试在 $T\text{-}s$ 图上画出该循环，计算压气机的耗功量和燃气轮机的做功量以及采用理想回热与不采用回热时的循环热效率。

解： $T\text{-}s$ 图如图 6-19 所示。

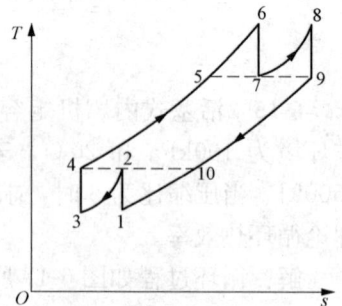

图 6-19　习题 6-17 附图

$$T_2 = T_4 = T_1 \pi^{\frac{\kappa-1}{\kappa}} = 298.15 \times 2.5^{\frac{1.4-1}{1.4}} = 387.38\text{K}$$

$$T_7 = T_9 = T_6 \left(\frac{1}{\pi}\right)^{\frac{\kappa-1}{\kappa}} = 1273.15 \times \left(\frac{1}{2.5}\right)^{\frac{1.4-1}{1.4}} = 979.90\text{K}$$

空气的流量为　$\dot{m} = \dfrac{p_1 \dot{V}}{R_g T_1} = \dfrac{100 \times 10^3 \times 24.4}{287 \times 298.15} = 28.51 \text{kg/s}$

压气机的耗功量为

$W_C = 2\dot{m}c_p(T_2 - T_1) = 2 \times 28.51 \times 1.004 \times (387.38 - 298.15) = 5108.25 \text{kJ/s}$

燃气轮机的做功量为

$W_T = 2\dot{m}c_p(T_6 - T_7) = 2 \times 28.51 \times 1.004 \times (1273.15 - 979.90) = 16\,788 \text{kJ/s}$

循环净功为　$W_{net} = W_T - W_C = 16\,788 - 5108.25 = 11\,679.75 \text{kJ/s}$

采用理想回热时，吸热过程为 5—6 和 7—8

$$Q_1 = \dot{m}c_p[(T_6 - T_5) + (T_8 - T_7)] = 16\,788 \text{kJ/s}$$

循环热效率为　$\eta_t = \dfrac{W_{net}}{Q_1} = \dfrac{11\,679.75}{16\,788} \times 100\% = 69.57\%$

不采用回热时，吸热过程为 4—6 和 7—8

$$Q_1 = \dot{m}c_p[(T_6 - T_4) + (T_8 - T_7)] = 33\,748.32 \text{kJ/s}$$

循环热效率为　$\eta_t = \dfrac{W_{net}}{Q_1} = \dfrac{11\,679.75}{33\,748.32} \times 100\% = 34.61\%$

6-18　一燃气轮机装置，按等压加热循环工作。压缩机进口参数为 $t_1 = 27℃$、$p_1 = 0.1\text{MPa}$，压缩机增压比为 $\pi = 6$，燃气轮机进口燃气温度 $t_3 = 800℃$，压缩机绝热效率 $\eta_c = 0.88$，燃气轮机相对内效率 $\eta_T = 0.85$。（1）画出此循环的 T-s 图；（2）求该装置的热效率；（3）试计算 1kg 燃气流经压气机、燃气轮机时的熵增；（4）若采用极限回热，计算其热效率；（5）指出提高装置热效率的热力学途径。

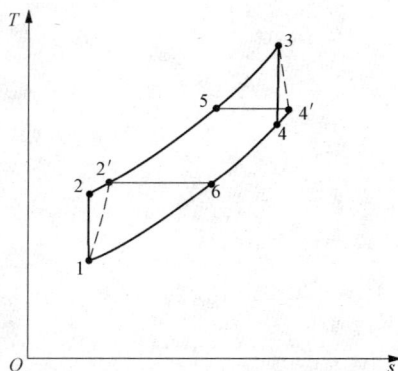

图 6-20　习题 6-18 附图

解：（1）T-s 图如图 6-20 所示。

（2）根据　$\dfrac{T_2}{T_1} = \left(\dfrac{p_2}{p_1}\right)^{\frac{\kappa-1}{\kappa}}$，$\dfrac{T_2}{300.15} = 6^{\frac{1.4-1}{1.4}}$，可得 $T_2 = 500.8\text{K}$

根据　$\dfrac{T_3}{T_4} = \left(\dfrac{p_3}{p_4}\right)^{\frac{\kappa-1}{\kappa}}$，$\dfrac{1073.15}{T_4} = 6^{\frac{1.4-1}{1.4}}$，可得 $T_4 = 643.18\text{K}$

循环净功　$w'_{net} = w'_T - w'_C = \eta_T w_T - \dfrac{w_{C,s}}{\eta_{C,s}} = \eta_T c_p(T_3 - T_4) - \dfrac{c_p(T_2 - T_1)}{\eta_{C,s}}$

循环吸热量　$q_1 = c_p(T_3 - T_{2'})$

根据　$\eta_{C,s} = \dfrac{w_{C,s}}{w'_C} = \dfrac{T_2 - T_1}{T_{2'} - T_1}$，可得 $T_{2'} = 528.16\text{K}$

根据　$\eta_T = \dfrac{w'_T}{w_T} = \dfrac{T_3 - T_{4'}}{T_3 - T_4}$，可得 $T_{4'} = 707.68$

$$\eta_t = \dfrac{w'_{net}}{q_1} = \dfrac{\eta_T(T_3 - T_4) - (T_2 - T_1)/\eta_{C,s}}{T_3 - T_{2'}} \times 100\% = 25.22\%$$

（3）$s_{\mathrm{g,C}} = \Delta s_{1-2'} = c_p \ln \dfrac{T_{2'}}{T_1} - R_{\mathrm{g}} \ln \dfrac{p_{2'}}{p_1} = 53.43 \mathrm{J/(kg \cdot K)}$

$$s_{\mathrm{g,T}} = \Delta s_{3-4'} = c_p \ln \frac{T_{4'}}{T_3} - R_{\mathrm{g}} \ln \frac{p_{4'}}{p_3} = 96.0 \ \mathrm{J/(kg \cdot K)}$$

（4）采用极限回热后的热效率

$$\eta_{\mathrm{t}} = \frac{w'_{\mathrm{net}}}{q_1} = \frac{\eta_{\mathrm{T}}(T_3 - T_4) - (T_2 - T_1)/\eta_{\mathrm{C,s}}}{T_3 - T_5} \times 100\% = 37.61\%$$

（5）对于燃气轮机实际循环，可采用回热的方法、提高循环增温比的方法或在回热的基础上多级压缩中间冷却、多级膨胀中间再热等方法提高循环热效率。

第七章 制冷与热泵循环

思考题参考答案

略。

习 题 参 考 答 案

7-1 证明 1 冷吨＝3.86kJ/s。已知在 1atm 压力下冰的融化热为 334.7kJ/kg。

解： 1 冷吨＝333.4kJ/kg×1t/24h＝333.4×1000/(24×3600)kJ/s＝3.86kJ/s，此处按 333.4kJ/kg 计算，教材中冰的融化热为 334.7（kJ/kg）。

7-2 一制冷机工作在 250K 和 300K 之间，制冷率为 $\dot{Q}_2=20$kW，制冷系数是同温限逆向卡诺循环制冷系数的 50%，试计算该制冷机耗功率 P？

解： 250K 和 300K 之间逆向卡诺循环制冷系数

$$\varepsilon_c = \frac{T_c}{T_0 - T_c} = \frac{250}{300-250} = 5$$

制冷机的制冷系数 $\varepsilon = 0.5 \times \varepsilon_c = 0.5 \times 5 = 2.5$

该制冷机耗功率 $P = \frac{\dot{Q}_2}{\varepsilon} = \frac{20}{2.5} = 8$kW

7-3 一压缩空气制冷循环如图 7-1 所示，已知压气机入口 $t_1=-10℃$、$p_1=0.1$MPa，增压比 $\pi=5$，冷却器出口 $t_3=20℃$，设 $c_p=1.004$kJ/(kg·K)、$\kappa=1.4$。求循环的制冷系数 ε 和制冷量 q_2。

解：

压气机入口 $T_1=263.15$K

压气机出口 $T_2 = T_1\pi^{\frac{\kappa-1}{\kappa}} = 263.15 \times 5^{\frac{1.4-1}{1.4}} = 416.78$K

冷却器出口 $T_3=293.15$K

膨胀机出口 $T_4 = \frac{T_3}{\pi^{\frac{\kappa-1}{\kappa}}} = \frac{293.15}{5^{\frac{1.4-1}{1.4}}} = 185.09$K

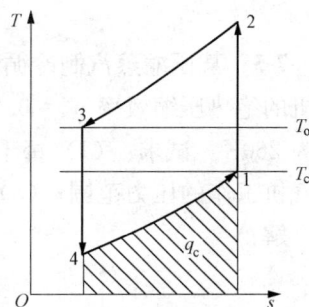

图 7-1 习题 7-3 附图

制冷量 $q_0 = c_p(T_1-T_4) = 1.004 \times (263.15-185.09) = 78.37$kJ/kg

制冷系数
$$\varepsilon = \frac{q_c}{w_{net}} = \frac{T_1-T_4}{(T_2-T_3)-(T_1-T_4)} = \frac{263.15-185.09}{(416.78-293.15)-(263.15-185.09)} = 1.71$$

7-4 压缩空气制冷循环中，压气机和膨胀机的绝热效率均为 0.85。若放热过程的终温为 20℃，吸热过程的终温为 0℃，增压比 $\pi=3$，空气可视为定比热容的理想气体，$c_p=1.004\mathrm{kJ/(kg \cdot K)}$，$\kappa=1.4$。求：（1）画出此制冷循环的 $T\text{-}s$ 图；（2）循环的平均吸热温度、平均放热温度和制冷系数。

解：（1）$T\text{-}s$ 图如图 7-2 所示。

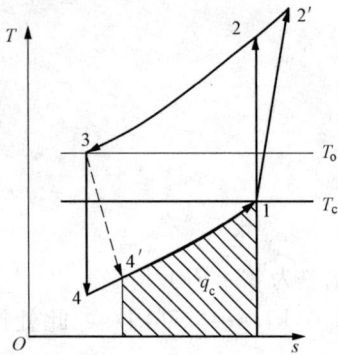

图 7-2　习题 7-4 附图

（2）压气机入口 $T_1=273.15\mathrm{K}$，冷却器出口 $T_3=293.15\mathrm{K}$

如果将压气机和膨胀机中的过程视为可逆绝热过程，则

压气机出口　$T_2=T_1\pi^{\frac{\kappa-1}{\kappa}}=273.15\times 3^{\frac{1.4-1}{1.4}}=373.87\mathrm{K}$

膨胀机出口　$T_4=\dfrac{T_3}{\pi^{\frac{\kappa-1}{\kappa}}}=\dfrac{293.15}{3^{\frac{1.4-1}{1.4}}}=214.18\mathrm{K}$

实际压气机出口　$T'_2=T_1+\dfrac{T_2-T_1}{\eta_{c,s}}=273.15+\dfrac{373.87-273.15}{0.85}=391.64\mathrm{K}$

实际膨胀机出口

$T'_4=T_3-\eta_{ri}(T_3-T_4)=293.15-0.85\times(293.15-214.18)=226.03\mathrm{K}$

循环的平均吸热温度　$\overline{T}_c=\dfrac{q_c}{\Delta s_{4'1}}=\dfrac{c_p(T_1-T_{4'})}{c_p\ln\dfrac{T_1}{T_{4'}}}=\dfrac{273.15-226.03}{\ln\dfrac{273.15}{226.03}}=248.85\mathrm{K}$

循环的平均放热温度　$\overline{T}_0=\dfrac{q_0}{\Delta s_{32'}}=\dfrac{c_p(T_{2'}-T_3)}{c_p\ln\dfrac{T_{2'}}{T_3}}=\dfrac{391.64-293.15}{\ln\dfrac{391.64}{293.15}}=340.02\mathrm{K}$

循环的制冷系数

$\varepsilon=\dfrac{T_1-T'_4}{(T'_2-T_1)-(T_3-T'_4)}=\dfrac{273.15-226.03}{(391.64-273.15)-(293.15-226.03)}=0.917$

7-5 某压缩蒸汽制冷循环如图 7-3 所示，用氨作制冷剂。制冷量为 $10^5\mathrm{kJ/h}$，循环中压缩机的绝热压缩效率 $\eta_{cs}=0.8$，冷凝器出口为氨饱和液体，其温度为 300K，节流阀出口温度为 260K。试求：（1）每千克氨的吸热量；（2）氨的流量；（3）压气机消耗的功率；（4）压气机工作的压力范围；（5）实际循环的制冷系数。

解：

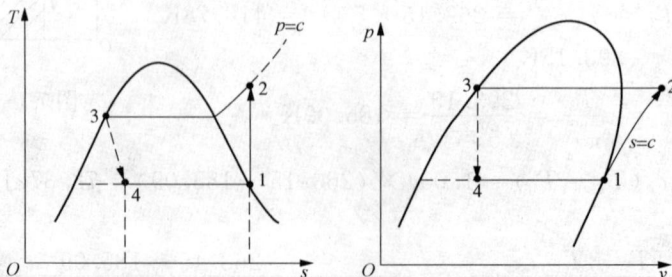

图 7-3　习题 7-5 附图

（1）蒸发器出口处为干饱和蒸汽，且温度等于节流阀出口温度，$t_1=260K$。查氨的压焓图：$p_1=0.26MPa$，$h_1=1444kJ/kg$。

冷凝器出口处为饱和液体，温度为 300K，查氨的压焓图：$p_3=1.04MPa$，$h_3=328kJ/kg$。

节流阀出口焓　$h_4=h_3=328kJ/kg$

每千克氨的吸热量　$q_c=h_1-h_4=1444-328=1116J/kg$

（2）氨的流量　$q_m=\dfrac{Q_c}{q_c}=\dfrac{10^5}{1116}=89.6kg/h$

（3）在氨的压焓图上，经过点 1 的定熵线与经过点 3 的定压线相交得到点 2（可逆绝热压缩时压气机出口），$h_2=1650kJ/kg$，压气机消耗功率

$$P=\frac{(h_2-h_1)q_m}{\eta_{cs}}=\frac{(1650-1444)\times89.6}{0.8\times3600}=6.61kW$$

（4）根据（1）中所查点 1 和点 3 的压力可知：压气机工作的压力范围为 $0.26\sim1.04MPa$。

（5）实际循环的制冷系数　$\varepsilon=\dfrac{Q_c}{P}=\dfrac{10^5}{3600\times6.41}=4.33$

7-6　一台氨压缩式制冷设备，蒸发器温度为 $-20℃$，冷凝器压力为 1.2MPa，压缩机进口为饱和氨蒸气，压缩过程可逆绝热。求：（1）制冷系数；（2）若要求制冷量 1.26×10^6 kJ/h，则制冷循环氨的流量是多少？

解：蒸发器温度为 253K，压缩机进口为饱和氨蒸气，查氨的压焓图：$h_1=1432kJ/kg$

冷凝器压力为 1.2MPa，冷凝器出口处为饱和液体，查氨的压焓图：$h_3=346kJ/kg$

压缩过程可逆绝热，查氨的压焓图：$h_2=1730kJ/kg$

蒸发器入口焓　$h_4=h_3=346kJ/kg$

（1）制冷系数　$\varepsilon=\dfrac{h_1-h_4}{h_2-h_1}=\dfrac{1432-346}{1730-1430}=3.6$

（2）制冷循环氨的流量　$q_m=\dfrac{Q_c}{h_1-h_4}=\dfrac{1.26\times10^6}{1432-346}=1160.2\ kg/h$

7-7　氨蒸汽压缩式制冷循环，其中蒸发器的压力为 0.3MPa，冷凝器的压力 1.2MPa，压缩过程可逆绝热，压缩机进口为氨的过热蒸气，过热度为 $2℃$；节流阀进口为饱和液氨。试计算循环制冷量和循环制冷系数。

解：蒸发器压力为 0.3MPa，压缩机进口为过热蒸气，查氨的压焓图：$h_1=1456kJ/kg$

冷凝器压力为 1.2MPa，节流阀进口为饱和液，查氨的压焓图：$h_3=346kJ/kg$

压缩过程可逆绝热，查氨的压焓图：$h_2=1660kJ/kg$

蒸发器入口焓　$h_4=h_3=346kJ/kg$

循环制冷量　$q_c=h_1-h_4=1456-346=1110kJ/kg$

循环制冷系数　$\varepsilon=\dfrac{h_1-h_4}{h_2-h_1}=\dfrac{1456-346}{1660-1456}=5.44$

7-8　某制热制冷两用空调机用 R134a 作制冷剂。压缩机进口为蒸发温度下的干饱和蒸

气，出口为 2.2MPa，105℃的过热蒸气，冷凝器出口为饱和液体，蒸发温度为－10℃。当夏季室外温度为 35℃时给房间制冷，当冬季室外温度为 0℃供暖，均要求室温能维持在 20℃。若室内外温差每 1℃时，通过墙壁等的传热量为 1100kJ/h。求：（1）将该循环示意图画在 $\lg p\text{-}h$ 图上；（2）制冷系数；（3）室外温度为 35℃时，制冷所需的制冷剂流量；（4）供暖系数；（5）室外温度为 0℃时，供暖所需的制冷剂流量。

解： 查 R134a 的焓压图：压缩机进口焓 $h_1 = 392\text{kJ/kg}$，出口焓 $h_2 = 475\text{kJ/kg}$，冷凝器出口焓 $h_4 = 307\text{kJ/kg}$，蒸发器入口焓 $h_5 = h_4 = 307\text{kJ/kg}$。

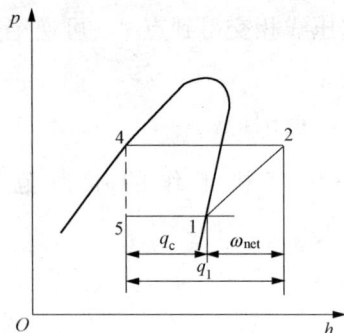

图 7-4 习题 7-8 附图

（1）图 7-4 为循环示意。

（2）制冷系数 $\varepsilon = \dfrac{h_1 - h_5}{h_2 - h_1} = \dfrac{392 - 307}{475 - 392} = 1.02$

（3）室外温度为 35℃时，制冷所需的制冷剂流量

$$q_{m,c} = \frac{1100 \times (35 - 20)}{h_1 - h_5} = \frac{16\,500}{392 - 307} = 194.12\text{kg/h}$$

（4）供暖系数 $\varepsilon' = \dfrac{h_2 - h_4}{h_2 - h_1} = \dfrac{475 - 307}{475 - 392} = 2.02$

（5）室外温度为 0℃时，供暖所需的制冷剂流量

$$q_{m,h} = \frac{1100 \times (20 - 0)}{h_2 - h_4} = \frac{22\,000}{475 - 307} = 130.95\text{kg/h}$$

7-9 一以氨为工质的压缩蒸汽理想热泵循环，要求将 $30\text{m}^3/\text{min}$ 的室外空气（0℃，0.1MPa）定压加热至 28℃，再给室内供暖。蒸发温度为－4℃，冷凝压力为 2MPa。氨进入压气机时为干饱和蒸气，经过冷凝器后没有过冷。求：（1）工质流量（kg/s）；（2）消耗的功率；（3）供热系数；（4）如果采用电加热元件加热，消耗的电功率又为多少？设电加热元件的加热效率为 100%。

解： 蒸发器温度为 269.15K，氨进入压气机时为干饱和蒸气，查氨的压焓图：$h_1 = 1457\text{kJ/kg}$。冷凝器压力为 2MPa，经过冷凝器后没有过冷，查氨的压焓图：$h_3 = 436\text{kJ/kg}$

压缩过程可逆绝热，查氨的压焓图：$h_2 = 1730\text{kJ/kg}$

蒸发器入口焓 $h_4 = h_3 = 436\text{kJ/kg}$

（1）$30\text{m}^3/\text{min}$ 的室外空气（0℃、0.1MPa）的质量流量

$$q_{m,a} = \frac{p\,q_V}{R_g T} = \frac{0.1 \times 10^6 \times 30}{287 \times 273.15} = 38.268\text{kg/min}$$

工质流量

$$q_{m,c} = \frac{q_{m,a} c_p \Delta t}{h_2 - h_3} = \frac{38.268 \times 1.004 \times 28}{1730 - 436} = 0.831\text{kg/min} = 0.013\,9\text{kg/s}$$

（2）消耗的功率 $\quad P = q_{m,c}(h_2 - h_1) = 0.013\,9 \times (1730 - 1457) = 3.79\text{kW}$

（3）供热系数 $\quad \varepsilon' = \dfrac{h_2 - h_3}{h_2 - h_1} = \dfrac{1730 - 436}{1730 - 1457} = 4.74$

（4）如果采用电加热元件加热，消耗的电功率

$$P' = q_{m,a} c_p \Delta t = 38.268 \times 1.004 \times 28 = 1075.79\text{kJ/min} = 17.93\text{kW}$$

第八章 传 热 学 概 述

思考题参考答案

8-1 试说明导热、热对流和热辐射三种基本传热方式的传热机理以及这三种基本传热方式之间的联系和区别。

答：导热是物体中的分子、原子、自由电子等微观粒子的热运动而产生的热量传递，当物体中温度分布不均时，高温部位的微观粒子热运动更强烈，微观粒子之间通过力的作用把能量传递给低温部位的微观粒子。导热可以在同一个物体中实现热量传递，也可以在互相接触的不同物体间实现热量传递。

热对流是流体中流体微团的相互掺混形成的换热。流体微团的掺混是流体流动中较为普遍的现象，即湍流。如果流体中温度分布不均，流体微团的掺混表现为热量传递；如果流体流动为层流状态，流体微团的掺混很弱，则热对流传递的热量也很弱。

热辐射是物体由于热的原因，热能转化为电磁辐射向外发射，电磁波投射到其他物体上，被吸收的部分会重新转变成热能，从而实现热量从一个物体传递到另一个物体。

三种基本传热方式的联系：三种传热方式的效果都是实现热量在空间的流动，热量传递的强度都采用单位时间内通过单位面积的热量来衡量；都是在温度差的作用下实现热量传递，没有温差时，传热的效果为 0；热对流中总有导热的发生，但通常导热的传热效果远小于热对流的传热效果。

三种基本传热方式的区别：导热不发生物质的宏观位移，而热对流则依靠流体微团的掺混，发生物质的宏观位移，热对流只发生在流体中，而流体和固体中都可以发生导热。导热和热对流都是物体内的热量传递，而热辐射则可以不依赖于物体，通过真空传递热量。导热和热对流传递热量的强度都和温度差（温度梯度）成正比，而热辐射的强度和近似和热力学温度的四次方成正比。

8-2 试说明热对流和对流换热之间的联系和区别。

答：热对流是流体中温度不同的各个部分之间发生宏观位移而形成的热量输运，是流体中的热量传递。对流换热特指流体和与之接触的固体壁面之间的换热。由于壁面附近的流体运动受到壁面的约束，紧贴壁面的流体中的传热只能是导热，因此对流换热的效果不仅和流体流动有关，也和流体的导热性能有关，是对流和导热的综合作用。

8-3 平壁的导热热阻和哪些因素有关？分别写出单位面积平壁的导热热阻和面积为 A 的平壁的导热热阻的表达式。

答：平壁的导热热阻和平壁厚度、材料导热系数（热导率）和平壁面积有关。单位面积平壁的导热热阻为

$$r_t = \frac{\delta}{\lambda}$$

面积为 A 的平壁的导热热阻为

$$R_t = \frac{\delta}{\lambda A}$$

图 8-1 思考题 8-4 附图
暖水瓶内胆示意

8-4 说明暖水瓶的玻璃真空内胆内的热水与外界空气之间的热量传递过程和暖水瓶玻璃真空内胆的保温原理。

答： 暖水瓶的真空内胆是双层的，内部抽成真空。热水与内层玻璃内侧通过对流换热传递热量，内层玻璃内侧到外侧的热量传递则是导热，内层玻璃外侧与外层玻璃内侧之间为真空，通过辐射换热传递热量，外层玻璃内侧到外层玻璃外侧通过导热传递热量，外层玻璃外侧与外界空气之间通过对流换热和辐射传递热量。这些热量传递过程是串联的，保温效果往往取决于热阻最大的环节。

暖水瓶玻璃内胆的真空夹层会大大增加传热热阻，实现保温效果。由于抽成真空，没有导热和对流换热，同时为了减少辐射换热，玻璃表面还涂有镜面反射层。

8-5 室内供暖的对流式散热器通常放置在较低的位置，而分体式空调的室内机则往往安装在较高的位置，为什么？如果将供暖的散热器放置在高处，而将空调室内机放置在较低的地方，室内供暖和制冷是否会受到影响？

答： 室内供暖时散热器放在较低的位置，室内空气被加热后上浮，在整个室内形成对流，换热效果好，室内空气温度更接近均匀。如果散热器放在较高的地方，空气受热、膨胀后不会下沉，室内空气对流很弱，靠近屋顶的空气温度高，而下层空气温度低。由于暖气附近空气温度高，暖气的换热效果也较差。同理，如果空调室内机安装在较高的地方，其排出的冷空气下沉，实现室内空气的对流、掺混和温度整体下降；如果空调室内机安装在较低的地方，其排出的冷空气停留在较低的地方，造成室内空气下凉上热，影响制冷效果。

8-6 在深秋晴朗无风的夜晚，气温略高于 $0℃$，清晨时草地上会出现白霜，如果是阴天或者有风，同样气温下草地上却不会出现白霜，为什么？

答： 夜晚的时候，地表的植被除了和空气对流换热，还通过辐射的方式散热。在晴朗无风的夜晚，植被和周围空气的对流换热很弱，相当于是向热力学温度为 0 的外太空辐射散热，温度可以降低到 $0℃$ 以下，湿空气中的水蒸气在植被表面析出结晶成霜；如果有风，植被和空气之间的对流换热增强，植被表面温度升高，不易结霜；如果阴天，植被与温度接近环境温度的云层之间为辐射换热，换热量很小，或者说云层阻断了地表植被和外太空的辐射散热，植被表面温度会接近空气温度，不会结霜。

8-7 在寒冷的冬季，北方供暖房间内的室内温度为 $22℃$ 时，在室内穿毛衫仍会觉得凉。但在炎热的夏季，室内采用空调制冷，也维持室内温度为 $22℃$ 时，在室内只要穿短袖衬衫就不会觉得冷。同样的室内温度，人的感觉为什么会不一样？

答：人体除了和室内空气对流换热，还和室内墙壁辐射换热。冬季供暖房间的室内墙壁温度较低，低于室内空气温度，人体通过辐射换热散失的热量多，所以觉得凉；夏季空调房间室内墙壁温度较高，高于室内空气温度，人体通过辐射换热散失的热量少，甚至可能被加热，所以不会觉得冷。

习 题 参 考 答 案

8-1 如图 8-2 所示，一大平壁的厚度为 250mm、面积为 12m²、导热系数为 $\lambda=1.5$W/(m·℃)，两侧表面的温度分别为 $t_1=25$℃和 $t_2=-5$℃而且分别保持均匀分布，计算该大平壁的热阻、热流量和热流密度。

解：大平壁的一维稳态导热问题。

大平壁厚度 $\delta=0.25$m，面积 $A=12$m²，导热系数 $\lambda=$1.5W/(m·℃)

表面温度 $t_1=25$℃，$t_2=-5$℃

平壁面积较大，厚度较薄，可以视为其中的导热只沿着厚度方向进行，即一维稳态导热。

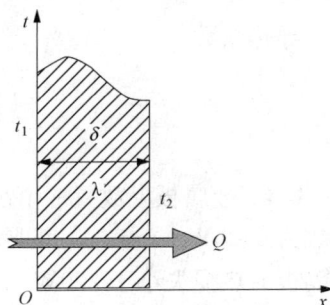

图 8-2 习题 8-1 附图
大平壁的导热

单位面积平壁的热阻为厚度与导热系数的比值，整个大平壁的热阻为

$$R_t = \frac{\delta}{A\lambda} = 0.013\ 89 ℃/W$$

通过大平壁的热流量为

$$Q = \frac{t_1 - t_2}{R_t} = 2160W$$

热流密度为

$$q = \frac{Q}{A} = 180.0W/m^2，\text{或 } q = \frac{t_1 - t_2}{\frac{\delta}{\lambda}} = 180.0W/m^2$$

8-2 玻璃窗上的单层玻璃，高 1.5m、宽 1.2m、玻璃厚度 $\delta=5$mm、导热系数 $\lambda=$1.05W/(m·℃)。冬季时测得玻璃内外表面的温度分别为 15℃和 5℃，试求通过玻璃窗的热损失。

解：

玻璃的边长为 $a=1.5$m，$b=1.2$m，厚度 $\delta=0.005$m

导热系数 $\lambda=1.05$W/(m·℃)，表面温度 $t_1=15$℃，$t_2=5$℃

通过玻璃的热流量为

$$Q = ab\frac{t_1 - t_2}{\frac{\delta}{\lambda}} = 1.5 \times 1.2 \times \frac{15-5}{\frac{0.005}{1.05}} = 3780W$$

8-3 夏天的阳光照射在一厚为 30mm 的木门外表面上，用温度计测得木门外表面温度为 36℃，内表面温度为 30℃。用热流计测得木门内表面的热流密度为 15W/m²。试估算此木门在沿厚度方向上的导热系数。

解：材料导热系数的测量。

木门厚度 $\delta=0.03$m，木门两侧表面的温度 $t_1=36$℃，$t_2=30$℃

热流密度 $q=15$W/m²

由大平壁导热热流密度的计算式 $q=\dfrac{t_1-t_2}{\dfrac{\delta}{\lambda}}$，可得

导热系数

$$\lambda=\frac{q\delta}{t_1-t_2}=0.075\text{W}/(\text{m}\cdot\text{℃})$$

8-4 金属板上放置一个小型加热炉，为减少炉底对板面的热损失，其间放置一块导热系数为 0.06W/(m·℃) 的隔板，隔板上下表面温度分别保持为 85℃和 30℃。为使每平方米隔板的热损失小于 220W/m²，试计算隔板所需的厚度。

解：大平板的一维稳态导热问题。

导热系数 $\lambda=0.06$W/(m·℃)

表面温度 $t_{w1}=85$℃，$t_{w2}=30$℃

热流密度 $q=220$W/m²

由平板热流密度计算式 $q=\dfrac{t_{w1}-t_{w2}}{\dfrac{\delta}{\lambda}}$

平板厚度应大于

$$\delta=\frac{\lambda(t_{w1}-t_{w2})}{q}=\frac{0.06\times(85-30)}{220}=0.015\text{m}=15\text{mm}$$

8-5 某种机动车中机油冷却器的表面积为 0.15m²，外表面温度为 65℃。机动车在匀速行驶的过程中，温度为 28℃的空气流过机油冷却器的外表面，空气与机油冷却器外表面之间的表面传热系数为 45W/(m²·℃)。试计算机油冷却器的散热热流量。

解：固体壁面与空气的对流换热问题。

机油冷却器的散热面积 $A=0.15$m²，壁面温度 $t_w=65$℃，空气温度 $t_a=28$℃

壁面与空气之间的表面传热系数 $h=45$W/(m²·℃)

散热热流量（牛顿冷却公式）为
$$Q=Ah(t_w-t_a)=0.15\times45\times(65-28)=249.8\text{W}$$

8-6 空气横向掠过一根外直径 $d=15$mm、长度为 100mm 的导线，导线的发热功率为 9W，导线外表面的平均温度为 $t_w=60$℃，空气的温度为 $t_f=20$℃。假设导线的发热量全部通过对流换热的方式散失到空气中，试求导线外表面与空气之间的平均表面传热系数。

解：壁面与空气的对流换热。

导线直径 $d=0.015\text{m}$，长度 $l=0.1\text{m}$，外表面积 $A=\pi dl=0.004\ 712\text{m}^2$

壁面温度 $t_\text{w}=60℃$，空气温度 $t_\text{f}=20℃$

散热热流量等于导线的发热功率 $Q=9\text{W}$，由牛顿冷却定律公式 $Q=Ah(t_\text{w}-t_\text{f})$，可得导线外表面与空气之间的平均表面传热系数为

$$h=\frac{Q}{A(t_\text{w}-t_\text{f})}=\frac{9}{0.004\ 712\times(60-20)}=47.75\text{W}/(\text{m}^2\cdot℃)$$

8-7　寒冷冬季的夜晚，保温良好的屋顶上结成一层霜，其温度为 $-18℃$。假设霜层具有黑体的辐射能力，试计算此种有霜屋顶每单位面积所发射的辐射能。

解： 黑体发射热辐射的能力。

黑体辐射常数　$\sigma=5.67\times10^{-8}\text{W}/(\text{m}^2\cdot\text{K}^4)$

霜的温度　$T=273.15-18=255.2\text{K}$

单位面积的辐射能　$Q_\text{e}=\sigma T^4=240.3\text{W}/\text{m}^2$

天空晴朗的夜晚，屋顶向太空发射辐射，太空可视为热力学温度为 0K 的物体，因此屋顶辐射的能量即为屋顶的热损失。当有云层遮盖时，则屋顶与云层之间辐射换热，热损失减小。

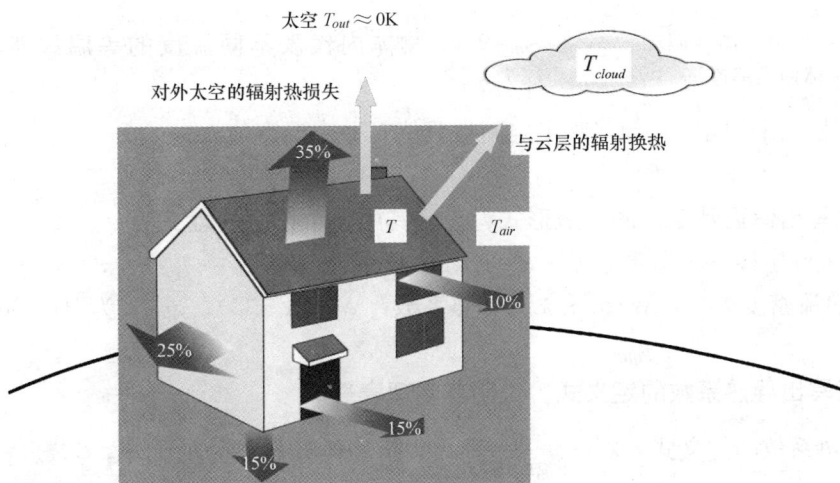

图 8-3　习题 8-7 附图　屋顶辐射热损失

8-8　宇宙空间可以近似看作温度为 0K 的真空空间。一宇宙飞船在太空中飞行，其外表面的平均温度为 $-30℃$，表面发射率为 0.6，试计算该宇宙飞船单位外表面积的辐射热损失。宇宙飞船接收到的热辐射可以忽略不计。

解：

宇宙飞船表面温度　$T_\text{w}=273.15-30=243.2\text{K}$

表面发射率　$\varepsilon=0.6$

单位面积的辐射热损失　$q_\text{e}=\varepsilon\sigma T^4=144.2\text{W}/\text{m}^2$

第九章　导　　热

思考题参考答案

图 9-1　思考题 9-1 附图
山体内的温度场

9-1　何谓温度场、等温面、等温线、温度梯度？

答：温度场是指某时刻物体内温度的空间分布。温度相等的空间点连成的曲面称为等温面，温度相同的空间点连成的线称为等温线。等温线通常是用平面切物体时，物体内等温面与平面的交线。温度梯度是等温面法线方向的温度变化率。在数值上，温度梯度表示在等温面法线方向上，相距单位距离的两个空间点之间的温度差。

9-2　物体内代表不同温度的等温线能否相交，为什么？

答：不能。因为同一时刻，一个空间点只能有一个温度值。

9-3　试写出傅里叶定律的一般形式，说明其中各个符号的意义。

答：傅里叶定律的一般形式是：$q = -\lambda \operatorname{grad} t$

式中：q 为热流密度矢量，W/m^2；λ 为导热系数，$W/(m \cdot ℃)$；$\operatorname{grad} t$ 为温度梯度，$℃/m$。

9-4　试写出导热系数的定义式，说明其物理意义。

答：导热系数的定义式：$\lambda = \dfrac{q}{|\operatorname{grad} t|}$，表示物体导热能力的大小，其数值表示在单位温度梯度作用下物体内所产生的热流密度。

9-5　推导导热微分方程所依据的基本定律有哪些？

答：傅里叶定律和热力学第一定律。

9-6　何谓热扩散率？它表示物质哪方面的物理性质？

答：热扩散率 $a = \dfrac{\lambda}{\rho c}$，也称为导温系数，表示物体内温度扯平的能力。热扩散率大，即 λ 较大，而热容量 ρc 比较小，即物体的导热能力强，单位温度升高所需的热量比较少，也就是温度变化传播得比较快。

9-7　分别用数学语言和传热学术语说明导热问题三种类型的边界条件。

答：（1）已知物体边界上的温度分布，$t_w = f(x, y, z, \tau)$；

（2）已知边界上的热流密度分布，$-\lambda\left(\dfrac{\partial t}{\partial n}\right)_w = q_w$；

（3）已知边界以外流体的温度 t_f 以及流体与壁面之间的表面传热系数 h，$-\lambda\left(\dfrac{\partial t}{\partial n}\right)_w = h(t_w - t_f)$。

9-8　导热问题的第三类边界条件可表示为 $-\lambda\left(\dfrac{\partial t}{\partial n}\right)_w = h(t_w - t_f)$，在什么情况下，第三类边界条件可转变为第一类边界条件？

答：$t_w - t_f = -\dfrac{\lambda}{h}\left(\dfrac{\partial t}{\partial n}\right)_w$，当固体的导热系数较小，固体壁面与外界流体之间的表面传热系数较大时，$t_w \approx t_f$，第三类边界条件转变为第一类边界条件。

9-9　壁面敷设肋片的目的何在？敷设时应如何考虑？

答：壁面敷设肋片的目的是增大换热面积，减小总的传热热阻。不过，热阻的减小或传热量的增加不是和肋片的面积增加成正比，通常随着肋片面积的增加，传热量增加逐渐减小，而敷设肋片需要增加设备的投资，因此敷设肋片需要综合优化。

9-10　试述肋片效率的定义和作用。

答：肋片效率定义为：肋片的实际散热量与假设肋片表面均为肋根温度时的理想散热量之比。肋片效率用于评价肋片散热的有效程度。

9-11　何谓非稳态导热问题的集总参数法？使用集总参数法的条件是什么？

答：忽略物体内部导热热阻的简化分析方法，称为集总参数法。使用集总参数法的条件是在固体与周围流体进行换热的非稳态导热问题中，固体中的导热热阻远小于固体表面与周围流体之间的对流换热阻。定义毕渥准则为 $Bi = h\delta/\lambda$，其中，h 为固体表面与周围流体的表面传热系数，δ 为固体的特征尺度，λ 为固体的导热系数。通常把 $Bi \leqslant 0.1$ 作为适用集总参数法的条件。

9-12　说明 Bi 数的物理意义。$Bi \to 0$ 与 $Bi \to \infty$ 各代表何种换热条件。

答：Bi 数表示固体内部的导热热阻与固体表面与周围流体之间的对流换热热阻的比较。$Bi \to 0$ 表示固体内的导热热阻远小于外部对流换热热阻，可以采用集总参数法；若固体内的导热热阻远大于外部对流换热热阻，外部对流换热热阻可以忽略，固体表面温度等于周围流体温度，第三类边界条件变为第一类边界条件。

习 题 参 考 答 案

9-1　一大平壁厚 80mm，两表面温度分别保持恒定的 120℃和 20℃，试计算当大平壁的

导热系数为 $0.12W/(m \cdot ℃)$ 时的热流密度。当大平壁的导热系数为 $12W/(m \cdot ℃)$ 时，热流密度又是多少？

解： 大平壁的稳态导热，平壁厚 $\delta = 0.08m$，壁面温度分别为 $t_1 = 120℃$，$t_2 = 20℃$

导热系数分别为 $\lambda_1 = 0.12W/(m \cdot ℃)$，$\lambda_2 = 12W/(m \cdot ℃)$

热流密度等于温压与热阻之比

$$q_1 = \frac{t_1 - t_2}{\dfrac{\delta}{\lambda_1}} = 150.0W/m^2, \quad q_2 = \frac{t_1 - t_2}{\dfrac{\delta}{\lambda_2}} = 1.5 \times 10^4 W/m^2$$

即导热系数增大到 100 倍，热流密度也增大到原来的 100 倍，导热系数表征物体的导热能力。

9-2 厚度为 8mm 的大钢板，导热系数为 $45W/(m \cdot ℃)$。钢板左侧接受热辐射照射，辐射换热的热流密度为 $6200W/m^2$，假设钢板左侧没有其他方式的热传递，现测得钢板右侧表面温度为 30℃，试问当传热为稳态时，钢板左侧表面温度是多少？

解： 大平板的稳态导热，钢板厚 $\delta = 0.008m$，导热系数 $\lambda = 45W/(m \cdot ℃)$

热流密度 $q = 6200W/m^2$，右侧温度 $t_2 = 30℃$

由 $q = \dfrac{t_1 - t_2}{\dfrac{\delta}{\lambda}}$ 可得

钢板左侧温度为

$$t_1 = t_2 + q\frac{\delta}{\lambda} = 30 + 6200 \times \frac{0.008}{45} = 31.1℃$$

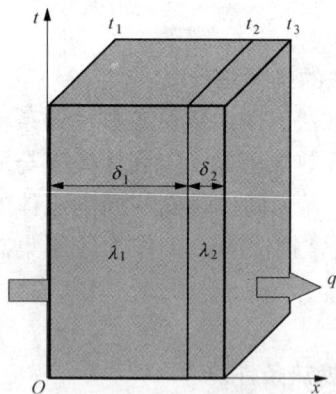

图 9-2 习题 9-3 附图
多层平壁的导热

9-3 如图 9-2 所示，有一厚度为 50mm 的平面墙，墙体材料的导热系数为 $2.5W/(m \cdot ℃)$，在其外侧覆盖了一层导热系数为 $0.12W/(m \cdot ℃)$ 的保温材料。复合墙壁两侧的温度分别为 650℃和 50℃，为使每平方米墙面的热损失不超过 $1300W/m^2$，求需要的保温层的厚度。

解： 两层平壁的导热

墙厚 $\delta_1 = 0.05m$，导热系数 $\lambda_1 = 2.5W/(m \cdot ℃)$

保温材料导热系数 $\lambda_2 = 0.12W/(m \cdot ℃)$

壁面温度分别为 $t_1 = 650℃$，$t_3 = 50℃$

热流密度不超过 $q = 1300W/m^2$

多层平壁的总热阻等于各层热阻之和，由热力密度计算式

$$q = \frac{t_{w1} - t_{w3}}{\dfrac{\delta_1}{\lambda_1} + \dfrac{\delta_2}{\lambda_2}}$$

可得保温层的厚度为

$$\delta_2 = \left(\frac{t_1 - t_3}{q} - \frac{\delta_1}{\lambda_1}\right)\lambda_2 = \left(\frac{650 - 50}{1300} - \frac{0.05}{2.5}\right) \times 0.12 = 0.052\,98m$$

9-4　如图 9-3 所示，锅炉炉墙由耐火砖和红砖两层砌成，厚度均为 250mm，导热系数分别为 0.68W/（m·℃）和 0.52W/（m·℃），炉墙内、外表面温度分别为 760℃和 80℃。求：（1）通过炉墙的热流密度。（2）若把红砖换成导热系数为 0.052W/（m·℃）的珍珠岩保温混凝土，若要保持原来的散热热流密度不变，则珍珠岩保温混凝土层的厚度应为多少？

解： 多层大平壁的导热。

耐火砖墙厚 $\delta_1 = 0.25$m，红砖墙厚 $\delta_2 = 0.25$m，

导热系数分别为　$\lambda_1 = 0.68$W/（m·℃），$\lambda_2 = 0.52$W/（m·℃）

壁温 $t_1 = 760$℃，$t_3 = 80$℃

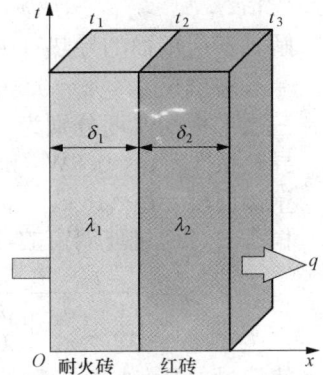

图 9-3　习题 9-4 附图
锅炉炉墙的导热

（1）热流密度

$$q = \frac{t_1 - t_3}{\dfrac{\delta_1}{\lambda_1} + \dfrac{\delta_2}{\lambda_2}} = \frac{760 - 80}{\dfrac{0.25}{0.68} + \dfrac{0.25}{0.52}} = 801.5 \text{W/m}^2$$

（2）红砖换成保温材料，$\lambda_{2a} = 0.052$W/（m·℃），由热流密度表达式可得

$$\delta_{2a} = \left(\frac{t_1 - t_3}{q} - \frac{\delta_1}{\lambda_1} \right) \lambda_{2a} = 0.025 \text{m} = 25 \text{mm}$$

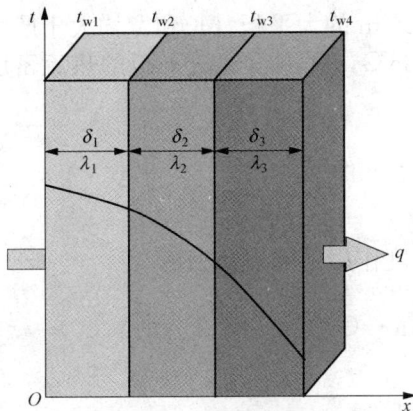

图 9-4　习题 9-5 附图
三层平壁内的温度分布

9-5　如图 9-4 所示，有三层平壁，各层材料的导热系数分别为常数，接触面无接触热阻。现测得各个壁面温度分别为 $t_{w1} = 620$℃、$t_{w2} = 520$℃、$t_{w3} = 280$℃、$t_{w4} = 60$℃，试比较各层导热热阻的大小，绘出各层平壁内温度分布的示意图。

解： 多层平壁的热阻对比。

稳态条件下，多层平壁内的热流量和热流密度沿传热方向是常数，各层平壁的温压和热阻成正比。壁面温度 $t_{w1} = 620$℃、$t_{w2} = 520$℃、$t_{w3} = 380$℃、$t_{w4} = 60$℃。

各层平壁上的温压

$$\Delta t_1 = t_{w1} - t_{w2} = 100.0℃$$
$$\Delta t_2 = t_{w2} - t_{w3} = 140.0℃$$
$$\Delta t_3 = t_{w3} - t_{w4} = 320.0℃$$

由 $\dfrac{\Delta t_1}{R_{t1}} = \dfrac{\Delta t_2}{R_{t2}} = \dfrac{\Delta t_3}{R_{t3}}$ 可知各层平壁热阻之比为

$$R_{t1} : R_{t2} : R_{t3} = \Delta t_1 : \Delta t_2 : \Delta t_3 = 100 : 140 : 320 = 5 : 7 : 16$$

9-6　玻璃窗高 1.2m、宽 0.6m，采用厚度均为 5mm 的双层玻璃，玻璃的导热系数为 0.8W/（m·℃），玻璃层之间是厚度为 6mm 的空气间层，忽略空气间层的对流作用，空气的导热系数为 2.44×10^{-2} W/（m·℃）。已知室内外玻璃表面的温度分别为 18℃和 −15℃，试确定该玻璃窗的热损失。如果采用单层玻璃，其他条件不变，则热损失是双层玻璃

的多少倍?

解: 三层壁面的导热（夹层中的空气视为平板）。

玻璃尺寸宽 $a=0.6$m，高 $h=1.2$m，面积 $A=ah=0.6\times1.2=0.72$m^2

三层平板的厚度分别为　$\delta_1=0.005$m，$\delta_2=0.006$m，$\delta_3=0.005$m

导热系数　$\lambda_1=0.8$W/(m·℃)，$\lambda_2=2.44\times10^{-2}$W/(m·℃)，$\lambda_3=0.8$W/(m·℃)

壁面温度　$t_1=18$℃，$t_4=-15$℃

稳态时，通过玻璃窗的热流密度

$$q=\frac{t_1-t_4}{\dfrac{\delta_1}{\lambda_1}+\dfrac{\delta_2}{\lambda_2}+\dfrac{\delta_3}{\lambda_3}}=\frac{18+15}{\dfrac{0.005}{0.8}+\dfrac{0.006}{2.44\times10^{-2}}+\dfrac{0.005}{0.8}}=127.7\text{W/m}^2$$

热流量　$Q=Aq=0.72\times127.7=91.95$W

如果用单层玻璃，散热损失为

$$Q_a=A\frac{t_1-t_4}{\dfrac{\delta_1}{\lambda_1}}=0.72\times\frac{18+15}{\dfrac{0.005}{0.8}}=0.72\times5280=3801.6\text{W}$$

$$\frac{Q_a}{Q}=41.34$$

即单层玻璃的散热损失是双层玻璃的 41.34 倍，如果两层玻璃紧贴在一起，则热阻增大到单层玻璃的 2 倍，散热损失是中间有空气夹层的 20.67 倍，可见中间空气夹层对于减小房间的热损失可以起到很大的作用。

9-7　为测定一种材料的导热系数，用该材料做成厚 8mm 的大平板（长和宽均大于厚度的 10 倍）。在稳定状态下，保持平板两表面间的温差为 36℃，并测得通过平板的热流密度为 5300W/m^2。试确定该材料的导热系数。

解: 材料导热系数的测量，按大平板。

平板厚度 $\delta=0.008$m，温差 $\Delta t=36$℃，热流密度 $q=5300$W/m^2

由 $q=\dfrac{\Delta t}{\dfrac{\delta}{\lambda}}$ 可知。导热系数 λ 在数值上等于单位温度梯度作用下的热流密度

$$\lambda=\frac{q}{\dfrac{\Delta t}{\delta}}=\frac{\delta}{\Delta t}=1.178\text{ W/(m·℃)}$$

9-8　如图 9-5 所示，外直径为 70mm 的蒸汽管道，外面包裹两层保温材料，内层是厚 22mm、导热系数为 0.11W/(m·℃) 的石棉，外层是厚 80mm、导热系数为 0.05W/(m·℃) 的超细玻璃棉。已知蒸汽管道外表面温度为 500℃，保温层最外表面温度为 56℃，求每米管长的热损失以及两保温层交界处的温度。

解: 两层圆通壁的导热。稳态时，热流量 Q 为常数。

保温层管道的直径

$$d_1=0.07\text{m}$$

$$d_2=d_1+0.022\times2=0.114\ 0\text{m}$$

$$d_3=d_2+0.08\times2=0.274\ 0\text{m}$$

导热系数　$\lambda_1=0.11$W/(m·℃)，$\lambda_2=0.05$W/(m·℃)

温度 $t_{w1}=500℃$，$t_{w3}=56℃$

内层热阻（单位长度）

$$R_{t1}=\frac{1}{2\pi\lambda_1}\ln\frac{d_2}{d_1}=0.705\,6(m\cdot℃)/W$$

外层热阻（单位长度）

$$R_{t2}=\frac{1}{2\pi\lambda_2}\ln\frac{d_3}{d_2}=2.791(m\cdot℃)/W$$

单位管长的热损失

$$Q=\frac{t_{w1}-t_{w3}}{R_{t1}+R_{t2}}=\frac{500-56}{0.705\,6+2.791}=127.0W/m$$

由 $Q=\frac{t_{w1}-t_{w2}}{R_{t1}}$ 可计算两层之间的温度，即

$$t_{w2}=t_{w1}-QR_{t1}=500-127\times0.705\,6=410.4℃$$

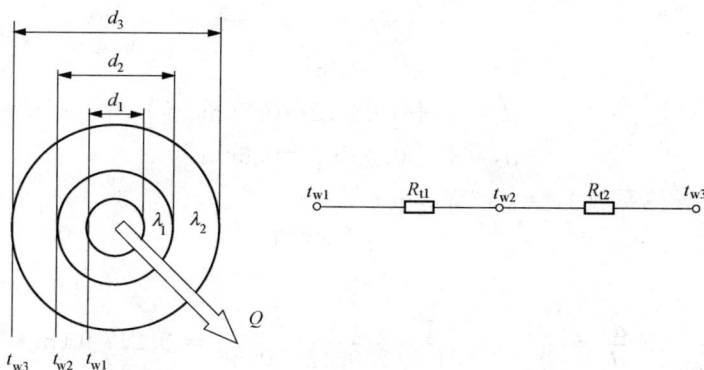

图 9-5 习题 9-8 附图 蒸汽管道外的保温层

9-9 题 9-8 中，如果在安装过程中所用的保温材料次序颠倒，而其他条件不变，蒸汽管道和保温层最外表面温度也保持不变，那么每米管长的热损失是否发生变化？

解： 若保温材料顺序颠倒，保温材料厚度不变，则

保温层管道的直径

$$d_1=0.07m$$
$$d_2=d_1+0.08\times2=0.23m$$
$$d_3=d_2+0.022\times2=0.274\,0m$$

导热系数 $\lambda_1=0.05W/(m\cdot℃)$，$\lambda_2=0.11W/(m\cdot℃)$

温度 $t_{w1}=500℃$，$t_{w3}=56℃$

内层热阻 $R_{t1}=\frac{1}{2\pi\lambda_1}\ln\frac{d_2}{d_1}=3.787(m\cdot℃)/W$

外层热阻 $R_{t2}=\frac{1}{2\pi\lambda_2}\ln\frac{d_3}{d_2}=0.253\,3(m\cdot℃)/W$

单位管长的热损失 $Q=\frac{t_{w1}-t_{w3}}{R_{t1}+R_{t2}}=109.9W/m$

两层之间的温度 $t_{w2}=t_{w1}-QR_{t1}=83.84℃$

> ⭐ **说　明**
>
> 将超细玻璃棉置于里层可以减小热损失，提高保温效果，但在实际工程中，将保温材料顺序颠倒未必可行，因为石棉的耐高温性能好，最高使用温度通常在1000℃，而超细玻璃棉的最高使用温度在500℃左右。为了保险起见，在蒸汽管道外表面达到500℃的条件下，不应使用超细玻璃棉，所以与管道接触的里层应使用石棉保温层。

9-10　有一根外直径为0.5m的水蒸气管道，管道内水蒸气的温度为400℃，管道外壁的温度等于蒸汽温度。管道外包裹两层材料，第一层材料的厚度为0.03m，第二层材料的厚度为0.05m，导热系数为$\lambda_2=0.12$W/(m·℃)。现测得第二层材料的外表面温度为30℃，内表面温度为200℃，试计算管道的热损失和第一层材料的导热系数λ_1。

解：两层圆筒壁的稳态导热，通过每层圆筒壁的热流量相同

保温层直径

$$d_1=0.5\text{m}$$
$$d_2=d_1+0.03\times2=0.56\text{m}$$
$$d_3=d_2+0.05\times2=0.66\text{m}$$

第二层材料的导热系数$\lambda_2=0.12$W/(m·℃)

各个壁面温度 $t_{w1}=400℃$，$t_{w2}=200℃$，$t_{w3}=30℃$

外层热阻

$$R_{t2}=\frac{1}{2\pi\lambda_2}\ln\frac{d_3}{d_2}=\frac{1}{2\times3.141\,59\times0.12}\ln\frac{0.66}{0.56}=0.217\,9\,(\text{m}·℃)/\text{W}$$

单位管长的热损失为

$$Q=\frac{t_{w2}-t_{w3}}{R_{t2}}=\frac{200-30}{0.217\,9}=780.1\text{W/m}$$

由$Q=\dfrac{t_{w1}-t_{w2}}{R_{t1}}$可计算内层热阻为

$$R_{t1}=\frac{t_{w1}-t_{w2}}{Q}=\frac{400-200}{780.1}=0.256\,4(\text{m}·℃)/\text{W}$$

由热阻计算式$R_{t1}=\dfrac{1}{2\pi\lambda_1}\ln\dfrac{d_2}{d_1}$，计算内层材料导热系数，即

$$\lambda_1=\frac{1}{2\pi R_{t1}}\ln\frac{d_2}{d_1}=0.070\,35\text{W/(m·℃)}$$

9-11　外直径为120mm的蒸汽管道，其外用导热系数为0.052W/(m·℃)的超细玻璃棉毡保温，已知蒸汽管道外壁面温度为500℃，当保温层外表面温度为50℃时，若要求每米管长热损失不超过260W，试求所需的保温层厚度。

解：单层圆筒壁的导热问题，如图9-6所示。

保温层内直径$d_1=0.12$m，超细玻璃棉毡导热系数$\lambda=0.052$W/(m·℃)

保温层内外表面温度　$t_{w1}=500$，$t_{w2}=50$

每米管道热损失　$Q = 260\mathrm{W/m}$

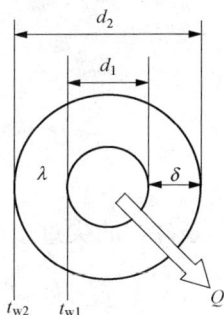

图 9-6　习题 9-11 附图　蒸汽管道外的保温层

由 $Q = \dfrac{t_{w1} - t_{w2}}{\dfrac{1}{2\pi\lambda}\ln\dfrac{d_2}{d_1}}$ ，可得保温玻璃棉毡的外直径

$$d_2 = d_1 \times e^{\frac{t_{w1}-t_{w2}}{Q}2\pi\lambda} = 0.211\ 2\mathrm{m}$$

保温玻璃棉毡的厚度为

$$\delta = \frac{d_2 - d_1}{2} = 0.045\ 62\mathrm{m} = 45.62\mathrm{mm}$$

验算保温玻璃棉毡的热阻　$R_t = \dfrac{1}{2\pi\lambda}\ln\dfrac{d_2}{d_1} = 1.731(℃\cdot m)/W$

验算每米热损失　$Q_c = \dfrac{t_{w1} - t_{w2}}{R_t} = 260.0\mathrm{W/m}$

9-12　表面温度为 180℃的钢板上垂直伸出一个直径为 20mm，长 200mm 的钢质直圆柱杆，伸入到温度为 26℃的气流中。若圆柱杆表面与气流之间的表面传热系数为 12W/($\mathrm{m}^2\cdot℃$)，圆柱杆的导热系数 $\lambda = 60\mathrm{W/(m\cdot℃)}$。试计算圆柱杆顶端的温度以及每小时由圆柱杆表面向周围气流散失的热量。

解： 圆柱形等截面直肋的稳态导热问题，如图 9-7 所示。

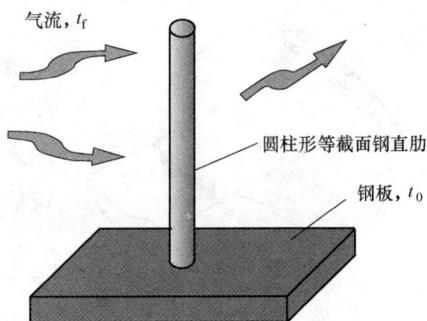

图 9-7　习题 9-12 附图

直圆柱杆直径 $d = 0.02\mathrm{m}$，长度 $L = 0.2\mathrm{m}$

肋根温度 $t_0 = 180℃$，周围流体温度 $t_f = 26℃$

圆柱杆导热系数　$\lambda = 60\mathrm{W/(m\cdot℃)}$

圆柱杆表面与周围流体的表面传热系数　$h = 12\mathrm{W/(m^2\cdot℃)}$

直圆柱杆周长 $P = \pi d = 0.062\ 83\mathrm{m}$，截面积 $A = \pi\dfrac{d^2}{4} = 0.000\ 314\ 2\mathrm{m}^2$

$$m = \sqrt{\frac{hP}{\lambda A}} = 6.325$$

肋根过余温度　$\theta_0 = t_0 - t_f = 154.0℃$

定义双曲函数：

$$\mathrm{ch}x = \frac{e^x + e^{-x}}{2}$$

$$\mathrm{sh}x = \frac{e^x - e^{-x}}{2}$$

$$\mathrm{th}x = \frac{\mathrm{sh}x}{\mathrm{ch}x}$$

按肋尖绝热边界条件，肋尖过余温度为

$$\theta_l = \frac{\mathrm{ch}0}{\mathrm{ch}(mL)}\theta_0 = 80.52℃$$

肋尖温度　$t_l = \theta_l + t_f = 106.5℃$

肋片散热损失　$Q = \lambda A m \theta_0 \mathrm{th}(mL) = 15.65\mathrm{W}$

说明：（1）相比之下，若整个肋片表面都具有肋根的温度时，肋片散热量为

$$Q_{\mathrm{ideal}} = \pi dLh(t_0 - t_f) = 23.22\mathrm{W}$$

由此可得此肋片的肋片效率为

$$\eta = \frac{Q}{Q_{\mathrm{ideal}}} = \frac{15.65}{23.22} = 0.674$$

（2）如果将肋尖面积折算到侧面，有

$$L_a = \frac{\pi\dfrac{d^2}{4}}{\pi d} = 0.005, \quad L_2 = L + L_a = 0.205\,0$$

$$Q_2 = \lambda A m \theta_0 \mathrm{th}(mL_2) = 15.80\mathrm{W}$$

与 $Q = 15.65\mathrm{W}$ 很接近，可见采用顶部绝热边界条件，对计算结果的影响很小。

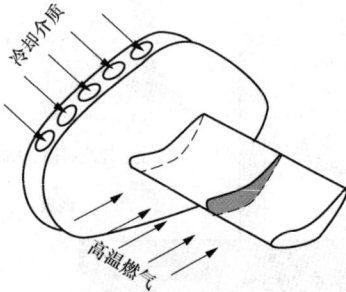

图 9-8　习题 9-13 附图
涡轮叶片的冷却

9-13　用一个翼型截面的直柱体来模拟燃气涡轮叶片的散热过程。柱体的长 $L=9\mathrm{cm}$，截面周长为 $P=6.6\mathrm{cm}$，截面积为 $A=1.65\mathrm{cm}^2$，柱体的根部被冷却到 $t_0=300℃$，温度为 $t_f=900℃$ 的高温燃气吹过该柱体。假设柱体表面的表面传热系数是均匀的且为 $h=22\mathrm{W/(m^2 \cdot ℃)}$，柱体材料的导热系数为 $\lambda=55\mathrm{W/(m \cdot ℃)}$，柱体的自由端面按绝热处理，求：（1）柱体中间截面和端面的平均温度；（2）柱体表面与高温燃气之间的换热热流量。

解： 等截面直肋的稳态导热，如图 9-8 所示。

柱体长度 $L=0.09\mathrm{m}$，截面周长 $P=0.066\mathrm{m}$，肋片截面积 $A=1.65\times10^{-4}\mathrm{m}^2$

肋根温度 $t_0=300℃$，周围流体温度 $t_f=900℃$

表面传热系数　$h=22\mathrm{W/(m^2 \cdot ℃)}$

肋片材料的导热系数　$\lambda=55\mathrm{W/(m \cdot ℃)}$

（1）计算　$m=\sqrt{\dfrac{hP}{\lambda A}}=12.65$

根部过余温度　$\theta_0 = t_0 - t_f = -600.0$

顶部端面过余温度　　$\theta_{\mathrm{L}} = \dfrac{\mathrm{ch}0}{\mathrm{ch}(mL)}\theta_0 = -348.6$

顶部端面平均温度

$$t_{\mathrm{L}} = \theta_{\mathrm{L}} + t_{\mathrm{f}} = 551.4\,℃$$

中间截面（$x = \dfrac{L}{2}$）过余温度 $\theta_{\mathrm{hL}} = \dfrac{\mathrm{ch}\dfrac{mL}{2}}{\mathrm{ch}(mL)}\theta_0 = -406.6$

中间截面温度

$$t_{\mathrm{hL}} = \theta_{\mathrm{hL}} + t_{\mathrm{f}} = 493.4\,℃$$

（2）柱体与燃气之间的换热热流量为

$$Q = \lambda A m \theta_0\,\mathrm{th}\,(mL) = -56.06\mathrm{W}$$

肋片吸热为负，放热为正，这里肋片吸热。

9-14　一初始温度为 t_0 的固体，在 $\tau=0$ 时刻被突然置于室内空气温度为 t_∞ 的大房间内，物体表面的发射率为 ε，表面与空气之间的表面传热系数为 h，物体的体积为 V，换热表面积为 A，比热容和密度分别为 c 和 ρ。物体内部的导热热阻可以忽略不计，物体单位面积的辐射换热量为 $\varepsilon\sigma\,(T^4 - T_\infty^4)$，试给出物体内温度随时间变化的微分方程式和定解条件。

解： 图 9-9 所示为非稳态导热的集总参数法。

设固体当前温度为 t，则当前固体表面与周围流体的对流换热热流量为

$$Q_{\mathrm{c}} = hA(t - t_\infty) = hA(T - T_\infty)$$

当前固体表面与外界的辐射换热热流量为

$$Q_{\mathrm{r}} = \varepsilon\sigma A(T^4 - T_\infty^4)$$

则在 $\mathrm{d}\tau$ 时间内，离开固体的能量为

$$Q\mathrm{d}\tau = (Q_{\mathrm{c}} + Q_{\mathrm{r}})\mathrm{d}\tau = [hA(t - t_\infty) + \varepsilon\sigma A(T^4 - T_\infty^4)]\mathrm{d}\tau$$

离开的能量来自固体内能的减少量，即

$$Q\mathrm{d}\tau = -\mathrm{d}U = -\rho V c\,\mathrm{d}T$$

可得物体内温度随时间变化的微分方程式为

$$\frac{\mathrm{d}T}{\mathrm{d}\tau} = -\frac{Q}{\rho V c} = \frac{hA(t - t_\infty)}{\rho V c} + \frac{\varepsilon\sigma A(T^4 - T_\infty^4)}{\rho V c}$$

定解条件为 $\tau=0\mathrm{s}$ 时，$T = t_0 + 273.15\mathrm{K}$。

图 9-9　习题 9-14 附图
非稳态导热的集总参数法

9-15　一个热电偶的热接点可以近似看成球体，其导热系数为 $\lambda=25\mathrm{W}/(\mathrm{m}\cdot℃)$，比热容为 $c=400\mathrm{J}/(\mathrm{kg}\cdot℃)$，密度为 $\rho=8500\mathrm{kg/m^3}$。热接点的初始温度为 $20℃$，突然置于温度为 $300℃$ 的烟气流中，热接点表面与烟气流之间的表面传热系数为 $200\mathrm{W}/(\mathrm{m^2}\cdot℃)$。要使热接点的时间常数为 $\tau_{\mathrm{c}}=1\mathrm{s}$，热接点的直径应该多大？（忽略热接点引线的影响）

解： 非稳态导热问题。如图 9-10 所示，由于热接点球体直径是未知量，无法先校核毕

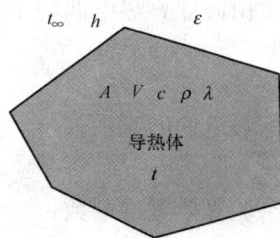

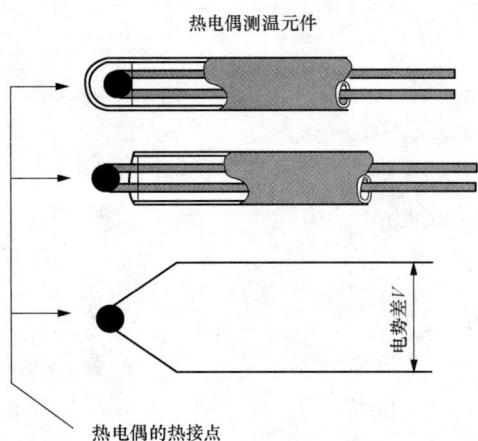

热电偶测温元件

电势差 V

热电偶的热接点

图 9-10　习题 9-15 附图

渴准则。这里先采用集总参数法计算，待求出热接点直径后再进行校核，若不满足条件，则需要采用其他方法重新计算。

热电偶导热系数 $\lambda=25\mathrm{W/(m\cdot{}^\circ\!C)}$，比热容 $c=400\mathrm{J/(kg\cdot{}^\circ\!C)}$，密度 $\rho=8500\mathrm{kg/m^3}$

热电偶初始温度 $t_0=20{}^\circ\!C$，周围流体温度 $t_f=300{}^\circ\!C$

表面传热系数 $h=200\mathrm{W/(m^2\cdot{}^\circ\!C)}$

由时间常数 $\tau_c=\dfrac{\rho Vc}{hA}=1\mathrm{s}$，其中 $V=\dfrac{4}{3}\pi R^3$，$A=4\pi R^2$ 可得

$$\tau_c=\frac{\rho Rc}{3h}=1\mathrm{s}$$

由此计算热电偶的半径为

$$R=\frac{3h\tau_c}{\rho c}=0.000\,176\,5=0.176\,5\mathrm{mm}$$

热电偶的直径为

$$d=2R=0.000\,352\,9=0.353\mathrm{mm}$$

验算毕渴准则数：

$$Bi=\frac{hR}{\lambda}=0.001\,412<0.1$$，可以采用集总参数法。

9-16　将初始温度为 500℃、直径为 20mm 的金属球突然置于温度为 15℃ 的空气中。已知金属球表面与周围空气环境之间的表面传热系数为 $h=40\mathrm{W/(m^2\cdot{}^\circ\!C)}$，金属球的物性参数为 $\rho=2700\mathrm{kg/m^3}$，比热容 $c=0.9\mathrm{kJ/(kg\cdot{}^\circ\!C)}$，$\lambda=260\mathrm{W/(m\cdot{}^\circ\!C)}$。忽略金属球的辐射换热，试确定该金属球由 500℃ 降至 60℃ 所需要的时间。

解： 非稳态导热，先验算毕渴准则数

$$Bi=\frac{hd}{2\lambda}=\frac{40\times0.02}{2\times260}=0.001\,538<0.1$$ 可以采用集总参数法。

初始过余温度　$\theta_0=t_0-t_f=500-15=485{}^\circ\!C$

当前温度 $t=60{}^\circ\!C$，过余温度　$\theta=t-t_f=45.0{}^\circ\!C$

由

$$\frac{\theta}{\theta_0}=e^{-\frac{hA}{\rho Vc}\tau},\ \frac{\theta}{\theta_0}=\frac{45}{485},\ \frac{V}{A}=\frac{\frac{4}{3}\pi R^3}{4\pi R^2}=\frac{R}{3}=\frac{d}{6}$$

可得

$$-\frac{hA}{\rho Vc}\tau=\ln\frac{\theta}{\theta_0},\quad \tau=-\frac{\rho Vc}{hA}\ln\frac{\theta}{\theta_0}$$

所需时间

$$\tau=-\frac{d}{6}\frac{\rho c}{h}\ln\frac{\theta}{\theta_0}=-\frac{0.02}{6}\times\frac{2700\times900}{40}\ln\frac{45}{485}=481.4\mathrm{s}$$

即 8 分 1.4 秒。

9-17 一块厚度为 $2\delta = 18\text{mm}$ 的大钢板，导热系数 $\lambda = 45\text{W}/(\text{m} \cdot \text{℃})$、热扩散率 $a = 1.37 \times 10^{-5}\text{m}^2/\text{s}$。将钢板加热到 520℃ 以后置于温度为 25℃ 的空气中冷却，在冷却过程中钢板两侧表面与周围空气之间的表面传热系数维持为 $30\text{W}/(\text{m}^2 \cdot \text{℃})$。问将钢板冷却到 30℃ 所需要的时间。

解： 大平板双侧换热的非稳态导热如图 9-11 所示。

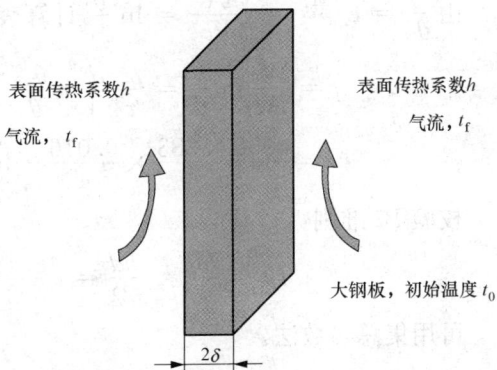

平板厚度的一半为　$\delta = \dfrac{0.018}{2} = 0.009\text{m}$

图 9-11　习题 9-17 附图

计算 Bi 准则：$Bi = \dfrac{h\delta}{\lambda} = \dfrac{30 \times 0.009}{45} = 0.006 < 0.1$，可以采用集总参数法。

钢板导热系数 $\lambda = 45\text{W}/(\text{m} \cdot \text{℃})$，热扩散率 $a = \dfrac{\lambda}{\rho c} = 1.37 \times 10^{-5}\text{m}^2/\text{s}$

初始温度 $t_0 = 520\text{℃}$，当前温度 $t = 30$，空气温度 $t_f = 25\text{℃}$

计算过余温度　$\theta_0 = t_0 - t_f = 495.0$，$\theta = t - t_f = 5.0$

单位体积钢板的比热容　$C = \rho c = \dfrac{\lambda}{a} = \dfrac{45}{1.37 \times 10^{-5}} = 3.285 \times 10^6\text{J}/\text{m}^3$

由　　　　$\dfrac{\theta}{\theta_0} = e^{-\frac{hA}{\rho Vc}\tau}$，$\tau = -\dfrac{\rho Vc}{hA}\ln\dfrac{\theta}{\theta_0} = \dfrac{CV}{hA}\ln\dfrac{\theta_0}{\theta}$

投影面积为 1 的钢板体积为 2δ，表面积为 2（双面散热），$\dfrac{V}{A} = \delta$

将钢板冷却到 30℃ 所需要的时间

$$\tau = \dfrac{C\delta}{h}\ln\dfrac{\theta_0}{\theta} = 4528\text{s} = \dfrac{4528}{60} = 75.47\text{min}$$

需要 1 小时 15 分钟 28 秒。

9-18 将初始温度为 150℃、直径为 16mm 的长直金属棒突然置于气温为 25℃、流速为 12m/s 的风洞之中，6min 后金属棒的温度降到 60℃，试计算此过程中空气和金属棒表面之间的表面传热系数。金属棒的物性参数为密度 $\rho = 8950\text{kg}/\text{m}^3$，$c = 383\text{J}/(\text{kg} \cdot \text{℃})$，$\lambda = 386\text{W}/(\text{m} \cdot \text{℃})$。

解： 长直金属棒的非稳态导热。表面传热系数 h 未知，无法计毕渥准则，先假定可以使用集总参数法，再进行校验。

初始温度　$t_0 = 150\text{℃}$，空气温度　$t_f = 25\text{℃}$
当前温度　$t = 60\text{℃}$，所需时间　$\tau = 6 \times 60 = 360.0\text{s}$
计算过余温度

$$\theta_0 = t_0 - t_f = 150 - 25 = 125.0, \quad \theta = t - t_f = 60 - 25 = 35.0$$

略去端面面积，长为 L 的圆柱的体积为 $V=\pi R^2 L$，表面积 $A=2\pi RL$，即 $\dfrac{V}{A}=\dfrac{R}{2}=\dfrac{d}{4}$

由 $\dfrac{\theta}{\theta_0}=\mathrm{e}^{-\frac{hA}{\rho Vc}\tau}$，$-\dfrac{hA}{\rho Vc}\tau=\ln\dfrac{\theta}{\theta_0}$ 计算表面传热系数：

$$h=\frac{\rho Vc}{A\tau}\ln\frac{\theta_0}{\theta}=\frac{\rho c}{\tau}\frac{d}{4}\ln\frac{\theta_0}{\theta}$$

$$=\frac{8950\times383}{360}\times\frac{0.016}{4}\times\ln\frac{125}{35}=48.48\,\mathrm{W/(m^2\cdot\text{℃})}$$

校验 Bi 准则：

$$Bi=\frac{hR}{\lambda}=\frac{hd}{2\lambda}=\frac{48.48\times0.016}{2\times386}=0.000\,621\,8<0.1$$

可用集总参数法。

第十章 对流换热

思考题参考答案

10-1 何谓对流换热？用简明的语言解释速度边界层和热边界层的概念。

答：对流换热是流体和与之接触的固体壁面之间的换热。

速度边界层：流体流过固体壁面的时候，由于流体的黏性，紧贴壁面的流体和固壁之间没有相对运动，若流体主流和壁面之间有相对运动，则在壁面附近流体相对于壁面的运动有一个逐渐增大的区间，壁面附近这个速度变化显著的薄层就是速度边界层。

温度边界层：在对流换热现象中，若壁面温度是 t_w、流体主体的温度是 t_f，温度是连续变化的，则紧贴壁面的流体温度等于壁面温度，在贴近壁面的一层流体中，温度从 t_w 逐渐变化到主流温度 t_f，这一温度变化显著的流体薄层称为温度边界层。

10-2 影响对流换热的主要因素有哪些？

答：影响对流换热的因素很多，主要包括：

（1）流动的起因，即是强制对流还是自然对流。强制对流时流体的流动是外力驱动的，而自然对流时流体的流动是由换热本身引起的流体中的温度差（密度差）驱动的。

（2）流体有无相变。有相变的沸腾换热或凝结换热和单相流体的换热规律有较大差异，需要考虑汽化潜热。如饱和水定压汽化的过程中，流体吸收热量汽化，但温度不变。

（3）流动的状态，即湍流还是层流。湍流边界层的热对流较强，而层流边界层中的热对流很弱。

（4）壁面的几何形状。流体流过不同形状的固体表面时，流动形态受到壁面几何因素的影响。如同样的流体、同样的来流速度流过平板和横掠圆管时，换热状况不同。

（5）流体的物理性质，包括流体的导热系数、密度、比热容、运动黏度以及体胀系数等。

10-3 一盛有热水的玻璃杯置于盛有冷水的盆中，冷水的表面大约在热水高度的一半处。过一段时间后，取出杯子缓缓饮用，你会感到上部的水和下部的水温度有明显差别。试解释这种现象，此时杯中的水有无导热现象？有无剧烈的对流现象？

答：如图 10-1 所示，水杯中的热水和盆中的冷水通过水杯进行换热，水杯内下部的水被冷却，而上部的水温度较高，密度较小（水在 4℃ 以上是热胀冷缩的），热水浮在冷水之上，不会发生剧烈掺混，冷热水之间主要通过导热进行热量

图 10-1 思考题 10-3 附图
下部置于凉水盆中的热水水杯

交换，而水是热的不良导体，导热传递热量的热流量很小，因此水杯内的水会在较长的时间内保持上部温度高，下部温度低的状态。

水杯中有导热现象，上部热水和下部凉水之间没有剧烈的对流现象。

10-4　既然在紧贴壁面的流体边界上垂直于壁面方向的热量传递完全依靠导热进行，那么流体的流动在对流换热过程中起什么作用？

答：对于紧贴壁面的流体层，热量完全依靠导热进行传递。该处的温度分布或温度梯度与流体的流动有关，因此对流换热是热对流和导热综合作用的结果。

10-5　说明管槽内对流换热的入口效应。

答：管槽的入口段有一个流动边界层和温度边界层逐步发展的过程，局部的表面传热系数 h_x 也是随着流动的距离变化的，经过一段距离之后，局部表面传热系数逐渐稳定，不再随着流动的距离变化。所以对于较短的管槽，平均的表面传热系数和管长有关。

10-6　对管内强制对流换热，为何采用短管和弯管可以强化流体的换热？

答：对于管内强制对流换热，入口段是流动边界层和温度边界层逐步建立和发展的区段，在较薄的流体层中存在较大的温差，局部表面传热系数通常大于充分发展后的数值，因此短管的平均表面传热系数高于长管。如果管道轴线不是直线而是弯曲的，则管内流体在流动过程中增加了扰动，湍流增强，热对流增强，可以强化换热。

10-7　什么是大空间自然对流？何谓有限空间自然对流？

答：如果自然对流形成的热边界层不受其他热边界层或壁面的干扰，就称为大空间自然对流；反之则为有限空间自然对流。

10-8　简述 *Nu* 数、*Pr* 数和 *Re* 数的物理意义。*Nu* 数和 *Bi* 数有什么区别？

答：$Nu = \dfrac{h\delta}{\lambda} = \dfrac{\dfrac{\delta}{\lambda}}{\dfrac{1}{h}}$ ，此式分子相当于以尺度 δ 为厚度的流体层的导热热阻，分母相当于对流换热热阻，因此努赛尔数是流体自身导热热阻和对流换热热阻之比，表示了"对流"对换热的贡献程度，因此努塞尔数可以表示对流换热的强弱。同时，$Nu = -(\dfrac{\partial \Theta}{\partial Y})_{Y=0}$ ，努塞尔数也表示紧贴壁面处的流体中，在壁面法线方向的无量纲温度梯度。

$Pr = \dfrac{\nu}{a}$ ，表示运动黏性系数和导温系数的对比。运动黏性系数表征流体中动量扩散的能力，导温系数 $a = \dfrac{\lambda}{\rho c}$ ，表征物体中温度变化传播的快慢。若 $Pr > 1$ ，则对流换热现象中速度边界层的厚度大于温度边界层的厚度；若 $Pr < 1$ ，则速度边界层的厚度小于温度边界层的厚度；若 $Pr = 1$ ，则速度边界层的厚度与温度边界层的厚度相当。速度边界层厚度与温度边界层厚度之比是普朗特数的函数，即

$$\frac{\delta}{\delta_t} = Pr^{\frac{1}{3}}$$

$Re = \frac{u_m L}{\nu}$，表示流体中惯性力和黏性力的对比。惯性力大时，流体微团容易失去稳定而形成脉动，黏性力大时，流体微团的脉动受到黏性束缚，流体微团的掺混减弱，因此雷诺数较大时往往对流换热也较强。

从表达式来看，$Nu = \frac{h\delta}{\lambda}, Bi = \frac{h\delta}{\lambda}$，努塞尔数和毕渥数是相同的，但实质上则有本质区别，努塞尔数是描述流体对流换热的，其中的 λ 是流体的导热系数，δ 是与流动空间相关的几何尺度（如管内流动时是管的内直径，管外横掠圆管时是管的外直径）；毕渥数是描述非稳态导热的特点的，其中，λ 是导热体的导热系数，δ 是导热体的几何尺度（如圆球的半径）。从物理意义来看，努塞尔数表征流体的导热热阻与表面传热热阻的对比，毕渥数表征导热体的导热热阻与对流换热热阻的对比。

10-9　说明膜状凝结和珠状凝结的概念。

答：如果蒸汽凝结后的液滴能够很好地浸润壁面，在壁面铺展成膜，则称为膜状凝结；如果蒸汽凝结后的液滴不浸润壁面，在壁面形成液珠，则称为珠状凝结。

10-10　为什么蒸汽动力装置的冷凝器上必须装设抽气装置？

答：蒸汽中会含有少量不凝结气体，这些气体在蒸汽凝结的过程中会聚集在冷凝器的壁面附近，如果不将其抽出，会严重影响凝结换热的效果，使热阻增大，释放相同热流量的温差增大，冷凝器内温度和压力升高，蒸汽动力循环的热效率降低。因此，冷凝器上必须装设抽气装置，将不凝结气体抽出，以保证凝结换热的效果。

10-11　对于单根横管，有哪些因素影响管外层流膜状凝结换热？它们起什么作用？

答：单根水平圆管管外层流膜状凝结换热的表面传热系数为

$$h_H = 0.729\left[\frac{gr\rho_L^2\lambda_L^3}{\mu_L d(t_s - t_w)}\right]^{\frac{1}{4}}$$

影响换热的因素如下：

（1）重力加速度 g，凝结液是在重力作用下向下流动的，g 值增大可使换热增强；

（2）汽化潜热 r，单位质量饱和蒸汽凝结成饱和水所释放的热量，汽化潜热越大，换热越强；

（3）物性参数，凝结液的密度 ρ_L 和导热系数 λ_L 增大，凝结换热会增强。动力黏度 μ_L 增大，凝结液液膜的流速降低、液膜增厚，凝结换热会减弱；

（4）圆管直径 d，直径增大时，液膜流动的距离变长，而下部的液膜较厚，对换热不利，因此对流换热会减弱。

（5）换热温压 $t_s - t_w$，换热温压增大总的换热量会增大，但此时凝结量增大，液膜变厚，表面传热系数会降低。

10-12　大容器饱和沸腾曲线可以分成几个区域？有哪些特性点？各个区域在换热机理

上有何特点?

答：随着过热度的增大，大容器饱和沸腾可依次经历自然对流、核态沸腾、过渡膜态沸腾和稳定膜态沸腾几个区域。自然对流的特点是没有气泡产生，汽化主要在于液面的蒸发。核态沸腾区有气泡产生，气泡一方面对液体产生扰动，增强换热；另一方面阻碍液体与壁面的直接接触，减弱换热，因此在核态沸腾初期，随着过热度的增大，表面传热系数增大，当气泡增多到一定数量之后，随着过热度的增大，表面传热系数减小。在不稳定膜态沸腾区域，壁面附近的气泡连成一片成为汽膜，液体不能直接和壁面接触，表面传热系数随着过热度的增大而急剧下降，热流密度随着过热度的增大反而降低，若此时不能降低热源功率，则过渡膜态沸腾会很快发展为稳定膜态沸腾。膜态沸腾除了壁面和汽膜、汽膜和液体之间的对流换热，还有壁面和液体之间的辐射换热，特别是在稳定膜态沸腾区，辐射换热占主导地位。

10-13 画出水在一个标准大气压下的大容器饱和沸腾曲线。

答：略。

习 题 参 考 答 案

10-1 试计算下列情况下非圆形截面管槽的当量直径：

(1) 边长为 a 和 b 的矩形通道；

(2) 边长为 a 和 b 的矩形通道，但 $b \ll a$；

(3) 套管的环形通道，内管外直径为 d，外管内直径为 D；

(4) 在一个直径为 D 的大圆筒内沿轴向布置了 n 根外直径为 d 的圆管，流体的圆管外作纵向流动。

解：

(1) $$d_e = \frac{4ab}{2(a+b)} = \frac{2ab}{a+b}$$

(2) $$b \ll a, b/a \to 0, d_e = 2b$$

(3) $$d_e = \frac{4\left(\dfrac{\pi D^2}{4} - \dfrac{\pi d^2}{4}\right)}{\pi(D+d)} = \frac{D^2 - d^2}{D+d} = D - d$$

(4) $$d_e = \frac{4\left(\dfrac{\pi D^2}{4} - n\dfrac{\pi d^2}{4}\right)}{\pi(D+nd)} = \frac{D^2 - nd^2}{D+nd}$$

10-2 温度为 10℃ 的空气以 5m/s 的流速平行地吹过太阳能集热器的表面，该表面的平均温度为 30℃，表面积为 1.2m×1.2m，计算太阳能集热器表面由于对流而散失的热量。

解：外掠平板的对流换热。

空气温度 $t_f = 10℃$，平板温度 $t_w = 30℃$

平板宽度 $a = 1.2m$，假定风速与宽度方向垂直，则平板长度 $L = 1.2m$

空气流速 $u = 5m/s$

外掠平板对流换热的定性温度为壁面与流体温度的平均值

$$t_m = \frac{t_w + t_f}{2} = 20℃$$

查空气物性参数

导热系数 $\lambda = 2.59 \times 10^{-2} W/(m \cdot K)$

运动黏性系数 $\nu = 15.06 \times 10^{-6} m^2/s$

普朗特数 $Pr = 0.703$

计算流动雷诺数

$$Re = \frac{uL}{\nu} = 3.98 \times 10^5 < 5 \times 10^5$$

流动处于层流状态，采用层流准则方程

$$Nu = 0.664 Re^{\frac{1}{2}} Pr^{\frac{1}{3}} = 372.66$$

由 $Nu = \frac{hL}{\lambda}$ 可得表面传热系数

$$h = \frac{Nu\lambda}{L} = \frac{372.66 \times 2.59 \times 10^{-2}}{1.2} = 8.04 W/(m^2 \cdot K)$$

太阳能集热器表面由于对流而散失的热量

$$Q = haL(t_w - t_f) = 8.04 \times 1.2 \times 1.2 \times (30 - 10) = 231.65 W$$

10-3 压力为一个标准大气压、温度为 20℃ 的空气以 38m/s 的流速外掠平板流动。平板垂直于气流方向的宽度为 30cm，壁面温度均匀且维持在 80℃，那么沿流动方向的板长为多少时，气流的以板长为特征尺度的流动雷诺数可以达到 5×10^5？此时平板与空气之间的对流换热量是多少？

解：流体外掠平板的对流换热。已知条件：

空气温度 $t_f = 20℃$，流速 $u = 38m/s$

平板宽度 $b = 0.3m$，壁面温度 $t_w = 80℃$

流动雷诺数 $Re = 5 \times 10^5$

先计算定性温度，对于外掠平板流动，定性温度为壁面温度与流体温度的平均值

$$t_m = \frac{t_w + t_f}{2} = 50.0℃$$

依据定性温度，查空气的物性参数（线性插值）：

导热系数 $\lambda = \left[2.76 + (2.90 - 2.76) \times \frac{50 - 40}{60 - 40} \right] \times 10^{-2} = 0.028\ 3 W/(m \cdot ℃)$

运动黏性系数 $\nu = \left[16.96 + (18.97 - 16.96) \times \frac{50 - 40}{60 - 40} \right] \times 10^{-6} = 1.796 \times 10^{-5} m^2/s$

普朗特数 $Pr = 0.699 + (0.694 - 0.699) \times \frac{50 - 40}{60 - 40} = 0.696\ 5$

按雷诺数定义 $Re = \frac{uL}{\nu}$，计算平板沿流动方向的长度

$$L = \frac{Re\nu}{u} = 0.236\ 4m$$

计算努塞尔数（平板层流换热的特征数方程）

$$Nu = 0.664Re^{\frac{1}{2}}Pr^{\frac{1}{3}} = 416.2$$

由 $Nu = \dfrac{hL}{\lambda}$ 计算平均表面传热系数

$$h = \frac{Nu\lambda}{L} = 49.83 \text{W}/(\text{m}^2 \cdot \text{℃})$$

计算平板与空气之间的换热量

$$Q = hbl(t_w - t_f) = 212.0\text{W}$$

10-4 水在直圆管内被加热，管内直径 20mm，管长 3m，入口水温 30℃，出口水温 70℃，水在管内的平均流速为 1.5m/s。求水与管壁之间的平均表面传热系数。

解： 直圆管内的对流换热。

管内直径 $d=0.02$m，管长 $L=3$m，入口水温 $t_{f1}=30$℃，出口水温 $t_{f2}=70$℃

水在管内的平均流速为 $u=1.5$m/s

管长和管径的比值为 $\dfrac{L}{d} = \dfrac{3}{0.02} = 150 > 60$，可视为长直圆管

管内对流换热时，流体的定性温度为进出口流体的截面平均温度

$$t_m = \frac{t_{f1} + t_{f2}}{2} = 50.0\text{℃}$$

依据定性温度，查饱和水的热物理性表（见主教材附表 13）可得

导热系数 $\lambda = 0.648$W/(m·℃)

运动黏性系数 $\nu = 0.556 \times 10^{-6}$ m²/s

普朗特数 $Pr = 3.54$

计算管内流动的雷诺数

$$Re = \frac{ud}{\nu} = 5.396 \times 10^4 > 10^4 \text{，旺盛湍流}$$

流体被加热，采用准则方程计算努塞尔数，即

$$Nu = 0.023Re^{0.8}Pr^{0.4} = 232.8$$

由 $Nu = \dfrac{hd}{\lambda}$ 计算水与管壁之间的平均表面传热系数

$$h = \frac{Nu\lambda}{d} = \frac{232.8 \times 0.648}{0.02} = 7542\text{W}/(\text{m}^2 \cdot \text{℃})$$

10-5 水在长直圆管内的湍流强制对流换热过程，对流换热的准则关系式为 $Nu = 0.023Re^{0.8}Pr^{0.4}$。试问：（1）如果流体的流动速度增加一倍，在其他条件不变时，表面传热系数如何变化？（2）如果流速等条件不变，而采用的圆管的管径是原来的一半，表面传热系数 h 将如何变化？

解： 由准则方程可知 $Nu = 0.023Re^{0.8}Pr^{0.4}$，即

$$\frac{hd}{\lambda} = 0.023(\frac{ud}{\nu})^{0.8}Pr^{0.4}$$

可得

$$h = 0.023 \lambda d^{-0.2} \left(\frac{u}{\nu}\right)^{0.8} Pr^{0.4}$$

（1）如果流体的流动速度增加一倍，在其他条件不变时，表面传热系数比值为

$$\frac{h_{\text{new}}}{h} = 2^{0.8} = 1.741$$

即表面传热系数增大到原来的 1.741 倍。

（2）圆管的管径是原来的一半，表面传热系数比值为

$$\frac{h_{\text{new}}}{h} = 0.5^{-0.2} = 1.149$$

可见，增加流速和减小管径都可以提高管内湍流强制对流换热的效果。但增大流体流动速度意味着流体在管道内流动的压力损失增大，系统需要更大功率的水泵驱动，对流换热的运行成本增大；如果减小管径，在流速、流量不变的条件下，则需要增加管道数量，总的金属消耗量增加，换热的投资成本增大。

10-6　一台套管式换热器，外管的内直径为 80mm、内管的外直径为 60mm，换热器外壳绝热良好。水蒸气在套管式换热器的内管中凝结，使换热器内管外壁的温度保持在 120℃。温度为 30℃的水，以 1.0kg/s 的质量流量流入换热器的环形空间被加热，若要把水加热到 70℃，需要的套管的长度是多少？

解： 如图 10-2 所示，已知外管内直径 $d_2 = 0.08$m、内管外直径 $d_1 = 0.06$m、内管外壁的温度 $t_w = 120$℃、入口水温 $t_{f1} = 30$℃、出口水温 $t_{f2} = 70$℃、水的流量 $m = 1.0$kg/s。

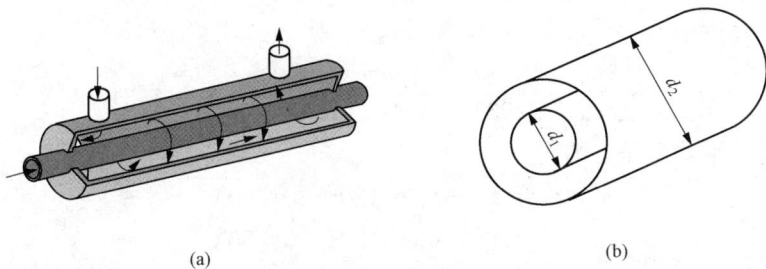

(a)　　　　　　　　　　　　　　(b)

图 10-2　习题 10-6 附图

（a）套管式换热器示意图；（b）套管式换热器外腔尺寸

计算水的定性温度　$t_f = \dfrac{t_{f1} + t_{f2}}{2} = 50$℃

依据定性温度，查饱和水的热物理性质表

密度　$\rho = 988$kg/m³

比热容　$c_p = 4174$J/(kg·K)

导热系数　$\lambda = 0.648$W/(m·℃)

运动黏性系数　$\nu = 0.556 \times 10^{-6}$ m²/s

普朗特数　$Pr = 3.54$

换热器环形空间流通截面积为

$$A_c = \frac{\pi (d_2^2 - d_1^2)}{4} = 0.002\ 199\text{m}^2$$

换热器环形空间的当量直径为

$$d_e = \frac{4A_c}{P} = \frac{\pi(d_2^2 - d_1^2)}{\pi(d_2 + d_1)} = d_2 - d_1 = 0.02\text{m}$$

由质量流量 $m = \rho A_c u$，环形空间内水的平均流速为

$$u = \frac{m}{\rho A_c} = 0.460\ 3\text{m/s}$$

流动雷诺数为

$$Re = \frac{u d_e}{\nu} = 16\ 558 > 10^4 \quad \text{处于旺盛紊流状态}$$

流体被加热，采用准则方程计算努塞尔数

$$Nu = 0.023 Re^{0.8} Pr^{0.4} = 90.47$$

由 $Nu = \frac{h d_e}{\lambda}$，计算水与管壁之间的平均表面传热系数

$$h = \frac{Nu\lambda}{d_e} = \frac{90.47 \times 0.648}{0.02} = 2931\text{W/(m}^2 \cdot ℃)$$

对流换热的换热量等于水在换热器内的吸热量，即

$$\dot{Q} = \dot{m} c_p (t_{f2} - t_{f1}) = 1.670 \times 10^5\ \text{W}$$

对流换热的换热量也可以写为〔这里先采用算术平均温压，$\Delta t = \frac{(t_w - t_{f1}) + (t_w - t_{f2})}{2} = t_w - t_f, ℃$〕

$$Q = h\pi d_1 L\Delta t$$

可得套管的长度为

$$L = \frac{Q}{h\Delta t\pi d_1} = \frac{1.67 \times 10^5}{2931 \times 70 \times 3.141\ 59 \times 0.06} = 4.318\text{m}$$

如果采用对数平均温压，有

$$\Delta t' = t_w - t_{f1} = 120 - 30 = 90℃$$
$$\Delta t'' = t_w - t_{f2} = 120 - 70 = 50℃$$
$$\Delta t_m = \frac{\Delta t' - \Delta t''}{\ln\frac{\Delta t'}{\Delta t''}} = \frac{90 - 50}{\ln\frac{90}{50}} = 68.052℃$$

可得套管的长度为

$$L' = \frac{Q}{h\Delta t_m\pi d_1} = \frac{1.67 \times 10^5}{2931 \times 68.052 \times 3.141\ 59 \times 0.06} = 4.442\text{m}$$

10-7 水在直圆管内被加热，管内直径 15mm、管长 2.5m、水在管内的平均流速为 1.3m/s、入口水温 50℃、管壁的温度均匀恒定为 120℃，试求出口水温。

解：管内对流换热。由于不知道出口水温，定性温度无法确定，为此需要先假定一个出口水温，再根据计算得到的出口水温进行重复计算，这个过程称为迭代，直到两次计算的出口水温偏差较小时，即可认为是问题的解。

管内直径 $d = 0.015\text{m}$，管长 $l = 2.5\text{m}$，水在管内的平均流速为 $u = 1.3\text{m/s}$，入口水温 $t_{f1} = 50℃$，管壁的温度 $t_w = 120℃$

（1）出口水温的范围在入口水温和管壁温度之间。先假设出口水温 $t_{f21}=90℃$，则定性温度为

$$t_m = \frac{t_{f1}+t_{f21}}{2} = 70.0℃$$

查饱和水的热物理性质表

密度 $\rho=977.7kg/m^3$

比热容 $c_p=4187J/(kg \cdot K)$

导热系数 $\lambda=0.668W/(m \cdot ℃)$

运动黏性系数 $\nu=0.415 \times 10^{-6}m^2/s$

普朗特数 $Pr=2.55$

计算管内流动的雷诺数

$$Re = \frac{ud}{\nu} = \frac{1.3 \times 0.015}{0.415 \times 10^{-6}} = 46\,988 > 10^4 \text{ , 为旺盛湍流}$$

流体被加热，采用准则方程计算努塞尔数

$$Nu = 0.023Re^{0.8}Pr^{0.4} = 182.8$$

由 $Nu=\frac{hd}{\lambda}$，计算水与管壁之间的平均表面传热系数

$$h = \frac{Nu\lambda}{d} = \frac{182.8 \times 0.668}{0.015} = 8139.89W/(m^2 \cdot ℃)$$

采用对数平均温压，入口与出口的传热温差分别为

$$\Delta t_1 = t_w - t_{f1} = 70℃ , \qquad \Delta t_2 = t_w - t_{f21} = 30℃$$

对数平均温压为

$$\Delta t_m = \frac{\Delta t_1 - \Delta t_2}{\ln \frac{\Delta t_1}{\Delta t_2}} = 47.21℃$$

管壁与流体的对流换热量为

$$Q = \pi dlh \Delta t_m = 4.527 \times 10^4 W$$

换热量等于流体的吸热量，即 $Q = \dot{m}c_p(t_{f1}-t_{f2}) = \rho u \frac{\pi d^2}{4}c_p(t_{f1}-t_{f2})$

可得出口水温

$$t_{f22} = t_{f1} + \frac{Q}{\rho u \frac{\pi d^2}{4}c_p} = 50 + \frac{4.527 \times 10^4}{977.7 \times 1.3 \times \frac{3.141\,59 \times 0.015^2}{4} \times 4187} = 98.14℃$$

（2）以此为假设的出口水温，重复上述计算过程。

定性温度为 $t_m = \frac{t_{f1}+t_{f22}}{2} = 74.07℃$

查水的物性参数（插值计算）可得

密度 $\rho = 977.7 + \frac{t_m-70}{80-70} \times (971.8-977.7) = 975.3kg/m^3$

比热容 $c_p = 4187 + \frac{t_m-70}{80-70} \times (4195-4187) = 4190J/(kg \cdot K)$

导热系数 $\lambda = 0.668 + \dfrac{t_{\mathrm{m}} - 70}{80 - 70} \times (0.674 - 0.668) = 0.670\ 4\mathrm{W/(m \cdot ℃)}$

运动黏性系数 $\nu = \left[0.415 + \dfrac{t_{\mathrm{m}} - 70}{80 - 70} \times (0.365 - 0.415)\right] \times 10^{-6} = 0.394\ 65 \times 10^{-6}\mathrm{m^2/s}$

普朗特数 $Pr = 2.55 + \dfrac{t_{\mathrm{m}} - 70}{80 - 70} \times (2.21 - 2.55) = 2.412$

计算管内流动的雷诺数

$$Re = \frac{ud}{\nu} = \frac{1.3 \times 0.015}{0.394\ 65 \times 10^{-6}} = 4.941 \times 10^4 > 10^4, \quad \text{旺盛湍流}$$

流体被加热，采用准则方程计算努塞尔数

$$Nu = 0.023Re^{0.8}Pr^{0.4} = 186.1$$

由 $Nu = \dfrac{hd}{\lambda}$，计算水与管壁之间的平均表面传热系数

$$h = \frac{Nu\lambda}{d} = 8317\mathrm{W/(m^2 \cdot ℃)}$$

入口与出口的传热温差分别为

$$\Delta t_1 = t_{\mathrm{w}} - t_{\mathrm{f1}} = 70℃, \quad \Delta t_2 = t_{\mathrm{w}} - t_{\mathrm{f22}} = 21.86℃$$

采用对数平均温压

$$\Delta t_{\mathrm{m}} = \frac{\Delta t_1 - \Delta t_2}{\ln \dfrac{\Delta t_1}{\Delta t_2}} = 41.36℃$$

换热量为 $\qquad Q = \pi dlh \Delta t_{\mathrm{m}} = 4.053 \times 10^4\ \mathrm{W}$

换热量等于流体的吸热量，即 $\quad Q = \dot{m}c_p(t_{\mathrm{f1}} - t_{\mathrm{f2}}) = \rho u \dfrac{\pi d^2}{4} c_p(t_{\mathrm{f1}} - t_{\mathrm{f2}})$

可得出口水温度为

$$t_{\mathrm{f23}} = t_{\mathrm{f1}} + \frac{Q}{\rho u \dfrac{\pi d^2}{4} c_p} = 93.17℃$$

（3）以此为假设的出口水温，重复上述计算过程。

定性温度为 $\quad t_{\mathrm{m}} = \dfrac{t_{\mathrm{f1}} + t_{\mathrm{f23}}}{2} = 71.59℃$

查水的物性参数：

密度 $\rho = 977.7 + \dfrac{t_{\mathrm{m}} - 70}{80 - 70} \times (971.8 - 977.7) = 976.8\mathrm{kg/m^3}$

比热容 $c_p = 4187 + \dfrac{t_{\mathrm{m}} - 70}{80 - 70} \times (4195 - 4187) = 4188\mathrm{J/(kg \cdot K)}$

导热系数 $\lambda = 0.668 + \dfrac{t_{\mathrm{m}} - 70}{80 - 70} \times (0.674 - 0.668) = 0.669\mathrm{W/(m \cdot ℃)}$

运动黏性系数 $\nu = \left[0.415 + \dfrac{t_{\mathrm{m}} - 70}{80 - 70} \times (0.365 - 0.415)\right] \times 10^{-6} = 0.407\ 05 \times 10^{-6}\mathrm{m^2/s}$

普朗特数 $Pr = 2.55 + \dfrac{t_{\mathrm{m}} - 70}{80 - 70} \times (2.21 - 2.55) = 2.496$

计算管内流动的雷诺数

$$Re=\frac{ud}{\nu}=\frac{1.3\times0.015}{0.407\,05\times10^{-6}}=47\,906>10^{4}，旺盛湍流$$

流体被加热，采用准则方程计算努塞尔数

$$Nu=0.023Re^{0.8}Pr^{0.4}=184.0$$

由 $Nu=\frac{hd}{\lambda}$，计算水与管壁之间的平均表面传热系数

$$h=\frac{Nu\lambda}{d}=8208\mathrm{W/(m^{2}\cdot ℃)}$$

入口与出口的传热温差分别为

$$\Delta t_{1}=t_{w}-t_{f1}=70.0℃，\qquad \Delta t_{2}=t_{w}-t_{f23}=26.83℃$$

采用对数平均温压

$$\Delta t_{m}=\frac{\Delta t_{1}-\Delta t_{2}}{\ln\frac{\Delta t_{1}}{\Delta t_{2}}}=45.02℃$$

换热量为

$$Q=\pi dlh\Delta t_{m}=4.353\times10^{4}\ \mathrm{W}$$

换热量等于流体的吸热量，即 $Q=\dot{m}c_{p}(t_{f1}-t_{f2})=\rho u\frac{\pi d^{2}}{4}c_{p}(t_{f1}-t_{f2})$

可得出口水温为

$$t_{f24}=t_{f1}+\frac{Q}{\rho u\frac{\pi d^{2}}{4}c_{p}}=96.32℃$$

（4）以此为假设的出口水温，重复上述计算过程。

定性温度为 $t_{m}=\frac{t_{f1}+t_{f24}}{2}=73.16℃$

查水的物性参数：

密度 $\rho=977.7+\frac{t_{m}-70}{80-70}\times(971.8-977.7)=975.8\mathrm{kg/m^{3}}$

比热容 $c_{p}=4187+\frac{t_{m}-70}{80-70}\times(4195-4187)=4190\mathrm{J/(kg\cdot K)}$

导热系数 $\lambda=0.668+\frac{t_{m}-70}{80-70}\times(0.674-0.668)=0.669\,9\mathrm{W/(m\cdot ℃)}$

运动黏性系数 $\nu=\left[0.145+\frac{t_{m}-70}{80-70}\times(0.365-0.415)\right]\times10^{-6}=0.399\,2\times10^{-6}\mathrm{m^{2}/s}$

普朗特数 $Pr=2.55+\frac{t_{m}-70}{80-70}\times(2.21-2.55)=2.443$

计算管内流动的雷诺数

$$Re=\frac{ud}{\nu}=4.885\times10^{4}>10^{4}，旺盛湍流$$

流体被加热，采用准则方程计算努塞尔数

$$Nu=0.023Re^{0.8}Pr^{0.4}=185.3$$

由 $Nu = \dfrac{hd}{\lambda}$，计算水与管壁之间的平均表面传热系数

$$h = \frac{Nu\lambda}{d} = 8277 \text{W/(m}^2 \cdot \text{℃)}$$

入口与出口的传热温差分别为

$$\Delta t_1 = t_w - t_{f1} = 70.0\text{℃} , \qquad \Delta t_2 = t_w - t_{f24} = 23.68\text{℃}$$

采用对数平均温压

$$\Delta t_m = \frac{\Delta t_1 - \Delta t_2}{\ln \dfrac{\Delta t_1}{\Delta t_2}} = 42.74\text{℃}$$

换热量为

$$Q = \pi dlh \Delta t_m = 4.167 \times 10^4 \text{W}$$

换热量等于流体的吸热量，即 $\quad Q = \dot{m}c_p(t_{f1} - t_{f2}) = \rho u \dfrac{\pi d^2}{4} c_p(t_{f1} - t_{f2})$

可得出口水温为

$$t_{f25} = t_{f1} + \frac{Q}{\rho u \dfrac{\pi d^2}{4} c_p} = 94.37\text{℃}$$

(5) 以此为假设的出口水温，重复上述计算过程。

定性温度为 $\quad t_m = \dfrac{t_{f1} + t_{f25}}{2} = 72.19\text{℃}$

查水的物性参数：

密度 $\quad \rho = 977.7 + \dfrac{t_m - 70}{80 - 70} \times (971.8 - 977.7) = 976.4 \text{kg/m}^3$

比热容 $\quad c_p = 4187 + \dfrac{t_m - 70}{80 - 70} \times (4195 - 4187) = 4189 \text{J/(kg · K)}$

导热系数 $\quad \lambda = 0.668 + \dfrac{t_m - 70}{80 - 70} \times (0.674 - 0.668) = 0.6693 \text{W/(m · ℃)}$

运动黏性系数 $\quad \nu = \left[0.145 + \dfrac{t_m - 70}{80 - 70} \times (0.365 - 0.415) \right] \times 10^{-6} = 0.40405 \times 10^{-6} \text{m}^2/\text{s}$

普朗特数 $\quad Pr = 2.55 + \dfrac{t_m - 70}{80 - 70} \times (2.21 - 2.55) = 2.476$

计算管内流动的雷诺数

$$Re = \frac{ud}{\nu} = 4.826 \times 10^4 > 10^4 ，旺盛湍流$$

流体被加热，采用准则方程计算努塞尔数

$$Nu = 0.023 Re^{0.8} Pr^{0.4} = 184.5$$

由 $Nu = \dfrac{hd}{\lambda}$，计算水与管壁之间的平均表面传热系数

$$h = \frac{Nu\lambda}{d} = 8234 \text{W/(m}^2 \cdot \text{℃)}$$

入口与出口的传热温差分别为

$$\Delta t_1 = t_w - t_{f1} = 70.0\text{℃} , \qquad \Delta t_2 = t_w - t_{f25} = 25.63\text{℃}$$

采用对数平均温压

$$\Delta t_{\mathrm{m}} = \frac{\Delta t_1 - \Delta t_2}{\ln \dfrac{\Delta t_1}{\Delta t_2}} = 44.16\,℃$$

换热量为

$$Q = \pi d l h \Delta t_{\mathrm{m}} = 4.284 \times 10^4\,\mathrm{W}$$

换热量等于流体的吸热量，即 $\quad Q = \dot{m} c_p (t_{\mathrm{f1}} - t_{\mathrm{f2}}) = \rho u \dfrac{\pi d^2}{4} c_p (t_{\mathrm{f1}} - t_{\mathrm{f2}})$

可得出口水温

$$t_{\mathrm{f26}} = t_{\mathrm{f1}} + \frac{Q}{\rho u \dfrac{\pi d^2}{4} c_p} = 95.59\,℃$$

（6）以此为假设的出口水温，重复上述计算过程。

定性温度为 $\quad t_{\mathrm{m}} = \dfrac{t_{\mathrm{f1}} + t_{\mathrm{f26}}}{2} = 72.80\,℃$

查水的物性参数：

密度 $\quad \rho = 977.7 + \dfrac{t_{\mathrm{m}} - 70}{80 - 70} \times (971.8 - 977.7) = 976.1\,\mathrm{kg/m^3}$

比热容 $\quad c_p = 4187 + \dfrac{t_{\mathrm{m}} - 70}{80 - 70} \times (4195 - 4187) = 4189\,\mathrm{J/(kg \cdot K)}$

导热系数 $\quad \lambda = 0.668 + \dfrac{t_{\mathrm{m}} - 70}{80 - 70} \times (0.674 - 0.668) = 0.669\,7\,\mathrm{W/(m \cdot ℃)}$

运动黏性系数 $\quad \nu = \left[0.145 + \dfrac{t_{\mathrm{m}} - 70}{80 - 70} \times (0.365 - 0.415) \right] \times 10^{-6} = 0.401 \times 10^{-6}\,\mathrm{m^2/s}$

普朗特数 $\quad Pr = 2.55 + \dfrac{t_{\mathrm{m}} - 70}{80 - 70} \times (2.21 - 2.55) = 2.455$

计算管内流动的雷诺数

$$Re = \frac{ud}{\nu} = 4.863 \times 10^4 > 10^4 \text{，旺盛湍流}$$

流体被加热，采用准则方程计算努塞尔数

$$Nu = 0.023 Re^{0.8} Pr^{0.4} = 185.0$$

由 $Nu = \dfrac{hd}{\lambda}$，计算水与管壁之间的平均表面传热系数

$$h = \frac{Nu\lambda}{d} = 8261\,\mathrm{W/(m^2 \cdot ℃)}$$

入口与出口的传热温差分别为

$$\Delta t_1 = t_{\mathrm{w}} - t_{\mathrm{f1}} = 70.0\,℃ \text{，} \Delta t_2 = t_{\mathrm{w}} - t_{\mathrm{f26}} = 24.41\,℃$$

采用对数平均温压

$$\Delta t_{\mathrm{m}} = \frac{\Delta t_1 - \Delta t_2}{\ln \dfrac{\Delta t_1}{\Delta t_2}} = 43.27\,℃$$

换热量为

$$Q = \pi d l h \Delta t_{\mathrm{m}} = 4.211 \times 10^4\,\mathrm{W}$$

换热量等于流体的吸热量，即 $Q = \dot{m}c_p(t_{f1} - t_{f2}) = \rho u \dfrac{\pi d^2}{4} c_p(t_{f1} - t_{f2})$

可得出口水温

$$t_{f27} = t_{f1} + \frac{Q}{\rho u \dfrac{\pi d^2}{4} c_p} = 94.83℃ = 95℃$$

迭代计算是趋向收敛的，各次计算结果如图 10-3 所示。

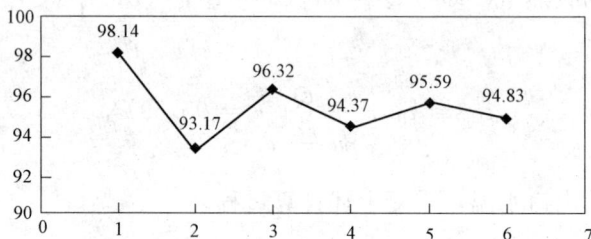

图 10-3　习题 10-7 附图　换热器出口温度的迭代计算

10-8　水以 1.5m/s 的平均流速流过内直径为 15mm 的长直圆管。（1）管子壁温为 100℃，水从 20℃ 被加热到 80℃；（2）管子壁温为 10℃，水从 80℃ 被冷却到 20℃；分别计算两种情况下的表面传热系数，讨论造成差别的原因。

解： 长直圆管内的对流换热。

水的流速 $u = 1.5$m/s，管内直径 $d = 0.015$m

（1）管子壁温为 $t_w = 100℃$，入口水温 $t_{f1} = 20℃$，出口水温 $t_{f2} = 80℃$

定性温度为水的入口、出口平均温度，即

$$t_m = \frac{t_{f1} + t_{f2}}{2} = 50.0℃$$

查饱和水的热物理性质表可得

导热系数　$\lambda = 0.648$W/(m·℃)

运动黏性系数　$\nu = 0.556 \times 10^{-6}$ m^2/s

普朗特数　$Pr = 3.54$

计算雷诺数　$Re = \dfrac{ud}{\nu} = 4.047 \times 10^4 > 10^4$，旺盛紊流

流体被加热，采用准则方程计算努塞尔数

$$Nu = 0.023 Re^{0.8} Pr^{0.4} = 184.9$$

由 $Nu = \dfrac{hd}{\lambda}$，计算水与管壁之间的平均表面传热系数

$$h_1 = \frac{Nu\lambda}{d} = 7989 \text{W/(m}^2 \cdot ℃)$$

（2）管子壁温为 $t_w = 10℃$，入口水温 $t_{f1} = 80℃$，出口水温 $t_{f2} = 20℃$。

定性温度为

$$t_m = \frac{t_{f1} + t_{f2}}{2} = 50.0℃ \qquad \text{与第一种情况相同}$$

查饱和水的热物理性质：

导热系数 $\lambda=0.648\text{W}/(\text{m}\cdot\text{℃})$

运动黏性系数 $\nu=0.556\times10^{-6}\text{m}^2/\text{s}$

普朗特数 $Pr=3.54$

计算雷诺数 $Re=\dfrac{ud}{\nu}=4.047\times10^4>10^4$，旺盛紊流

流体被冷却，采用准则方程计算努塞尔数

$$Nu=0.023R^{0.8}Pr^{0.3}=163.0$$

由 $Nu\dfrac{hd}{\lambda}$，计算水与管壁之间的平均表面传热系数

$$h_2=\frac{Nu\lambda}{d}=7040\text{W}/(\text{m}^2\cdot\text{℃})$$

分析：平均水温相同的条件下，水被加热时的表面传热系数大于水被冷却时的表面传热系数，因为尽管平均水温相同，但在壁面附近的温度边界层内，加热工况的水温高于冷却工况的水温，而在 0～120℃ 区间，水的导热系数随着温度的升高而增大，因此加热工况的传热状况好于冷却工况的传热状况。

10-9 一条室外架空的未包裹保温材料的蒸汽管道外直径为 300mm，用来输送 120℃ 的水蒸气，可认为蒸汽管道的外壁温度等于蒸汽温度。室外空气的温度为 0℃。如果空气以 6m/s 的流速横向掠过该蒸汽管道，计算其单位长度的对流热损失。

解： 横掠单管的管外对流换热问题。

管道直径 $d=0.3\text{m}$，管壁温度 $t_\text{w}=120℃$

空气温度 $t_\text{f}=0℃$，空气流速 $u_\text{inf}=6\text{m/s}$

定性温度为流体与管壁温度的平均值，即

$$t_\text{m}=\frac{t_\text{w}+t_\text{f}}{2}=60.0℃$$

查空气的热物理性质表可得

导热系数 $\lambda=2.9\times10^{-2}\text{W}/(\text{m}\cdot\text{℃})$

运动黏性系数 $\nu=18.97\times10^{-6}\text{m}^2/\text{s}$

普朗特数 $Pr=0.694$

计算管外流动的雷诺数

$$Re=\frac{u_\text{inf}d}{\nu}=9.489\times10^4$$

采用分段幂次实验关联式，查主教材表 10-2 得 $C=0.193$，$n=0.618$，则

$$Nu=CRe^nPr=159.5$$

由 $Nu=\dfrac{hd}{\lambda}$，计算空气与蒸汽管道表面的平均表面传热系数为

$$h=\frac{Nu\lambda}{d}=15.42\text{W}/(\text{m}^2\cdot\text{℃})$$

单位管长的热损失

$$Q=\pi dh(t_\text{w}-t_\text{f})=1744\text{W/m}$$

10-10　在锅炉中，烟气横掠一组沿流动方向大于 10 排的顺排管束。已知管外直径为 $d=80\text{mm}$，$s_1/d=2$，$s_2/d=2$，烟气的平均温度为 $t_f=800℃$，管束壁面的平均温度为 $t_w=160℃$，沿流动方向最窄截面处的平均流速为 $u=9\text{m/s}$。试求管束壁面与烟气之间的平均表面传热系数。

解： 流体横掠管束的对流换热问题。

管外直径　$d=0.08\text{m}$，

迎风方向间距 $S_1=2d=0.16\text{m}$，顺风方向间距 $S_2=2d=0.16\text{m}$

管壁温度 $t_w=160℃$，烟气温度 $t_f=800℃$

最窄截面平均流速　$u_{max}=9\text{m/s}$

定性温度为流体与壁面温度的平均值，即

$$t_m=\frac{t_w+t_f}{2}=480.0℃$$

实际烟气的热物理性质需要根据烟气的成分进行计算，一般未给出烟气成分的条件下，由于烟气与空气的热物理性质接近，可查空气的热物理性质表计算（线性插值）：

热导率　$\lambda=\left[5.43+\dfrac{480-450}{500-450}\times(5.74-5.43)\right]\times10^{-2}=0.056\ 16\text{W/(m·℃)}$

运动黏性系数　$\nu=\left[70.54+\dfrac{480-450}{500-450}\times(79.38-70.54)\right]\times10^{-6}=7.584\times10^{-5}\text{m}^2/\text{s}$

普朗特数　$Pr=0.684+\dfrac{480-450}{500-450}\times(0.687-0.684)=0.685\ 8$

计算管外流动的雷诺数

$$Re=\frac{u_{max}d}{\nu}=9493$$

采用分段幂次实验关联式，查主教材表 10-3 得 $C=0.254$，$n=0.632$，则
$$Nu=CRe^nPr=56.85$$

由 $Nu=\dfrac{hd}{\lambda}$，计算烟气与管束外壁面之间的平均表面传热系数为

$$h=\frac{Nu\lambda}{d}=39.91\text{W/(m}^2\text{·℃)}$$

10-11　室温为 20℃ 的大房间内有一条外直径为 100mm、长度为 5m 的水平低压蒸汽管道，管道外壁的温度为 80℃，试求管道外壁与空气之间的表面传热系数和管道的对流热损失。

解： 水平圆管的自然对流换热问题。

管道外径 $d=0.1\text{m}$，管长 $L=5\text{m}$，管壁温度 $t_w=80℃$，空气温度 $t_f=20℃$

定性温度为边界层平均温度

$$t_m=\frac{t_w+t_f}{2}=50.0℃$$

查空气的热物理性质（线性插值）：

导热系数　$\lambda=\left[2.76+\dfrac{50-40}{60-40}\times(2.9-2.76)\right]\times10^{-2}=0.028\ 3\text{W/(m·℃)}$

运动黏性系数 $\nu=\left[16.96+\dfrac{50-40}{60-40}\times(18.97-16.96)\right]\times10^{-6}=1.796\times10^{-5}\,\mathrm{m^2/s}$

普朗特数 $Pr=0.699+\dfrac{50-40}{60-40}\times(0.694-0.699)=0.6965$

计算格拉晓夫数。温差 $\Delta t=t_{\mathrm w}-t_{\mathrm f}=60.0℃$

空气的容积膨胀系数 $\alpha=\dfrac{1}{t_{\mathrm m}+273.15}=0.0030951\,1/℃$

重力加速度 $g=9.81\,\mathrm{m/s^2}$

$$Gr=\frac{g\alpha\Delta t d^3}{\nu^2}=5.644\times10^6$$

查主教材中的表 10-5，此时流动处于层流区，$C=0.48$，$n=\dfrac14$。

采用实验关联式计算努赛尔数

$$Nu=C\,(GrPr)^n=21.37$$

由 $Nu=\dfrac{hd}{\lambda}$，计算平均表面传热系数

$$h=\frac{Nu\lambda}{d}=6.049\,\mathrm{W/(m^2\cdot℃)}$$

管道热损失

$$Q=\pi dLh(t_{\mathrm w}-t_{\mathrm f})=570.1\,\mathrm{W}$$

说 明

大房间内的蒸汽管道除了对流散热之外，还和房间的壁面之间有辐射换热。

10-12 压力为 $0.7\times10^5\,\mathrm{Pa}$ 的饱和水蒸气，在 $0.2\,\mathrm m$ 高的竖直平板上发生膜状凝结，平板温度保持 $70℃$，求蒸汽与壁面之间的平均表面传热系数以及每米宽平板的凝结液量。

解： 竖直平壁的膜状凝结换热。

饱和水蒸气压力 $p=0.7\times10^5\,\mathrm{Pa}$，平板高度 $L=0.2\,\mathrm m$，平板温度 $t_{\mathrm w}=70℃$

重力加速度 $g=9.81\,\mathrm{m/s^2}$

查水蒸气表，得饱和温度与汽化潜热为

$$t_{\mathrm s}=89.93℃$$
$$r=2282.7\times10^3\,\mathrm{J/kg}$$

凝结液的定性温度为液膜平均温度 $t_{\mathrm m}=\dfrac{t_{\mathrm w}+t_{\mathrm s}}{2}=79.97℃$

查饱和水的热物理性质表可得

密度 $\rho_{\mathrm L}=971.8\,\mathrm{kg/m^3}$

导热系数 $\lambda_{\mathrm L}=0.674\,\mathrm{W/(m\cdot K)}$

动力黏性系数 $\mu_{\mathrm L}=355.1\times10^{-6}\,\mathrm{kg/(m\cdot s)}$

假定液膜流动处于层流状态，表面传热系数为

$$h_{\mathrm V}=1.13\left[\frac{g r\rho_{\mathrm L}^2\lambda_{\mathrm L}^3}{\mu_{\mathrm L}L(t_{\mathrm s}-t_{\mathrm w})}\right]^{\frac14}=9293\,\mathrm{W/(m^2\cdot℃)}$$

验算液膜流动状态，膜层雷诺数为

$$Re = \frac{4h_V L(t_s - t_w)}{r\mu_L} = 182.8 < 1600$$

液膜处于层流状态，假设可用。

每米宽平板的换热量为

$$Q = h_V L(t_s - t_w) = 3.704 \times 10^4 \, \text{W/m}$$

每米宽平板的凝结液量

$$\dot{m} = \frac{Q}{r} = 0.016 \, 23 \, \text{kg/s}$$

第十一章　热辐射和辐射换热

思考题参考答案

11-1　何谓热辐射？热辐射和其他形式的电磁辐射有何区别和共同点？

答：物体由于热的原因向外发射电磁波称为热辐射。热辐射和其他形式的辐射具有电磁辐射的共性，它们都是电磁波，都以光速在真空中传播。热辐射和其他形式的辐射也有很大区别，主要体现在波长范围不同，热辐射的波长范围主要在红外线和可见光区间。热辐射是由热能转化而来的，照射到物体上之后又转变为热能，所以在工业领域和日常生活中，热辐射投射到物体上只引起热效应。热辐射是热量传递的一种方式，只是在能量传递的过程中以电磁能的形式存在，发射热辐射是热能转化为电磁能，接收热辐射则是电磁能转化为热能。比远红外线波长更长的辐射可以用于无线电波，引起的热效应可以忽略。波长在紫外线区间或更短的辐射则会对人体产生损伤。

11-2　何谓吸收比、发射率？分别写出其定义式。

答：物体对外来投入辐射吸收的份额称为该物体的吸收比；实际物体的辐射力和同温度下黑体辐射力的比值称为该物体的发射率。

$$吸收比\ \alpha = \frac{G_\alpha}{G}，光谱吸收比\ \alpha_\lambda = \frac{G_{\alpha,\lambda}}{G_\lambda}$$

其中，G 为投入辐射；G_α 为投入辐射被物体吸收的部分；G_λ 是波长为 λ 的投入辐射；$G_{\alpha,\lambda}$ 是 G_λ 中被物体吸收的部分。

$$发射率（黑度）\varepsilon = \frac{E}{E_b}，光谱发射率（单色黑度）\varepsilon_\lambda = \frac{E_\lambda}{E_{b,\lambda}}$$

其中，$E_b = \sigma T^4$ 是黑体的辐射力；E 是同温度的实际物体的辐射力；$E_{b,\lambda} = \dfrac{C_1 \lambda^{-5}}{e^{\frac{C_2}{\lambda T}} - 1}$ 是温度为

T 的黑体发射的波长为 λ 的辐射能；E_λ 是同温度的实际物体发射的波长为 λ 的辐射能。

11-3　何谓黑体、灰体？漫射灰表面的概念对辐射换热的计算有何意义？

答：黑体是吸收比为 1 的理想物体，也是同温度下发射辐射能力最强的物体。

灰体是光谱辐射特性参数不随波长变化的理想物体。

漫射灰表面假定物体表面的发射率（以及吸收比）和波长、方向无关（符合兰贝特定律），在辐射换热计算中可以直接使用四次方定律，物体之间的辐射角系数也是单纯的几何参数，可以大大简化辐射换热的计算。工业应用中大多数材料都可以按照漫射灰表面处理。

11-4　写出斯忒藩-玻耳兹曼定律的内容。

答：黑体辐射力 $E_b = \sigma_0 T^4$ ，也称为黑体辐射的四次方定律。

11-5 简述基尔霍夫定律的主要内容。

答：（1）实际物体的光谱吸收比等于光谱发射率，$\alpha_\lambda = \varepsilon_\lambda$。对于灰体,有 $\alpha = \varepsilon$ 。

（2）在热平衡的条件下，实际物体对来自黑体辐射的吸收比 α 等于该温度下此物体的发射率 ε。

11-6 何谓辐射角系数？什么时候角系数是单纯的几何参数？

答：表面 1 发射出去的辐射能落在表面 2 上的百分数，称为表面 1 对表面 2 的辐射角系数。

对于漫射表面，即符合兰贝特定律的物体表面，辐射角系数是单纯的几何参数。

11-7 何谓温室效应？

答：温室效应通常指用玻璃、塑料薄膜等透光材料做成温室，太阳发射的短波辐射可以穿透玻璃或塑料薄膜进入室内，而室内低温物体发的长波辐射则不能穿透这些看起来透明的物体，这样温室就成为一个太阳能集热器，结果使室内温度升高。地球大气中的二氧化碳、水蒸气等气体也具有类似的效果，太阳辐射可以穿透这些气体到达地表，而地表低温辐射中则有较多的辐射能被这些气体吸收，不能直接辐射到外太空。如果地球大气中的二氧化碳等温室气体增多，会引起地球温度的上升。

习 题 参 考 答 案

11-1 一个黑体表面温度为 $T=3800K$，试确定该黑体表面所发出的辐射能中可见光所占的百分数。

解：可以利用黑体辐射函数表计算。黑体温度 $T=3800K$，可见光的波段范围为

$$\lambda_1 = 0.38\mu m, \quad \lambda_2 = 0.76\mu m$$

计算得

$$\lambda_{T1} = \lambda_1 T = 1444\mu m \cdot K, \quad \lambda_{T2} = \lambda_2 T = 2888\mu m \cdot K$$

查黑体辐射函数表，得

$$F_{b1} = 0.728 + \frac{\lambda_{T1} - 1400}{1500 - 1400} \times (1.29 - 0.782) = 0.951\ 5$$

$$F_{b2} = 22.82 + \frac{\lambda_{T2} - 2800}{3000 - 2800} \times (27.36 - 22.82) = 24.82$$

可见光所占的份额为

$$F_{b2} - F_{b1} = 23.87\%$$

11-2 一个等温空腔，内表面为漫射表面且维持均匀的温度。空腔壁上开一个面积为 $1cm^2$ 的小孔，小孔面积相对于空腔内表面积可以忽略。现测得小孔向外界辐射的能量为 10W，试确定空腔内表面的温度。

解： 空腔上的小孔可视为温度等于空腔内表面温度的黑体表面，面积 $A=1\times10^{-4}\,\mathrm{m}^2$

黑体辐射常数　$\sigma_0=5.67\times10^{-8}\,\mathrm{W/(m^2\cdot K^4)}$

小孔向外界辐射的能量　$Q=10\,\mathrm{W}$

由黑体发射的辐射能为 $Q=AE_\mathrm{b}=A\sigma_0 T^4$，可得空腔内表面的温度

$$T=\left(\frac{Q}{A\sigma_0}\right)^{\frac{1}{4}}=\left(\frac{10}{1\times10^{-4}\times5.67\times10^{-8}}\right)^{\frac{1}{4}}=1152\,\mathrm{K}$$

$$t=T-273.15=879.3\,℃$$

11-3　已知地球的直径为 $1.29\times10^7\,\mathrm{m}$，太阳的直径为 $1.39\times10^9\,\mathrm{m}$，地球和太阳相距 $1.5\times10^{11}\,\mathrm{m}$。把地球视为黑体表面，太阳看成温度 $T=5762\,\mathrm{K}$ 的黑体，试估算地球表面的温度。地球对太空的辐射可视为对 0K 黑体空间的辐射。

解： 地球的能量平衡如图 11-1 所示。地球从太阳获得的辐射能，等于地球向太空发射的辐射能。地球的直径 $d_\mathrm{earth}=1.29\times10^7\,\mathrm{m}$，太阳的直径 $d_\mathrm{sun}=1.39\times10^9\,\mathrm{m}$，地球和太阳相距 $R=1.5\times10^{11}\,\mathrm{m}$。

太阳温度　$T_\mathrm{sun}=5762\,\mathrm{K}$

黑体辐射常数　$\sigma_0=5.67\times10^{-8}\,\mathrm{W/(m^2\cdot K^4)}$

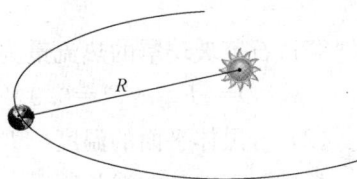

图 11-1　习题 11-3 附图
地球的能量平衡

球的表面积为 $A=4\pi R^2=\pi d^2$，太阳发射的辐射能为

$$Q_\mathrm{sun}=\pi d_\mathrm{sun}^2\sigma_0 T_\mathrm{sun}^4=3.794\times10^{26}\,\mathrm{W}$$

以太阳为球心，日地距离为半径做球面，球面面积 $4\pi R^2$，地球在该球面上所占的面积为 $\dfrac{\pi d_\mathrm{earth}^2}{4}$，太阳发射的辐射能落到地球上的部分为

$$Q_\mathrm{earth}=Q_\mathrm{sun}\times\frac{\pi\dfrac{d_\mathrm{earth}^2}{4}}{4\pi R^2}=1.754\times10^{17}\,\mathrm{W}$$

由 $Q_\mathrm{earth}=\pi d_\mathrm{earth}^2\sigma_0 T_\mathrm{earth}^4$，可得地球表面温度

$$T_\mathrm{earth}=\left(\frac{Q_\mathrm{earth}}{\pi d_\mathrm{earth}^2\sigma_0}\right)^{\frac{1}{4}}=277.3\,\mathrm{K}$$

$$t_\mathrm{earth}=T_\mathrm{earth}-273.15=4.185\,℃$$

⭐ **说　明**

这是估算的地球平均温度，实际上地球表面接收太阳辐射不均匀，因此赤道附近温度高，两极温度低，这个温差驱动了地球大气的环流。

11-4　一块石英玻璃对热辐射具有选择穿透性，仅对 $0.2\sim5\,\mu\mathrm{m}$ 的热辐射具有 90% 的穿透率。现通过该石英玻璃罩观看一个 $1\mathrm{m}\times1\mathrm{m}$、温度为 900℃ 的黑体平面热源，则穿过该石英玻璃罩的热流量是多大？如果热源的温度变为 100℃ 呢？

解： 石英玻璃的穿透比 $\tau=0.9$

（1）黑体平面的温度　$T=900+273.15=1173.15\mathrm{K}$

穿透石英玻璃的波长范围　$\lambda_1=0.2\mu\mathrm{m}$，$\lambda_2=5\mu\mathrm{m}$

$$\lambda_{T1}=\lambda_1 T=234.6\mu\mathrm{m}\cdot\mathrm{K}$$

$$\lambda_{T2}=\lambda_2 T=5866\mu\mathrm{m}\cdot\mathrm{K}$$

查黑体辐射函数表，得

$$F_{b1}=0+\frac{\lambda_{T1}-0}{1000-0}\times(0.032\,3-0)=0.007\,579$$

$$F_{b2}=69.12+\frac{\lambda_{T2}-5500}{6000-5500}\times(73.81-69.12)=72.55$$

波长 $0.2\sim5\mu\mathrm{m}$ 范围内的能量份额为

$$F_{b12}=\frac{F_{b2}-F_{b1}}{100}=0.725\,5$$

穿过石英玻璃罩的热流量为

$$Q=\tau F_{b12}\sigma_0 T^4=0.9\times0.7255\times5.67\times10^{-8}\times1173.15^4=7.012\,6\times10^4\,\mathrm{W}$$

（2）若黑体平面的温度　$T=100+273.15=373.15\mathrm{K}$

穿透石英玻璃的波长范围　$\lambda_1=0.2\mu\mathrm{m}$，$\lambda_2=5\mu\mathrm{m}$

$$\lambda_{T1}=\lambda_1 T=74.63\mu\mathrm{m}\cdot\mathrm{K}$$

$$\lambda_{T2}=\lambda_2 T=1866\mu\mathrm{m}\cdot\mathrm{K}$$

查黑体辐射函数表，得

$$F_{b1}=0+\frac{\lambda_{T1}-0}{1000-0}\times(0.0323-0)=0.002\,411$$

$$F_{b2}=3.946+\frac{\lambda_{T2}-1800}{1900-1800}\times(5.225-3.946)=4.787$$

波长 $0.2\sim5\mu\mathrm{m}$ 范围内的能量份额为

$$F_{b12}=\frac{F_{b2}-F_{b1}}{100}=0.047\,85$$

穿过石英玻璃罩的热流量为

$$Q=\tau F_{b12}\sigma_0 T^4=0.9\times0.047\,85\times5.67\times10^{-8}\times373.15^4=47.34\,\mathrm{W}$$

说　明

黑体温度900℃时穿过石英玻璃罩的热流量是黑体温度100℃时的1481倍，相比之下，黑体温度900℃时的辐射力是黑体温度100℃时的97.7倍。黑体温度900℃时，波长 $0.2\sim5\mu\mathrm{m}$ 内的份额是黑体温度100℃时的15.16倍。

11-5　某黑体表面发射的最大光谱辐射力在波长 $\lambda=3.2\mu\mathrm{m}$ 处，试计算该黑体表面的温度及其发射的辐射能中波长在 $0.76\sim20\mathrm{mm}$ 范围内的份额。

解：利用维恩（Wien）位移定律。

最大光谱辐射力波长　$\lambda_{max}=3.2\mu\mathrm{m}$

由维恩位移定律 $\lambda_{max}T=2898\mu\mathrm{m}\cdot\mathrm{K}$，可得黑体的温度

$$T=\frac{2898}{\lambda_{\max}}=905.6\mathrm{K}, \quad t=T-273.15=632.5℃$$

波长范围 $\lambda_1=0.76\mu m$，$\lambda_2=20\mu m$，近红外区间，则

$$\lambda_{T1}=\lambda_1 T=688.3, \quad \lambda_{T2}=\lambda_2 T=1.811\times10^4$$

查黑体辐射函数表，得

$$F_{b1}=0+\frac{\lambda_{T1}-0}{1000-0}\times(0.032\ 3-0)=0.022\ 23$$

$$F_{b2}=98.08+\frac{\lambda_{T2}-18\ 000}{20\ 000-18\ 000}\times(98.56-98.08)=98.11$$

发射的辐射能中波长在 $0.76\sim20\mathrm{mm}$ 范围内的份额为

$$F_{b12}=\frac{F_{b2}-F_{b1}}{100}=0.980\ 8$$

11-6 试确定图 11-2 中几何结构的辐射角系数 X_{12}。

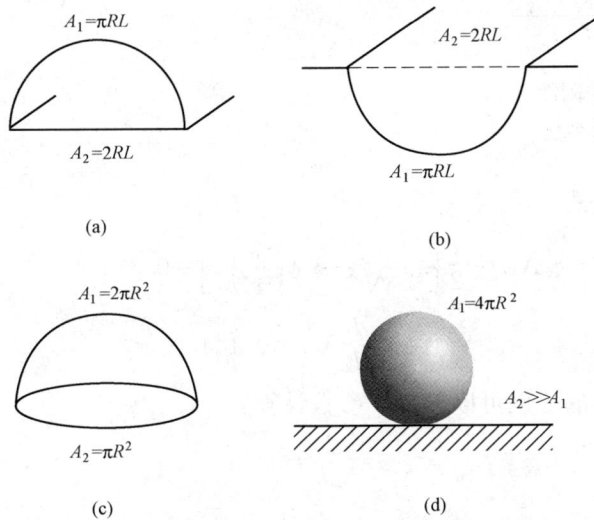

图 11-2　习题 11-6 附图　辐射角系数

解：（a）无限长半圆筒与平面组成的空腔。

依据角系数的定义，表面 2 发射的辐射能全部落在表面 1 上，$X_{21}=1$

由角系数的相对性 $A_1 X_{12}=A_2 X_{21}$，得 $X_{12}=\frac{2RL}{\pi RL}=\frac{2}{\pi}=0.636\ 6$

（b）无限长半圆筒与外界环境之间的辐射角系数。做辅助虚拟平面 2，则此问题等价于无限长半圆筒与辅助虚拟平面 2 之间的辐射换热。

依据角系数的定义，得 $X_{21}=1$

由角系数的相对性 $A_1 X_{12}=A_2 X_{21}$，得 $X_{12}=\frac{2}{\pi}=0.636\ 6$

（c）半球与其地面组成的封闭空腔。

依据角系数的定义，底面发射的辐射能全部落在半球面上 $X_{21}=1$

由角系数的相对性 $A_1 X_{12}=A_2 X_{21}$，得 $X_{12}=\dfrac{A_2}{A_1}=\dfrac{\pi R^2}{2\pi R^2}=\dfrac{1}{2}=0.5$

（d）圆球与无限大平面之间。

依据角系数的定义，圆球发射的辐射能有 50% 会落在无限大平面上 $X_{12}=0.5$

由角系数的相对性 $A_1 X_{12}=A_2 X_{21}$，得 $X_{21}=\dfrac{A_1}{A_2}=0$

11-7　两个直径分别为 $d_1=10\text{cm}$，$d_2=15\text{cm}$ 的同轴平行圆盘，相距 10cm，试求圆盘相对表面间的辐射角系数 X_{12} 和 X_{21}。

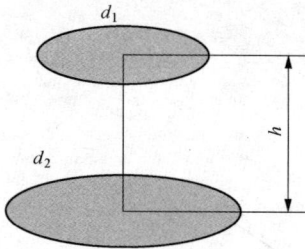

图 11-3　习题 11-7 附图
相对圆盘的辐射角系数

解： 辐射角系数计算公式见主教材表 11-4。

如图 11-3 所示，已知：圆盘直径 $d_1=0.01\text{m}$、$d_2=0.015\text{m}$、相距 $h=0.01\text{m}$。

计算参数值

$$x=\frac{d_1}{2h}=0.5$$

$$y=\frac{d_2}{2h}=0.75$$

$$z=1+\frac{1+y^2}{x^2}=7.25$$

代入角系数计算公式

$$X_{12}=\frac{1}{2}\left[z-\sqrt{z^2-4\left(\frac{y}{x}\right)^2}\right]=0.324\,9$$

$$X_{21}=\frac{d_1}{d_2}X_{12}=0.144\,4$$

圆盘的位置是相对的，也可以按以下参数计算：

$$x=\frac{d_2}{2h}=0.75$$

$$y=\frac{d_1}{2h}=0.5$$

$$z=1+\frac{1+y^2}{x^2}=3.222$$

$$X_{21}=\frac{1}{2}\left[z-\sqrt{z^2-4\left(\frac{y}{x}\right)^2}\right]=0.144\,4$$

计算结果是一样的。

11-8　试利用角系数的计算公式和角系数的性质分别确定图 11-4 中两种几何结构的角系数 X_{12}。

（a）由于对称性，表面 1 对表面（2+4）的辐射角系数，等于表面 3 对表面（2+4）的辐射角系数，均等于表面（1+3）对表面（2+4）的辐射角系数。而表面 1 对表面（2+4）的辐射角系数，等于表面 1 对表面 2 的辐射角系数，加上表面 1 对表面 4 的辐射角系数。

先利用辐射角系数计算公式（主教材表 11-4），计算表面（1+3）对表面（2+4）的辐

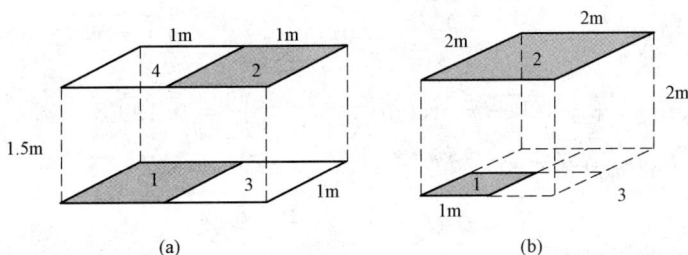

图 11-4　习题 11-8 附图

射角系数。此时

$$a=1\text{m}, \ b=2\text{m}, \ h=1.5\text{m}$$

$$x=\frac{a}{h}=0.666\,7, \ y=\frac{b}{h}=1.333$$

代入公式得

$$X_{12a}=\frac{2}{\pi xy}\left[\ln\sqrt{\frac{(1+x^2)(1+y^2)}{1+x^2+y^2}}-x\arctan(x)+x\sqrt{1+y^2}\arctan\left(\frac{x}{\sqrt{1+y^2}}\right)-\right.$$

$$\left. y\arctan(y)+y\sqrt{1+x^2}\arctan\left(\frac{y}{\sqrt{1+x^2}}\right)\right]=0.175\,9$$

表面（1+3）对表面（2+4）的辐射角系数　$X_{13,24}=X_{12a}=0.175\,9$

表面 1 对表面（2+4）的辐射角系数　$X_{1,24}=X_{3,24}=0.175\,9$

再计算表面 1 对表面 4 的辐射角系数。此时

$$a=1\text{m}, \ b=1\text{m}, \ h=1.5\text{m}$$

$$x=\frac{a}{h}=0.666\,7, \ y=\frac{b}{h}=0.666\,7$$

代入公式得

$$X_{12b}=\frac{2}{\pi xy}\left[\ln\sqrt{\frac{(1+x^2)(1+y^2)}{1+x^2+y^2}}-x\arctan(x)+x\sqrt{1+y^2}\arctan\left(\frac{x}{\sqrt{1+y^2}}\right)\right.$$

$$\left. y\arctan(y)+y\sqrt{1+x^2}\arctan\left(\frac{y}{\sqrt{1+x^2}}\right)\right]=0.110\,7$$

表面 1 对表面 4 的辐射角系数

$$X_{14}=X_{12b}=0.110\,7$$

表面 1 对表面 2 的辐射角系数

$$X_{12}=X_{1,24}-X_{14}=0.065\,23$$

（b）做辅助表面 3，表面 3 与表面 2 平行正对。由于对称性，辅助表面 3 中的 4 个小表面对表面 2 的辐射角系数相同，均等于表面 3 对表面 2 的辐射角系数。

计算表面 3 对表面 2 的辐射角系数。此时

$$a=2\text{m}, \ b=2\text{m}, \ h=2\text{m}$$

$$x=\frac{a}{h}=1.0, \ y=\frac{b}{h}=1.0$$

代入公式得

$$X_{12c} = \frac{2}{\pi xy}\left[\ln\sqrt{\frac{(1+x^2)(1+y^2)}{1+x^2+y^2}} - x\arctan(x) + x\sqrt{1+y^2}\arctan\left(\frac{x}{\sqrt{1+y^2}}\right)\right.$$

$$\left. y\arctan(y) + y\sqrt{1+x^2}\arctan\left(\frac{y}{\sqrt{1+x^2}}\right)\right] = 0.199\ 8$$

表面 3 对表面 2 的辐射角系数

$$X_{32} = X_{12c} = 0.199\ 8$$

表面 1 对表面 2 的辐射角系数

$$X_{12} = X_{32} = 0.199\ 8$$

11-9 两个面积均为 1.5m×1.5m 的黑体平板平行正对放置，背面绝热，相距 1.5m，放置在一个壁面温度为 27℃的大房间内。平板的温度分别为 1000K 和 500K，试计算平板相对表面之间的净辐换热量以及每个表面与外界之间的净辐换热量。

解：黑体表面之间的辐射换热问题。如图 11-5 所示，做辅助虚拟表面 3，则表面 1、2、3 形成封闭的空腔，表面 3 相当于具有大房间壁温的黑体表面。

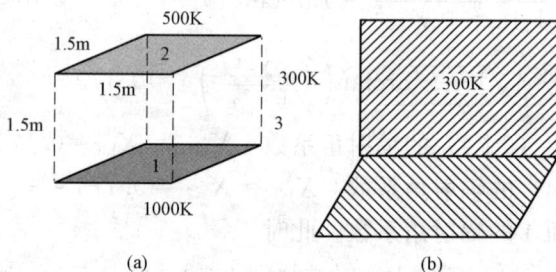

图 11-5 习题 11-9 附图

计算表面 1 对表面 2 的辐射角系数。此时

$$a = 1.5\text{m},\ b = 1.5\text{m},\ h = 1.5\text{m},\ x = \frac{a}{h} = 1.0,\ y = \frac{b}{h} = 1.0$$

$$X_{12d} = \frac{2}{\pi xy}\left[\ln\sqrt{\frac{(1+x^2)(1+y^2)}{1+x^2+y^2}} - x\arctan(x) + x\sqrt{1+y^2}\arctan\left(\frac{x}{\sqrt{1+y^2}}\right)\right.$$

$$\left. y\arctan(y) + y\sqrt{1+x^2}\arctan\left(\frac{y}{\sqrt{1+x^2}}\right)\right] = 0.199\ 8$$

如图 11-6 所示，表面 1 对表面 2 的辐射角系数为

$$X_{12} = X_{12d} = 0.199\ 8,\ X_{21} = X_{12} = 0.199\ 8$$

根据角系数的完整性，可得表面 1 对表面 3 和表面 2 对表面 3 的辐射角系数

$$X_{13} = 1 - X_{12} = 0.800\ 2,\ X_{23} = 1 - X_{21} = 0.800\ 2$$

三个表面均为黑体，温度分别为

$$T_{b1} = 1000\text{K},\ T_{b2} = 500\text{K},\ T_{b3} = 27 + 273.15 = 300.15\text{K}$$

黑体辐射常数 $\sigma_0 = 5.67\times10^{-8}\text{W}/(\text{m}^2 \cdot \text{K}^4)$

平板面积 $A_1 = 1.5\times1.5 = 2.25\text{m}^2,\ A_2 = A_1 = 2.25\text{m}^2$

平板相对表面之间的净辐射换热量为

$$Q_{12} = \frac{\sigma_0(T_{b1}^4 - T_{b2}^4)}{\dfrac{1}{A_1 X_{12}}} = 2.390 \times 10^4\,\text{W}$$

表面 1 与外界的净辐射换热量为

$$Q_{13} = \frac{\sigma_0(T_{b1}^4 - T_{b3}^4)}{\dfrac{1}{A_1 X_{13}}} = 1.013 \times 10^5\,\text{W}$$

表面 2 与外界的净辐射换热量为

$$Q_{23} = \frac{\sigma_0(T_{b2}^4 - T_{b3}^4)}{\dfrac{1}{A_2 X_{23}}} = 5552\,\text{W}$$

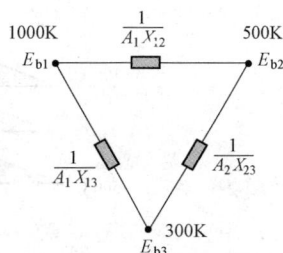

图 11-6　习题 11-9 附图
黑体组成的封闭空腔形
成的辐射换热网络

11-10　两块平行正对放置的大平板，其间的距离远小于平板的长度和宽度，温度分别为 $500\,℃$ 和 $100\,℃$，表面发射率分别为 0.8 和 0.7，试计算两块平板相对表面之间单位面积的辐射换热量。

解：两个漫灰表面之间的辐射换热。如图 11-7 所示，忽略平板间的缝隙，两个平行平板组成封闭空腔，且有

$$X_{12}=1,\ X_{21}=1$$

两个表面温度分别为

$$T_1=500+273.15=773.15\text{K},$$
$$T_2=100+273.15=373.15\text{K}$$

两个表面发射率分别为

$$\varepsilon_1=0.8,\ \varepsilon_2=0.7$$

黑体辐射常数　$\sigma_0=5.67\times10^{-8}\,\text{W/(m}^2\cdot\text{K}^4)$

单位面积的净辐射换热量为

$$q_{12} = \frac{\sigma_0(T_1^4 - T_2^4)}{\dfrac{1}{\varepsilon_1} + \dfrac{1}{\varepsilon_2} - 1} = 1.141 \times 10^4\,\text{W/m}^2$$

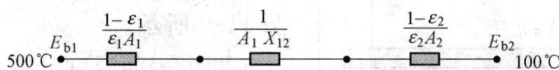

图 11-7　习题 11-10 附图　两块无限大平行平板之间的辐射换热网络

11-11　在习题 11-10 中，如果在两块平板之间放置一块两侧表面发射率均为 0.05 的薄板，而两块平板的温度保块平板相对表面之间单位面积的辐射换热量变为多少？

解：遮热板原理。如图 11-8 所示，设加装的薄板为 3，稳态时，平板 1 与 3、平板 3 与 2 之间的热流密度相等。

平板 3 发射率　$\varepsilon_3=0.05$

平板 1-3 的系统黑度为

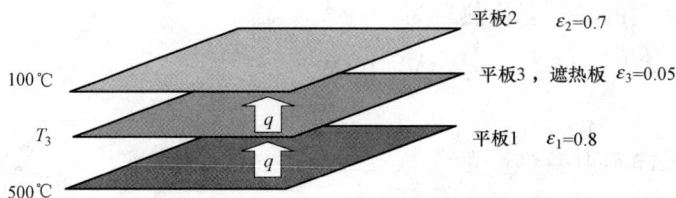

图 11-8 习题 11-11 附图 遮热板原理

$$\varepsilon_{s13} = \cfrac{1}{\cfrac{1}{\varepsilon_1} + \cfrac{1}{\varepsilon_3} - 1} = 0.049\ 38$$

平板 3-2 的系统黑度为

$$\varepsilon_{s32} = \cfrac{1}{\cfrac{1}{\varepsilon_3} + \cfrac{1}{\varepsilon_2} - 1} = 0.048\ 95$$

稳态时，有

$$q = q_{13} = q_{32} = \varepsilon_{s13}\sigma_0(T_1^4 - T_3^4) = \varepsilon_{s32}\sigma_0(T_3^4 - T_2^4)$$

由此计算平板 3 的温度

$$T_3 = \left(\frac{\varepsilon_{s13}T_1^4 + \varepsilon_{s32}T_2^4}{\varepsilon_{s13} + \varepsilon_{s32}}\right)^{\frac{1}{4}} = 659.4\mathrm{K}$$

单位面积的辐射换热量

$$q_{13} = \varepsilon_{s13}\sigma_0(T_1^4 - T_3^4) = 471.0\ \mathrm{W/m^2}$$

$$q_{32} = \varepsilon_{s32}\sigma_0(T_3^4 - T_2^4) = 471.0\ \mathrm{W/m^2}$$

换热量减小到原来的 $\dfrac{q_{13}}{q_{12}} = 0.041\ 26$，可见，加装遮热板可以有效降低辐射换热量。

11-12 一个大房间，壁面的温度是 20℃，壁面发射率为 0.8。房间内有一管道，长 5m，外径 $d = 100\mathrm{mm}$，管道表面温度为 120℃，表面发射率为 0.9。求管道的辐射热损失。

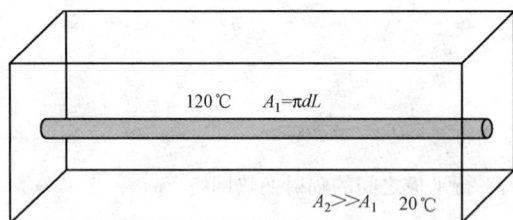

图 11-9 习题 11-12 附图（一）大房间内的管道

解： 两个漫灰表面的辐射换热，管道表面为表面 1，房间壁面为表面 2，$A_2 \gg A_1$ 如图 11-9 所示。

两个表面温度分别为

$$T_1 = 120 + 273.15 = 393.2\mathrm{K},$$
$$T_2 = 20 + 273.15 = 293.2\mathrm{K}$$

两个表面发射率分别为

$$\varepsilon_1 = 0.9, \varepsilon_2 = 0.8$$

黑体辐射常数 $\sigma_0 = 5.67 \times 10^{-8}\mathrm{W/(m^2 \cdot K^4)}$

管道长度 $L = 5\mathrm{m}$，外直径 $d = 0.1\mathrm{m}$

则管道辐射热（见图 11-10）损失为

$$Q = \cfrac{\sigma_0(T_1^4 - T_2^4)}{\cfrac{1-\varepsilon_1}{\varepsilon_1 A_1} + \cfrac{1}{A_1 X_{12}} + \cfrac{1-\varepsilon_2}{\varepsilon_2 A_2}}$$

$$= \frac{A_1 \sigma_0 (T_1^4 - T_2^4)}{\frac{1-\varepsilon_1}{\varepsilon_1} + 1 + \frac{A_1}{A_2} \frac{1-\varepsilon_2}{\varepsilon_2}}$$

$$= \varepsilon_1 A_1 \sigma_0 (T_1^4 - T_2^4)$$

$$= \pi d L \varepsilon_1 \sigma_0 (T_1^4 - T_2^4) = 1323 \text{W}$$

图 11-10　习题 11-12 附图（二）管道与大房间内壁组成的辐射换热网络

11-13　在一个大房间内吊装一支水银温度计，温度计的读数为 20℃。已知温度计测温头部的表面发射率为 0.8，测温头部表面与室内空气之间的表面传热系数为 20W/(m² · ℃)，房间内墙表面温度为 12℃，试计算该温度计的测量误差。

解：由于房间壁面温度低于温度计温度，稳态时，温度计对壁面的辐射散热量等于室内空气对温度计的对流加热量。温度计测温头部面积 A_1 很小，房间壁面面积 A_2 很大，$A_2 \gg A_1$。

温度计测温头部温度　$T = 20 + 273.15 = 293.2 \text{K}$

温度计测温头部的表面发射率　$\varepsilon_1 = 0.8$

黑体辐射常数　$\sigma_0 = 5.67 \times 10^{-8} \text{W}/(\text{m}^2 \cdot \text{K}^4)$

房间内墙表面温度　$T_w = 12 + 273.15 = 285.2 \text{K}$

表面传热系数　$h = 20 \text{W}/(\text{m}^2 \cdot \text{K})$

按能量平衡，有

$$\varepsilon_1 A_1 \sigma_0 (T^4 - T_w^4) = h A_1 (T_a - T)$$

可得空气温度为

$$T_a = T + \frac{\varepsilon_1 \sigma_0 (T^4 - T_w^4)}{h} = 294.9 \text{K}$$

$$t_a = T_a - 273.15 = 21.75$$

可见，由于辐射效应，测量温度比实际温度低 1.75℃。

11-14　无限长同轴套管的环形空间内为热辐射透明介质，内管外直径为 0.8m、温度为 327℃、表面发射率为 0.9；外管内直径为 1.0m、温度为 127℃、表面发射率为 0.6，试计算两管之间单位长度的辐射换热量。

解：同轴套管组成的封闭空腔的辐射换热如图 11-11 所示。

内管外直径 $d_1 = 0.8 \text{m}$，温度 $T_{w1} = 327 + 273.15 = 600.15 \text{K}$，

表面发射率　$\varepsilon_1 = 0.9$

外管内直径 $d_2 = 1.0 \text{m}$，温度 $T_{w2} = 127 + 273.15 = 400.15 \text{K}$，

表面发射率　$\varepsilon_2 = 0.6$

单位管长的面积　$A_1 = \pi d_1 = 2.513 \text{m}^2$，$A_2 = \pi d_2 = 3.142 \text{m}^2$

黑体辐射常数　$\sigma_0 = 5.67 \times 10^{-8} \text{W}/(\text{m}^2 \cdot \text{K}^4)$

$$Q_{12} = \frac{\sigma_0 (T_{w1}^4 - T_{w2}^4)}{\dfrac{1-\varepsilon_1}{\varepsilon_1 A_1} + \dfrac{1}{A_1 X_{12}} + \dfrac{1-\varepsilon_2}{\varepsilon_2 A_2}} = 9020 \text{W/m}$$

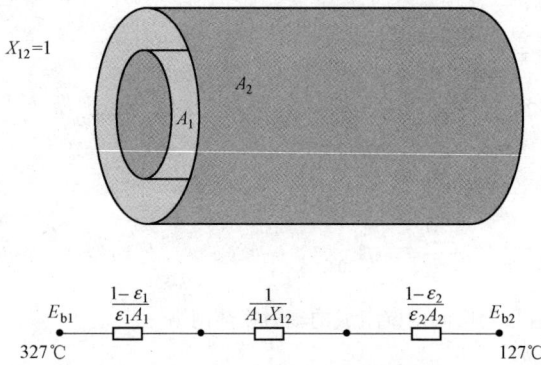

图 11-11　习题 11-14 附图
同轴套管的辐射换热

11-15　如图 11-12 所示，在一块厚度为 10cm 的金属板上钻了一个直径为 3cm、深度为 6cm 的柱形不穿透孔。设小孔内表面是发射率为 0.7 的漫灰表面，金属板置于壁温为 27℃ 的大房间内，整个金属板的温度为 527℃，试计算从孔口向外界辐射的能量。如果小孔内表面可以视为黑体，其他条件不变，则从孔口向外界辐射的能量为多少？

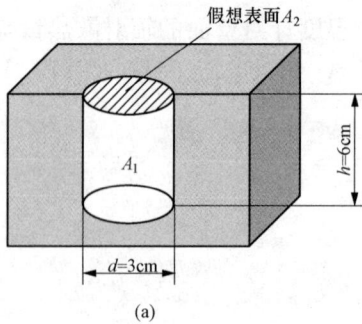

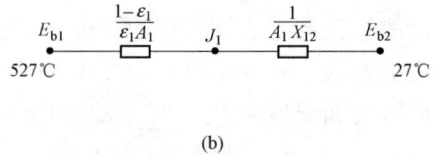

图 11-12　习题 11-15 附图　同轴套管的辐射换热

解：将孔口视为假想表面 A_2，则 A_2 与小孔内表面组成封闭空腔。假想表面 A_2 是具有大房间壁温的黑体表面。

表面 1 温度　$T_{w1}=527+273.15=800.15\text{K}$，表面 1 发射率 $\varepsilon_1=0.7$

表面 2 温度　$T_{w2}=27+273.15=300.15\text{K}$，为黑体表面 $\varepsilon_2=1.0$

孔深 $h=0.06\text{m}$，孔径 $d=0.03\text{m}$

表面 1 面积　$A_1 = \pi dh + \dfrac{\pi d^2}{4} = 0.006\,362\text{m}^2$，　$A_2 = \dfrac{\pi d^2}{4} = 0.000\,706\,9\text{m}^2$

黑体辐射常数　$\sigma_0 = 5.67 \times 10^{-8} \text{W/(m}^2 \cdot \text{K}^4)$

辐射角系数　$X_{21}=1$

孔口向外界净辐射的能量为

$$Q_{12} = \frac{\sigma_0 (T_{w1}^4 - T_{w2}^4)}{\dfrac{1-\varepsilon_1}{\varepsilon_1 A_1} + \dfrac{1}{A_2 X_{21}}} = 15.37\text{W}$$

如果小孔内表面可以视为黑体，其他条件不变，则从孔口向外界净辐射的能量为

$$Q_{12b} = \frac{\sigma_0 (T_{w1}^4 - T_{w2}^4)}{\dfrac{1}{A_2 X_{21}}} = 16.1\text{W}$$

从孔口向外界辐射的能量为

$$Q_{12c} = A_2 \sigma_0 T_{w1}^4 = 16.4\text{W}$$

11-16　半球内表面及其底面组成的封闭空腔，几何结构如图 11-13 所示，半球表面是绝热的，底面被一条直径（$d=0.6$m）分为 1、2 两部分，表面 1 为漫灰表面，发射率为 0.5，温度为 600K；表面 2 为黑体，温度为 300K。试计算表面 1、2 之间的辐射换热量和表面 3 的温度。

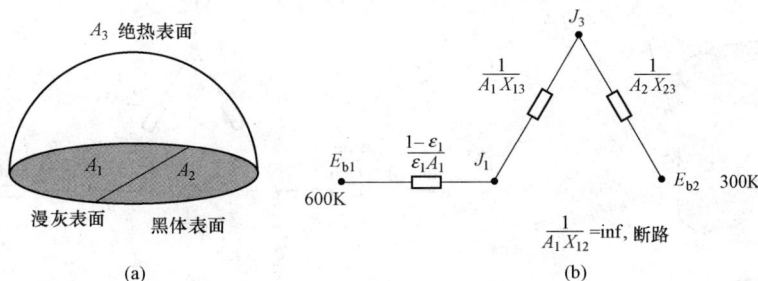

图 11-13　习题 11-16 附图

解： 画出辐射换热网络图，其中表面 3 为绝热表面，与外界净换热量为 0；表面 2 为黑体，表面热阻为 0；表面 1 和表面 2 之间的辐射角系数为 0，为断路状态。

半球底面直径　$d=0.6$m

表面 1 温度 $T_{w1}=600$K，面积 $A_1 = \dfrac{1}{2}\dfrac{\pi d^2}{4} = 0.141\,4\text{m}^2$，发射率 $\varepsilon_1 = 0.5$

表面 2 温度 $T_{w2}=300$K，面积 $A_2 = \dfrac{1}{2}\dfrac{\pi d^2}{4} = 0.141\,4\text{m}^2$，发射率 $\varepsilon_2 = 1.0$

表面 3 面积 $A_3 = \dfrac{1}{2}\pi d^2 = 0.565\,5\text{m}^2$，重辐射表面

辐射角系数　$X_{13}=1$，$X_{23}=1$，$X_{12}=0$

计算辐射换热热阻

表面 1 表面热阻　$R_1 = \dfrac{1-\varepsilon_1}{\varepsilon_1 A_1} = 7.074$　$1/\text{m}^2$

表面 1 到表面 3 的空间热阻　$R_{13} = \dfrac{1}{A_1 X_{13}} = 7.074$　$1/\text{m}^2$

表面 2 到表面 3 的空间热阻　$R_{23} = \dfrac{1}{A_2 X_{23}} = 7.074$　$1/\text{m}^2$

表面 1、2 之间的辐射换热量为

$$Q = \frac{\sigma_0 (T_{w1}^4 - T_{w2}^4)}{R_1 + R_{13} + R_{23}} = 324.6\text{W}$$

由 $Q = \dfrac{J_3 - E_{b2}}{R_{23}}$，可得表面 3 的有效辐射为

$$J_3 = \sigma_0 T_{w2}^4 + Q R_{23} = 2756\text{W/m}^2$$

重辐射表面与外界换热热流量为 0，即有效辐射等于相应的黑体辐射力，表面 3 的温度为

$$T_{w3} = \left(\frac{J_3}{\sigma_0}\right)^{\frac{1}{4}} = 469.5\text{K}$$

11-17 两个直径均为 3cm 的同轴平行相对圆盘，相距 3cm，其中盘片 2 的圆心处开有直径为 1cm 的孔，如图 11-14 所示。只考虑盘片相对表面的辐射换热，盘片 1 的表面温度为 260℃，表面发射率为 0.8，盘片 2 的表面温度为 80℃，表面发射率为 0.6。两盘片置于壁面温度为 27℃ 的大房间内，试计算两盘片之间的净辐射换热量。

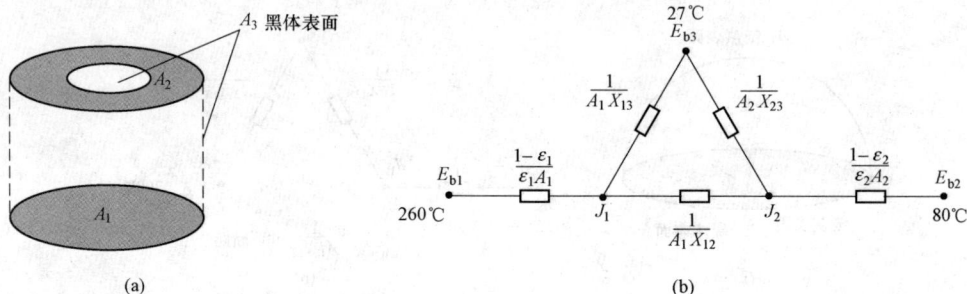

图 11-14　习题 11-17　附图

解：

壁面 1 温度　$T_{w1} = 260 + 273.15 = 533.15\text{K}$，
发射率　$\varepsilon_1 = 0.8$

壁面 2 温度　$T_{w2} = 80 + 273.15 = 353.15\text{K}$，
发射率　$\varepsilon_2 = 0.6$

壁面 3 温度　$T_{w3} = 27 + 273.15 = 300.15\text{K}$，
发射率　$\varepsilon_3 = 1.0$

黑体辐射常数　$\sigma_0 = 5.67 \times 10^{-8}\text{W}/(\text{m}^2 \cdot \text{K}^4)$

（1）计算辐射角系数。

底部圆盘直径　$d_1 = 0.03\text{m}$，顶部圆盘直径 $d_{2a} = 0.03\text{m}$，
顶部开孔直径　$d_{2c} = 0.01\text{m}$，$h = 0.03\text{m}$

$$x = \frac{d_1}{2h} = 0.5, y = \frac{d_{2a}}{2h} = 0.5, z = 1 + \frac{1+y^2}{x^2} = 6.0$$

底部圆盘对顶部整个圆盘的辐射角系数为

$$X_{12a} = \frac{1}{2}\left[z - \sqrt{z^2 - 4\left(\frac{y}{x}\right)^2}\right] = 0.171\ 6$$

再计算底部圆盘对顶部开口的辐射角系数

$$x = \frac{d_1}{2h} = 0.5, y = \frac{d_{2c}}{2h} = 0.166\ 7, z = 1 + \frac{1+y^2}{x^2} = 5.111$$

$$X_{12c} = \frac{1}{2}\left[z - \sqrt{z^2 - 4\left(\frac{y}{x}\right)^2}\right] = 0.021\ 83$$

则底部圆盘对顶部圆环的辐射角系数为

$$X_{12} = X_{12a} - X_{12c} = 0.149\ 7$$

圆盘和圆环的面积

$$A_1 = \frac{\pi d_1^2}{4} = 0.000\ 706\ 9\text{m}^2$$

$$A_2 = \frac{\pi d_{2a}^2}{4} - \frac{\pi d_{2c}^2}{4} = 0.000\ 628\ 3\text{m}^2$$

由角系数的相对性，可得　　$X_{21} = \frac{A_1}{A_2} X_{12} = 0.168\ 5$

由角系数的完整性　　$X_{13} = 1 - X_{12} = 0.850\ 3$，$X_{23} = 1 - X_{21} = 0.831\ 5$

（2）计算两个盘片的有效辐射。各环节的辐射换热热阻为

$$R_1 = \frac{1-\varepsilon_1}{\varepsilon_1 A_1} = 353.7\quad 1/\text{m}^2$$

$$R_{13} = \frac{1}{A_1 X_{13}} = 1664\quad 1/\text{m}^2$$

$$R_{12} = \frac{1}{A_1 X_{12}} = 9448\quad 1/\text{m}^2$$

$$R_2 = \frac{1-\varepsilon_2}{\varepsilon_2 A_2} = 1061\quad 1/\text{m}^2$$

$$R_{23} = \frac{1}{A_2 X_{23}} = 1914\quad 1/\text{m}^2$$

设

$$R_{1r} = \frac{1}{R_1} + \frac{1}{R_{13}} + \frac{1}{R_{12}} = 0.003\ 534\text{m}^2, R_{2r} = \frac{1}{R_2} + \frac{1}{R_{23}} + \frac{1}{R_{12}} = 0.001\ 571\text{m}^2$$

黑体辐射力

$$E_{b1} = \sigma_0 T_{w1}^4 = 4581\text{W/m}^2$$

$$E_{b2} = \sigma_0 T_{w2}^4 = 881.9\text{W/m}^2$$

$$E_{b3} = \sigma_0 T_{w3}^4 = 460.2\text{W/m}^2$$

中间节点的热流量平衡方程为

$$\frac{E_{b1} - J_1}{R_1} + \frac{E_{b3} - J_1}{R_{13}} + \frac{J_2 - J_1}{R_{12}} = 0$$

$$\frac{E_{b2} - J_2}{R_2} + \frac{E_{b3} - J_2}{R_{23}} + \frac{J_1 - J_2}{R_{12}} = 0$$

解得

$$J_2 = \frac{\dfrac{\sigma_0 T_{w2}^4}{R_2} + \dfrac{\sigma_0 T_{w3}^4}{R_{23}} + \dfrac{1}{R_{12}}\left(\dfrac{\sigma_0 T_{w1}^4}{R_1} + \dfrac{\sigma_0 T_{w3}^4}{R_{13}}\right)\dfrac{1}{R_{1r}}}{R_{2r} - \dfrac{1}{R_{12}^2 R_{1r}}} = 936.3\text{W/m}^2$$

$$J_1 = \left(\frac{E_{b1}}{R_1} + \frac{E_{b3}}{R_{13}} + \frac{J_2}{R_{12}}\right)\frac{1}{R_{1r}} = 3771\text{W/m}^2$$

两个盘片之间的辐射换热量为

$$Q_{12} = \frac{J_1 - J_2}{R_{12}} = 0.300\ 1\text{W}$$

11-18　两个相互垂直的正方形表面，相互位置如图 11-15 所示。表面 1 的温度为

800K，发射率为 0.8，表面 2 的温度为 200K，发射率为 0.6。两表面置于一个壁面绝热的大房间内。试计算两表面之间的净辐射换热量。

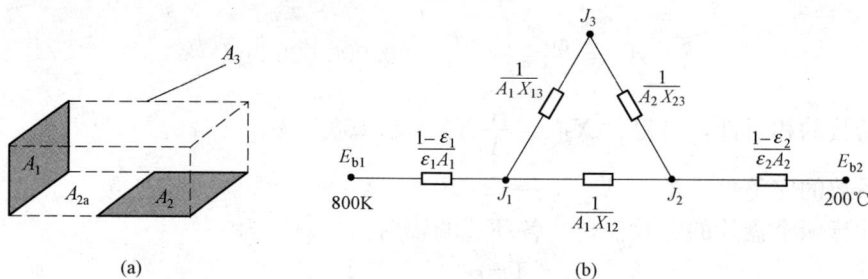

图 11-15　习题 11-18　附图

解：用假想表面形成封闭空腔，1、2 表面之外的部分均为表面 3，由于所在大房间绝热，假想表面 3 也是绝热表面（重辐射表面）。

两个表面温度分别为

$$T_1=800\text{K}, \quad T_2=200\text{K}$$

两个表面发射率分别为

$$\varepsilon_1=0.8, \quad \varepsilon_2=0.6$$

黑体辐射常数为　$\sigma_0=5.67\times10^{-8}\text{W/(m}^2\cdot\text{K}^4)$

设表面 $2a$ 和 2 两个面的组合为 a，则表面 1 对 2 的角系数等于表面 1 对 a 的角系数减去表面 1 对 $2a$ 的角系数。

计算表面 1 对 a 的角系数（见主教材表 11-4）

$$a=1.6, \ b=0.8, \ c=0.8, \ x=\frac{b}{c}=1.0, \ y=\frac{a}{c}=2.0$$

令

$$m_1 = x\arctan\frac{1}{x} + y\arctan\frac{1}{y}$$

$$m_2 = \sqrt{x^2+y^2}\arctan\left(\frac{1}{\sqrt{x^2+y^2}}\right)$$

$$m_3 = \frac{(1+x^2)(1+y^2)}{1+x^2+y^2}$$

$$m_4 = \left[\frac{x^2(1+x^2+y^2)}{(1+x^2)(x^2+y^2)}\right]^{x^2}$$

$$m_5 = \left[\frac{y^2(1+x^2+y^2)}{(y^2+x^2)(1+y^2)}\right]^{y^2}$$

则

$$X_{1a} = \frac{1}{\pi x}\left[m_1 - m_2 + \frac{1}{4}\ln(m_3 m_4 m_5)\right] = 0.232\,9$$

计算表面 1 对 $2a$ 的角系数

$$a=0.8, \ b=0.8, \ c=0.8, \ x=\frac{b}{c}=1.0, \ y=\frac{a}{c}=1.0$$

令

$$m_1 = x\arctan\frac{1}{x} + y\arctan\frac{1}{y}$$

$$m_2 = \sqrt{x^2 + y^2}\arctan\left(\frac{1}{\sqrt{x^2 + y^2}}\right)$$

$$m_3 = \frac{(1+x^2)(1+y^2)}{1+x^2+y^2}$$

$$m_4 = \left[\frac{x^2(1+x^2+y^2)}{(1+x^2)(x^2+y^2)}\right]^{x^2}$$

$$m_5 = \left[\frac{y^2(1+x^2+y^2)}{(y^2+x^2)(1+y^2)}\right]^{y^2}$$

则

$$X_{12a} = \frac{1}{\pi x}\left[m_1 - m_2 + \frac{1}{4}\ln(m_3 m_4 m_5)\right] = 0.2$$

$$X_{12} = X_{1a} - X_{12a} = 0.032\ 81$$

表面1、2的面积

$$A_1 = 0.8^2 = 0.64\text{m}^2, A_2 = 0.8^2 = 0.64\text{m}^2$$

由角系数的相对性，可得　　$X_{21} = \dfrac{A_2}{A_1}X_{12} = 0.032\ 81$

由角系数的完整性，可得　　$X_{13} = 1 - X_{12} = 0.967\ 2$

$$X_{23} = 1 - X_{21} = 0.967\ 2$$

表面1、2之间形成串并联热路，计算各个环节热阻

$$R_1 = \frac{1-\varepsilon_1}{\varepsilon_1 A_1} = 0.390\ 6 \quad 1/\text{m}^2$$

$$R_{12} = \frac{1}{A_1 X_{12}} = 47.62 \quad 1/\text{m}^2$$

$$R_2 = \frac{1-\varepsilon_2}{\varepsilon_2 A_2} = 1.042 \quad 1/\text{m}^2$$

$$R_{13} = \frac{1}{A_1 X_{13}} = 1.616 \quad 1/\text{m}^2$$

$$R_{23} = \frac{1}{A_2 X_{23}} = 1.616 \quad 1/\text{m}^2$$

总热阻

$$R_{\text{total}} = R_1 + \frac{1}{\dfrac{1}{R_{13}+R_{23}} + \dfrac{1}{R_{12}}} + R_2 = 4.458 \quad 1/\text{m}^2$$

表面1、2之间的净辐射热流量

$$Q_{12} = \frac{\sigma_0(T_1^4 - T_2^4)}{R_{\text{total}}} = 5189\text{W}$$

第十二章 传热过程与换热器

思考题参考答案

12-1　什么是传热过程？传热过程与导热、对流换热和辐射换热是什么关系？

答：传热过程特指壁面一侧的热流体通过固体壁面把热量传递给壁面另一侧的冷流体的过程。传热过程通常由对流换热、导热、对流换热三个串联环节组成，如果流体是气体而且壁面或气体的温度较高，则需要考虑壁面与气体以及气体外围物体的辐射换热。

12-2　写出传热过程传热量计算的一般公式。传热系数和哪些因素有关？是否和传热面积的大小有关？

答：传热过程传热量计算的一般公式为：$Q = kA\Delta t$。

传热系数 k 是传热过程总单位面积热阻的倒数，主要和表面传热热阻、导热热阻有关。对于平板类的传热过程，传热系数 k 和传热面积无关。但对于圆管类的传热过程，传热系数和传热面积有关。

12-3　什么是临界热绝缘直径？和哪些因素有关？

答：对于通过圆管的传热过程，使总热阻达到极小值的圆管外直径称为临界热绝缘直径：

$$d_c = \frac{2\lambda_2}{h_2}$$

式中，λ_2 是圆管的导热系数；h_2 是圆管的外壁面与外侧流体的表面传热系数。圆管传热过程的临界热绝缘直径即与这两个因素有关。

12-4　电线外包裹绝缘层在起到电绝缘作用的同时，还常常可以起到散热的作用，为什么？

答：电线的直径较小，电绝缘材料的临界热绝缘直径通常大于电线的直径，因此包裹热绝缘材料之后，增加的导热热阻小于减小的对流换热热阻，总的热阻减小，可以起到散热的作用。

12-5　在圆管外敷设保温层与在圆管外侧加装肋片从热阻分析的角度有什么异同？在什么情况下加保温层反而会强化其传热而加肋片反而会削弱其传热？

答：在圆管外敷设保温层和在圆管外侧加装肋片都会增大圆管的导热热阻，同时增大外壁面的面积，减小外壁面与外侧流体的对流换热热阻。加装保温层时，如果增大的导热热阻小于减小的对流换热热阻，则加装保温层反而强化了传热，达不到保温效果。对于管外加装肋片的情况，如果增加的导热热阻大于管外对流换热热阻的减小量，则会削弱传热，达不到加装肋片的目的。在工程上，保温材料的导热系数很小，一般工业管道的直径都远大于临界热绝缘直径，加装保温层就可以起到保温效果。而肋片材料的导热系数很大，一般增加的导热热阻都小于外侧对流换热热阻的减小量。

12-6　若是平壁一侧表面敷设保温层或加装肋片，则热阻如何变化？

答：如果传热过程是通过平壁进行的，在平壁一侧加装保温层后，导热环节的热阻增大，对流换热环节的热阻基本不变，总的传热热阻增大，传热系数减小；如果平壁一侧加装肋片，也会增加综合的导热热阻，但同时减小壁面的对流换热热阻，如果增加的导热热阻大于对流换热热阻的减小量，也有可能削弱传热。

12-7　推导顺流或逆流换热器的对数平均温差计算式时做了哪些假设？讨论对大多数间壁式换热器这些假设是否适用。

答：（1）假设冷热流体的质量流量、比定压热容在整个换热面上都是常数。实际换热器中，稳定流动时质量流量是常数，比定压热容是温度的函数，但变化范围较小；

（2）假设传热系数在整个传热面上是常数。通常对流换热的局部对流换热表面传热系数在换热面上可能是有所变化的，如管内流动的入口段。但对于多数工程应用，流动和换热是充分发展的，表面传热系数沿换热表面分布接近均匀，传热系数在大部分换热面上也趋近均匀。

（3）换热器无散热损失。实际换热器通常会采取保温措施，但总会有一定的散热损失，只是散热损失的热量和冷热流体的换热量相比可以忽略。

（4）换热器内沿流体流动方向的导热可以忽略不计。流体中只要有温差，就会有导热发生。流体流动方向的导热一般很小，可以忽略不计。

对于大多数间壁式换热器，这些假设适用。

12-8　进行换热器传热设计时所依据的基本方程是哪些？有人认为传热单元数法不需要用到传热方程式，你同意吗？

答：换热器传热计算的基本方程是传热方程和冷热流体的热平衡方程。

传热方程　$Q=kA\Delta t_{\mathrm{m}}$

热流体放热功率　$Q=\dot{m}_1 c_{p1}\,(t'_1-t''_1)$

冷流体吸热功率　$Q=\dot{m}_2 c_{p2}\,(t''_2-t'_2)$

传热单元数法也需要用到传热方程式，是在方程推导过程中间接使用。

12-9　什么叫换热器的设计计算，什么叫校核计算？

答：换热器的设计计算是已知冷热流体流量，冷热流体的入口和出口温度，计算换热器的传热面积；校核计算是已知换热器的传热面积，冷热流体的入口温度，计算冷热流体的出口温度和换热器的换热量。

习 题 参 考 答 案

12-1　有外直径为 5mm 的金属电线，外包厚度为 1mm、导热系数为 0.15W/(m·℃)

的聚氯乙烯作为电绝缘层。设环境温度为 30℃，绝缘层表面与环境间的复合表面传热系数为 $10\text{W}/(\text{m}^2 \cdot \text{℃})$。此时金属电线表面温度可维持在 50℃。求绝缘层的临界热绝缘直径以及每米长电线的散热量。

解：圆管，临界热绝缘直径，散热量计算。

导线直径 $d_1 = 0.005\text{m}$，绝缘层外直径 $d_2 = d_1 + 0.001 \times 2 = 0.007\text{m}$

绝缘层导热系数　$\lambda = 0.15\text{W}/(\text{m} \cdot \text{℃})$

环境温度 $t_f = 30℃$，电线表面温度 $t_1 = 50℃$

表面传热系数　$h_2 = 10\text{W}/(\text{m}^2 \cdot \text{℃})$

计算绝缘层的临界热绝缘直径

$$d_c = \frac{2\lambda}{h_2} = 0.03\text{m} > 0.007\text{m}$$

因此，加装绝缘层有利于导线散热，每米散热量为

$$Q = \frac{t_1 - t_f}{\dfrac{1}{2\pi\lambda}\ln\dfrac{d_2}{d_1} + \dfrac{1}{\pi d_2 h_2}} = 4.078\text{W/m}$$

没有绝缘层时，每米导线散热量为

$$Q_n = \pi d_1 h_2 (t_1 - t_f) = 3.142\text{W/m}$$

12-2　一台换热器采用内外直径分别为 $d_1 = 20\text{mm}$、$d_2 = 23\text{mm}$ 的黄铜圆管作为换热表面，黄铜的导热系数为 $109\text{W}/(\text{m} \cdot \text{℃})$。管外表面与外侧流体之间的表面传热系数为 $h_2 = 3200\text{W}/(\text{m}^2 \cdot \text{℃})$，管内表面与内侧流体之间的表面传热系数为 $h_1 = 500\text{W}/(\text{m}^2 \cdot \text{℃})$，试计算以管外表面为基准的换热器传热系数 k。

解：圆筒壁传热过程的传热系数问题。

管径　$d_1 = 0.02\text{m}$，$d_2 = 0.023\text{m}$

管壁导热系数　$\lambda = 109\text{W}/(\text{m} \cdot \text{℃})$

表面传热系数　$h_1 = 3200\text{W}/(\text{m}^2 \cdot \text{℃})$，$h_2 = 500\text{W}/(\text{m}^2 \cdot \text{℃})$

传热过程的总热阻为

$$R = \frac{1}{\pi d_1 L}\frac{1}{h_1} + \frac{1}{2\pi\lambda L}\ln\frac{d_2}{d_1} + \frac{1}{\pi d_2 L}\frac{1}{h_2}$$

以管外表面为基准的单位面积的传热热阻为

$$\frac{R}{\pi d_2 L} = \frac{d_2}{d_1}\frac{1}{h_1} + \frac{d_2}{2\lambda}\ln\frac{d_2}{d_1} + \frac{1}{h_2}$$

以管外表面为基准的换热器传热系数为

$$k = \frac{1}{\dfrac{d_2}{d_1}\dfrac{1}{h_1} + \dfrac{d_2}{2\lambda}\ln\dfrac{d_2}{d_1} + \dfrac{1}{h_2}} = 421.2\text{W}/(\text{m}^2 \cdot \text{℃})$$

12-3　已知换热器冷热流体的入出口温度分别为 $t_1' = 200℃$、$t_1'' = 120℃$、$t_2' = 20℃$、$t_2'' = 80℃$，分别计算流体按下列形式布置时，换热器的对数平均温差：(1) 顺流布置；(2) 逆流布置；(3) 1-2 型壳管式，热流体在壳程；(4) 一次交叉流，两种流体均不混合；(5) 2-4 型壳管式，热流体在壳程。

解：

冷热流体的入、出口温度。

热流体 $t'_1 = 200℃$，$t''_1 = 120℃$

冷流体，$t'_2 = 20℃$，$t''_2 = 80℃$

（1）顺流布置

$$\Delta t' = t'_1 - t'_2 = 180.0℃，\Delta t'' = t''_1 - t''_2 = 40.0℃$$

$$\Delta t_m = \frac{\Delta t' - \Delta t''}{\ln \dfrac{\Delta t'}{\Delta t''}} = 93.08℃$$

（2）逆流布置

$$\Delta t' = t'_1 - t''_2 = 120.0℃，\Delta t'' = t''_1 - t'_2 = 100.0℃$$

$$\Delta t_m = \frac{\Delta t' - \Delta t''}{\ln \dfrac{\Delta t'}{\Delta t''}} = 109.7℃$$

（3）1-2 型壳管式，热流体在壳程

$$P = \frac{t''_2 - t'_2}{t'_1 - t'_2} = 0.333\,3，R = \frac{t'_1 - t''_1}{t''_2 - t'_2} = 1.333$$

查图可得

$$\psi = 0.975$$

平均温压　$\Delta t_{m1} = \psi \Delta t_m = 107.0℃$

（4）一次交叉流，两种流体均不混合。查图可得

$$\psi = 0.97$$

平均温压　$\Delta t_{m2} = \psi \Delta t_m = 106.4℃$

（5）2-4 型壳管式，热流体在壳程，查图可得

$$\psi = 1.0$$

平均温压　$\Delta t_{m3} = \psi \Delta t_m = 109.7℃$

12-4　一台水-水换热器，热水流量为 2000kg/h、冷水流量为 3000kg/h；热水进口温度 $t'_1 = 120℃$、冷水进口温度 $t'_2 = 10℃$。现要将冷水加热到 $t''_2 = 50℃$，试分别计算按顺流和逆流布置时换热器的对数平均温差。

解：首先需要计算热水出口温度，再计算对数平均温差。已知条件

热水流量 $\dot{m}_1 = \dfrac{2000}{3600} = 0.555\,6\text{kg/s}$，冷水流量 $\dot{m}_2 = \dfrac{3000}{3600} = 0.833\,3\text{kg/s}$

热水入口　$t'_1 = 120℃$

冷水入口　$t'_2 = 10℃$，冷水出口 $t''_2 = 50℃$

冷水平均温度　$t_{2m} = \dfrac{t'_2 + t''_2}{2} = 30.0℃$

查水的比热容　$c_{p2} = 4183\text{J/(kg·K)}$

计算换热器的换热量

$$Q = \dot{m}_2 c_{p2}(t''_2 - t'_2) = 1.394 \times 10^5\,\text{W}$$

假定热水平均温度为 90℃，查热水的比热容 $c_{p1}=4208\text{J}/(\text{kg}\cdot\text{K})$

由 $Q=m_1 c_{p1}\ (t_1'-t_1'')$，计算热水出口温度

$$t_1''=t_1'-\frac{Q}{m_1 c_{p1}}=60.36℃$$

则热水平均温度为

$$t_{\text{m1}}=\frac{t_1'+t_1''}{2}=90.18℃$$

如果计算的热水平均温度与假设值相差较大，需要将计算平均温度视为假设平均温度，查取热水比热容，重复计算。

顺流布置

$$\Delta t'=t_1'-t_2'=110.0℃,\Delta t''=t_1''-t_2''=10.36℃$$

$$\Delta t_{\text{m}}=\frac{\Delta t'-\Delta t''}{\ln\dfrac{\Delta t'}{\Delta t''}}=42.17℃$$

逆流布置

$$\Delta t'=t_1'-t_2''=70.0℃,\Delta t''=t_1''-t_2'=50.36$$

$$\Delta t_{\text{m}}=\frac{\Delta t'-\Delta t''}{\ln\dfrac{\Delta t'}{\Delta t''}}=59.64℃$$

若两种布置的传热系数相差较小，则逆流布置可以减少传热面积，节省投资。

12-5 用一台壳管式换热器来冷凝 31 178Pa 的饱和水蒸气，要求每小时内凝结 20kg 蒸汽。进入换热器的冷却水的温度为 20℃，离开时为 38℃。设换热器的传热系数 $k=1800\text{W}/(\text{m}^2\cdot℃)$，问所需的传热面积是多少？

解：换热器的换热量是饱和水蒸气凝结为饱和水的放热量。

蒸汽的汽化潜热 $r=2333.1\text{kJ/kg}$，饱和温度 $t_{\text{s}}=70℃$

冷却水进口温度 $t_2'=20℃$，出口温度 $t_2''=38℃$

换热器传热端差 $\Delta t'=t_{\text{s}}-t_2'=50.0℃,\Delta t''=t_{\text{s}}-t_2''=32.0℃$

计算对数平均温压（Log Mean Temperature Difference，LMTD）

$$\Delta t_{\text{m}}=\frac{\Delta t'-\Delta t''}{\ln\dfrac{\Delta t'}{\Delta t''}}=40.33℃$$

饱和水蒸气流量为

$$\dot{m}=\frac{20}{3600}=0.005\ 556\text{kg/s}$$

换热量 $Q=\dot{m}r=12.96\text{kW}$

换热器的传热系数 $k=1.8\text{kW}/(\text{m}^2\cdot℃)$

换热器换热面积 $A=\dfrac{Q}{k\Delta t_{\text{m}}}=0.178\ 5\text{m}^2$

12-6 在一台 1-2 型壳管式冷却器中，管内冷却水从 15℃升高到 45℃，管外空气从

120℃下降到60℃，空气流量为1.2t/h。换热器的总传热系数 $k=90W/(m^2 \cdot ℃)$。试计算所需的传热面积。

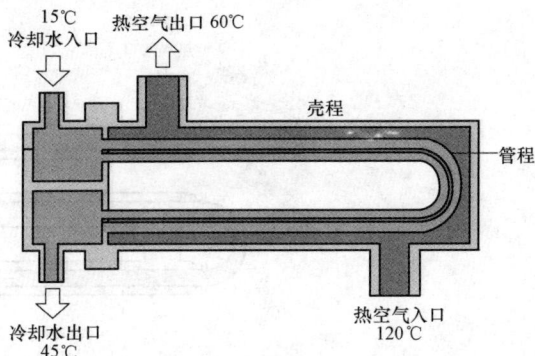

图 12-1　习题 12-6　附图

解： 换热器的换热量是热空气的放热量，如图 12-1 所示。

热空气　$t'_1=120℃$，$t''_1=60℃$
冷却水　$t'_2=15℃$，$t''_2=45℃$
先计算逆流布置时的平均温压

$$\Delta t' = t'_1 - t''_2 = 75.0℃,$$
$$\Delta t'' = t''_1 - t'_2 = 45.0$$
$$\Delta t_m = \frac{\Delta t' - \Delta t''}{\ln \dfrac{\Delta t'}{\Delta t''}} = 58.73℃$$

1-2 型壳管式，热流体在壳程，计算 P 和 R

$$P = \frac{t''_2 - t'_2}{t'_1 - t'_2} = 0.285\ 7, R = \frac{t'_1 - t''_1}{t''_2 - t'_2} = 2.0$$

查图可得

$$\psi = 0.95$$

平均温压

$$\Delta t_{m1} = \psi \Delta t_m = 55.79℃$$

空气的平均温度　$t_{1m} = \dfrac{t'_1 + t''_1}{2} = 90.0℃$

查空气的比热容　$c_{p1} = 1009J/(kg \cdot K)$

热空气的流量　$\dot{m}_1 = 1.2 \times \dfrac{1000}{3600} = 0.333\ 3kg/s$

换热器的换热量

$$Q = \dot{m}_1 c_{p1}(t'_1 - t''_1) = 2.018 \times 10^4\ W$$

换热器的总传热系数　$k = 90W/(m^2 \cdot ℃)$
所需的换热面积为

$$A = \frac{Q}{k \Delta t_{m1}} = 4.019m^2$$

12-7　某食品加工厂中采用一台套管式换热器用热水加热盐水。盐水进口和出口温度分别为8℃和15℃；热水进口和出口温度分别为60℃和50℃，热水的质量流量为0.6t/h。在运行条件下，换热器的总传热系数为 $k=850W/(m^2 \cdot ℃)$。分别计算冷热流体按顺流和逆流布置时换热器所需的换热面积。

解： 如图 12-2 所示。
盐水进口温度 $t'_2=8℃$，盐水出口温度 $t''_2=15℃$
热水进口温度 $t'_1=60℃$，热水出口温度 $t''_1=50℃$
热水的质量流量为

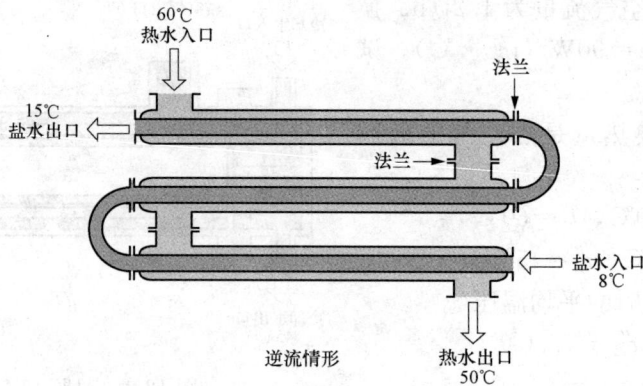

图 12-2　习题 12-7　附图

$$\dot{m}_1 = 0.6 \times \frac{1000}{3600} = 0.166\ 7\text{kg/s}$$

换热器的总传热系数为　$k = 850\text{W/(m}^2 \cdot \text{℃})$

热水平均温度　$t_{1m} = \dfrac{t_1' + t_1''}{2} = 55.0\text{℃}$

查热水平均比热容　$c_{p1} = 4177\text{J/(kg} \cdot \text{K)}$

换热量

$$Q = \dot{m}_1 c_{p1}(t_1' - t_1'') = 6962\text{W}$$

（1）顺流布置

$$\Delta t' = t_1' - t_2' = 52.0\text{℃}, \Delta t'' = t_1'' - t_2'' = 35.0$$

$$\Delta t_{m1} = \frac{\Delta t' - \Delta t''}{\ln \dfrac{\Delta t'}{\Delta t''}} = 42.94\text{℃}$$

所需换热面积

$$A = \frac{Q}{k\,\Delta t_{m1}} = 0.190\ 7\text{m}^2$$

（2）逆流布置

$$\Delta t' = t_1' - t_2'' = 45.0\text{℃}, \Delta t'' = t_1'' - t_2' = 42.0$$

$$\Delta t_{m2} = \frac{\Delta t' - \Delta t''}{\ln \dfrac{\Delta t'}{\Delta t''}} = 43.48\text{℃}$$

所需换热面积

$$A = \frac{Q}{k\,\Delta t_{m2}} = 0.188\ 4\text{m}^2$$

12-8　用一台逆流布置的壳管式换热器来冷却 11 号润滑油。冷却水在管内流动，$t_2' = 20\text{℃}$、$t_2'' = 50\text{℃}$、流量为 3kg/s；热油入口温度为 $t_1' = 100\text{℃}$、出口温度 $t_1'' = 60\text{℃}$、$k = 350\text{W/(m}^2 \cdot \text{℃})$。试计算：（1）所传递的热量；（2）油的流量；（3）所需的换热面积。

解：

冷却水进口温度 $t_2'=20℃$，冷却水出口温度 $t_2''=50℃$

油进口温度 $t_1'=100℃$，油出口温度 $t_1''=60℃$

冷却水质量流量 $\dot{m}_2=3\mathrm{kg/s}$

换热器的总传热系数为 $k=350\mathrm{W/(m^2 \cdot ℃)}$

冷却水平均温度 $t_{2m}=\dfrac{t_2'+t_2''}{2}=35.0℃$

查水的平均比热容为 $c_{p2}=4174\mathrm{J/(kg \cdot K)}$

（1）首先计算换热量，等于水的吸热量

$$Q=\dot{m}_2 c_{p2}(t_2''-t_2')=3.757\times10^5\,\mathrm{W}$$

（2）油的流量

油平均温度 $t_{1m}=\dfrac{t_1'+t_1''}{2}=80.0℃$

查油的平均比热容 $c_{p1}=2148\mathrm{J/(kg \cdot K)}$

$$\dot{m}_1=\dfrac{Q}{c_{p1}(t_1'-t_1'')}=4.372\mathrm{kg/s}$$

（3）所需的换热面积

逆流布置时的换热器端差

$$\Delta t'=t_1'-t_2''=50.0℃,\quad \Delta t''=t_1''-t_2'=40.0℃$$

对数平均温压

$$\Delta t_m=\dfrac{\Delta t'-\Delta t''}{\ln\dfrac{\Delta t'}{\Delta t''}}=44.81℃$$

换热面积

$$A=\dfrac{Q}{k\Delta t_m}=23.95\mathrm{m^2}$$